FLENSBURGER HEFTE

Liebe

Die Sonne der Welt

Inhalt

Zu den Steiner-Zitatangaben in den FLENSBURGER HEFTEN: Die GA-Nummern beziehen sich auf die jeweilige Bibliographie-Nummer der Rudolf Steiner Gesamtausgabe im Rudolf Steiner Verlag, Dornach/Schweiz. Danach sind in der Regel das Erscheinungsjahr der benutzten Ausgabe, das Vortragsdatum bzw. Kapitel und die Seitenzahl angegeben, von der Autor-, Titel- und Ortsnennung wird abgesehen. Nach Bibliographie-Nummern geordnet ist die Rudolf Steiner Gesamtausgabe im Katalog des Rudolf Steiner Verlags aufgeführt. Der Katalog ist durch den Buchhandel erhältlich.

Liebe Leserinnen und Leser!

Kaum etwas bewegt die Menschen seit alters her so sehr wie die Liebe. Und kaum etwas ist so vielschichtig und facettenreich wie die Liebe – vielen Menschen so nah und fremd zugleich. Einerseits ist sie mit jedem Menschen eng verbunden, indem sie ganz individuell in einer ihrer vielen Erscheinungsformen und intensiv erlebbar werden kann. Andererseits fällt es heute den meisten ungemein schwer, eine geistig wirksame Kraft zu denken, die eine objektive Wirklichkeit ist. Eine Kraft, die auch unabhängig davon existiert, ob sie vom einzelnen bewußt erlebt wird oder nicht.

Der Begriff der Liebe ist heute vielfach durch Fehldeutungen überlagert und verzerrt, und das nicht nur durch die starke materialistische Ausrichtung unserer Kultur. Ein Fülle von Mißverständnissen geht mit der Liebe einher, weil wir allzu leicht dazu neigen, den Teil, den wir erfuhren, schon für das Ganze zu halten. Liebe auf den ersten Blick, Verliebtsein, Selbstliebe, beglückende Gefühle, Sex, Partnerschaft, Freundschaft, Nächstenliebe, Mutterliebe, kindliche und geschwisterliche Liebe – sie alle sind doch nur Ausformungen der Liebe, die alles Sein durchströmt.

Und wieweit die Liebe überhaupt in solchen Äußerungen anwesend ist, hängt davon ab, wie sehr der einzelne Mensch in der Lage und willens ist, die Liebe zu ergreifen und zur Fähigkeit zu gestalten. Denn die Liebe kann auf Dauer nur dann in unseren Gedanken, Gefühlen und Taten anwesend sein und wirken, wenn wir es wollen. Das gilt natürlich nicht nur für die Liebe gegenüber anderen Menschen, sondern auch für die Liebe zum Beruf, zur Kunst, zur Wahrheit, für die Liebe zu einem Ideal oder zur geistigen Welt.

Doch zunächst erleben wir die Liebe in unserer Seele, sei es, weil wir geliebt werden, sei es, weil wir in Liebe zu einem Menschen oder einer Sache entbrennen. Auf längere Sicht erleben wir an ihr aber nicht nur die beglückenden Momente der Geborgenheit, des Einsseins, daß wir uns erkannt und aufgehoben fühlen, ihre Reinheit, ihre tragende und ausströmende Kraft. Sondern wir kennen auch unglückliche Liebe, Verzweiflung, Eifersucht und allerlei Verstrickungen und Hindernisse, die der Liebe entgegenstehen, sie erkalten oder gar in Haß und Zerstörung umschlagen lassen. Und wer bei der Wahrheit bleibt, wird sich irgendwann wohl auch eingestehen müssen, daß wirklich liebenswerte Menschen nicht gerade Massenerscheinungen sind.

Nicht wenige Menschen entfernen sich im Laufe ihres Lebens so sehr von der Liebe, daß sie allenfalls auf eine erstorbene Vergangenheit zurückblicken können. Die „verflossene Liebe“ wird meist nur auf die vergangene Zeit eines Verliebtseins bezogen, nicht aber auf die Unfähigkeit, die eigene Liebesfähigkeit zu erhalten, ganz unabhängig davon, ob man nun in einer Ehe oder Partnerschaft lebt. Interesse, Gewissen, Mitleid und das Streben nach Wahrheit, Schönheit und Güte brauchen nicht zu verfließen, wenn man in keiner konkreten Liebesbeziehung zu einem anderen Menschen steht. Sie sind Früchte und Grundlage der Liebe zugleich, wenn wir sie als Kraft verstehen, deren gestaltende Wirksamkeit letztendlich von uns abhängt. Es liegt an uns, ob wir Liebe in unseren Gedanken, Gefühlen und Taten ausstrahlen oder nicht.

Liebe wird oft mit Sex oder auch mit Verliebtsein verwechselt. Nicht weniger oft wird sie aber auch mit Weichheit, Nachgiebigkeit oder gar Schwäche gleichgesetzt. Aber Liebe ist eine Macht, und zwar die stärkste, die wir uns aneignen können. Das allerdings erfordert Mut und auch die Erkenntnis, daß Liebe nicht nur ein Gefühl – und sei es noch so inniglich, rein, zart oder rauschhaft –, eine Idee oder einzelne Tat ist. Liebe ist eine allgemein gegenwärtige, objektive Kraft, die sich in der Welt und jedem Menschen auf verschiedene Weise äußern kann. Wir folgen in diesem Band den Spuren der Liebe und versuchen, ihr Wesen in möglichst vielen ihrer Gestaltungen und Gesten zu erhellen.

Wie bitter notwendig es ist, daß Menschen zunehmend das Wesen der Liebe begreifen und aufnehmen, zeigen Krieg und Völkermord in unserer Zeit. Insbesondere durch die jüngsten Ereignisse im Kosovo wird wieder einmal deutlich, daß wir uns mit unserer gesamten Zivilisation auf dünnem Eis bewegen. Menschen, die keine Liebe mehr kennen, lassen auch keine Gnade gegenüber anderen Menschen walten, wenn sie erstmal die Kontrolle verloren haben oder aufgehetzt und losgelassen wurden. Liebe in schicksalsschwerer Zeit.

Es grüßt Sie
Ihre FLENSBURGER HEFTE Redaktion

Gesten der Liebe

Interview mit Wolfgang Gädeke

von Wolfgang Weirauch

Wolfgang C. Gädeke, *geb. 1943 in Bremen. Studium am Priesterseminar der Christengemeinschaft, Stuttgart, und Studium der evangelischen und katholischen Theologie, Geschichte und Psychologie in Marburg und Tübingen. 1968 Priesterweihe. Pfarrer der Christengemeinschaft in Ulm, Kiel, Hamburg und seit 1982 wieder in Kiel. Dozent am Priesterseminar der Christengemeinschaft in Stuttgart. Tätigkeit als Eheberater. Kurse über Ehe für Jugendliche und Erwachsene. Seit 1990 Lenker der Christengemeinschaft in Norddeutschland.*

Veröffentlichungen: „Anthroposophie und die Fortbildung der Religion" (zus. mit Rudolf und Wilhelm Gädeke, Flensburg 1990). Beiträge und Interviews in verschiedenen FLENSBURGER HEFTEN, insbesondere Sonder-

heft Nr. 1: „Partnerschaft und Ehe", FH 44: „Scheidung – warum?, FH 35: „Die Christengemeinschaft heute. Anspruch und Wirklichkeit".

Liebe – was ist das eigentlich? Ist Liebe ein Gefühl, eine Begierde oder bloß etwas Geschlechtliches? Ist Liebe eine bestimmte Seelengeste, eine besondere Ausrichtung der Denkkräfte, eine spezielle Wendung der Wahrnehmung, eine Willensregung oder gar eine Tat? Ist Liebe ein Rausch, der einen überkommt, oder muß man sich anstrengen, um Liebe zu entwickeln?

Kann ein Mensch eigentlich immer lieben, als kleines Kind, als Jugendlicher, als Verstorbener? Und was geschieht mit dem Menschen, der überhaupt nicht liebt? Was unterscheidet einen Menschen, der egoistisch liebt, von einem Menschen, der versucht, selbstlos zu lieben?

Hat Liebe eine Substanz, und wenn ja, welche? Und wo liegt der Ursprung dieser Liebessubstanz?

Fragen zur Liebe, die man noch durch unzählige andere ergänzen könnte. Über Liebe spricht fast jeder Mensch. Liebe in allen ihren Ausgestaltungen ist eines der wichtigsten zwischenmenschlichen Themen. Aber wer weiß wirklich genau, was Liebe ist?

„Liebe ist nichts, was wir uns aneignen durch den Willen. Liebe ist nichts, was wir uns aneignen durch Weisheit. Liebe sitzt in der Region der Gefühle. Aber wir wissen und müssen es uns gestehen, daß die menschliche Seele, wie sie sein sollte, nicht sein könnte, wenn diese menschliche Seele nicht erfüllt sein könnte von Liebe. Ja, man kommt darauf, wenn man in das Wesen der Seele eindringt, daß unsere Menschenseele nicht mehr Menschenseele sein würde, wenn sie nicht lieben könnte." (GA 155/1960/12.07.1914/S.155)

Einer, der sich lange mit dem Thema Liebe beschäftigt hat – in der Eheberatung, der anthroposophischen Erkenntnisarbeit und im beruflichen Alltag als Pfarrer –, ist Wolfgang Gädeke. Ich befragte ihn in folgendem Interview zu den verschiedenen Facetten der Liebe.

Wolfgang Weirauch: Was ist Liebe? Kann man dafür eine Definition geben?

Wolfgang Gädeke: Zunächst sollte man zwischen den verschiedenen Arten von Liebe unterscheiden. Nur *eine* Definition von Liebe ist problematisch. Die alten Griechen waren viel weiter als wir, denn sie hatten drei Definitionen, und zwar Eros, Philia und Agape. Unter Eros wurden die alltägliche Liebe, die Verliebtheit und die Geschlechtlichkeit verstanden. Ein besonderes Wort für Sexualität gab es im alten Griechenland noch nicht, das entstand erst bei den Römern. Eros war also die natürliche Liebe, die von allein entstand, wenn Menschen in einen bestimmten Gefühlszustand kamen und für die Schönheit eines menschlichen Körpers oder einer Seele entflammten.

Demgegenüber bezeichneten die alten Griechen mit Philia die Liebe, die wir heute mit Freundschaft übersetzen würden. Eine ähnliche Bedeutung liegt auch in den Begriffen Philosoph und Philanthrop, also der Freund der Weisheit bzw. der Menschenfreund. Auch in dem Begriff Philadelphia, der Bezeichnung für Bruderliebe, kommt diese freundschaftliche Liebe vor. Mit Philia ist also eine freundschaftliche Liebe ohne Sexualität gemeint, die eine ganz menschliche, seelische Beziehung beschreibt.

Dann gibt es noch das Wort Agape für eine Art geistiger Liebe, die eine selbstlose ist, also nichts mehr für sich selbst begehrt.

W.W.: Gibt es Eigenschaften, die unabdingbar zur Liebe gehören?

W. Gädeke: Eine gewisse Sympathie ist die Grundkraft, die unabdingbar zur Liebe gehört. Das gilt insbesondere für die natürliche Form der Liebe. Zu einer höhere Form der Liebe gehören selbstverständlich noch ganz andere Eigenschaften. Aber Eros ist eigentlich Sympathie, Eros als Grundkraft der Seele ist die sympathische Öffnung zu einem Menschen bzw. auf einen Gegenstand.

W.W.: Wie steht es mit anderen Eigenschaften, z.B. dem Interesse?

W. Gädeke: Interesse ist auch eine Form von Liebe, nämlich eine bewußte aufmerksame Zuwendung der Gedanken und der Wahrnehmung zu einem Gegenstand oder einem Wesen. Wenn man z.B. Musik oder Mineralien liebt, meint man damit, daß man sich diesen Gegenständen bzw. Bereichen interessiert und liebevoll zuwendet.

W.W.: Gehören auch die eher gegensätzlichen Kräfte, also antipathische oder Kräfte wie Zorn und Haß, zur Liebe, oder sind sie ein Gegenbild von Liebe?

W. Gädeke: Haß ist eigentlich kein Gegensatz zur Liebe, denn wenn man haßt, entsteht eine starke Zuwendung zu einem anderen Wesen.

Genau wie das Interesse eine willentlich positive Zuwendung ist, ist Haß ebenfalls eine willentliche, aber negative Zuwendung. Haß ist nicht auf Förderung und Wahrnehmung des anderen Wesens aus, sondern auf Schädigung, Schmerzzufügung oder gar Zerstörung des anderen Wesens. Aber vom Grunde der Seelenbewegung ist Haß ebenfalls eine sympathische Geste auf ein anderes Wesen zu. Es sind nur andere Vorzeichen. – Das Gegenteil von Sympathie wäre nicht, daß ich gegen jemanden bin, sondern daß ich mich in mir selbst verschließe. Die seelische Gegenbewegung zur Sympathie ist ein Sich-Verschließen. Antipathie wird zwar oft als etwas verstanden, das gegen jemanden gerichtet ist, aber das ist eigentlich nicht richtig. Die Grundseelengebärde der Antipathie ist, sich zurückzuziehen, sich abzuschließen. – Auch im Zorn ist noch sehr viel Sympathie, sehr viel Zuwendung, sehr viel Wille enthalten. Deswegen kann man auch verstehen, daß Rudolf Steiner den Zorn als eine Art Rohform von Liebe ansah.

Geschlechtertrennung

W.W.: Nicht immer gab es die beiden getrennten Geschlechter wie in der heutigen Zeit. Die menschlichen Wesen, die während der sogenannten lemurischen Zeit existierten – so Rudolf Steiner –, waren doppelgeschlechtlich. Wie hat man sich ein solches Wesen vorzustellen?

W. Gädeke: In der damaligen Zeit der Menschheits- und Erdenentwicklung war der materielle Leib des Menschen noch nicht so fest und irdisch wie heute. Der Leib war viel plastischer und weicher, und damit auch noch bildsamer. Diese Leiblichkeit vereinigte noch beide Geschlechter in sich, und der Mensch konnte ohne Befruchtung von außen Nachkommen aus sich hervorgehen lassen. Das war eine ungeschlechtliche Fortpflanzung.

Gleichzeitig war in der damaligen Zeit das Seelenleben und das Bewußtsein des Menschen vollkommen anders als unser heutiges. Die Menschen nahmen damals noch nicht die sinnliche Außenwelt durch äußere Sinnesorgane wahr, sondern die Umgebung wurde in einer Art Traumbewußtsein seelisch-geistig wahrgenommen.

W.W.: Wie vollzog sich zur lemurischen Zeit die Geschlechtertrennung?

Die Geschlechtertrennung

„Die Zeiten, in die wir nunmehr zurückblicken, liegen etwas vor der Mitte der Epoche, die [...] als die lemurische bezeichnet worden ist. Der Menschenleib bestand da noch aus weichen bildsamen Stoffen. Es waren auch die übrigen Bildungen der Erde noch weich und bildsam. Gegenüber ihrem späteren verfestigten war die Erde noch in einem quellenden, flüssigeren Zustande. Indem die Menschenseele damals sich im Stoffe verkörperte, konnte sie sich diesen Stoff in einem viel höheren Grade anpassen als später. Denn daß die Seele einen männlichen oder weiblichen Leib annimmt, rührt davon her, daß ihr die Entwickelung der äußeren Erdennatur den einen oder den andern aufdrängt. Solange die Stoffe noch nicht verfestigt waren, konnte die Seele diese Stoffe unter ihre eigenen Gesetze zwingen. Sie machte den Leib zu einem Abdruck ihres eigenen Wesens. Als aber der Stoff dicht geworden war, mußte sich die Seele den Gesetzen fügen, welche diesem Stoffe von der äußeren Erdennatur aufgeprägt wurden. Solange die Seele noch über den Stoff herrschen konnte, gestaltete sie ihren Leib weder männlich noch weiblich, sondern gab ihm Eigenschaften, die beides zugleich waren. Denn die Seele ist männlich und weiblich zugleich. Sie trägt in sich diese beiden Naturen. Ihr männliches Element ist dem verwandt, was man *Willen* nennt, ihr weibliches dem, was als *Vorstellung* bezeichnet wird. [...]

Verfolgt man die Akasha-Chronik, so zeigt sich folgendes. In einer alten Zeit erscheinen menschliche Formen vor uns, weich, bildsam, ganz verschieden von den späteren. Sie tragen noch die Mannes- und die Frauennatur gleichmäßig in sich. Im Verfolg der Zeit verdichten sich die Stoffe; der Menschenleib tritt in zwei Formen auf, von denen die eine der späteren Mannes-, die andere der späteren Frauenbildung ähnlich wird. Als dieser Unterschied noch nicht aufgetreten war, konnte jeder Mensch einen anderen aus sich hervorgehen lassen. Die Befruchtung war kein äußerer Vorgang, sondern etwas, was sich im Innern des Menschenleibes selbst abspielte. Dadurch, daß der Leib männlich oder weiblich wurde, verlor er diese Möglichkeit der Selbstbefruchtung. Er mußte mit einem anderen Leibe zusammenwirken, um einen neuen Menschen hervorzubringen." (GA 11/Tb. 1975/S.57 f.)

W. Gädeke: Dafür gibt es in der Bibel das Bild, daß ein bestimmtes geistiges Wesen – Jahwe, also ein Geist der Form – das Menschenwesen teilte, vor allem die Fortpflanzungskraft teilte. Das darf man sich natürlich nicht als einen plötzlichen Vorgang vorstellen, sondern es ist ein langer Prozeß, bei dem allmählich Wesen entstanden, die nur ein Geschlecht ausbildeten. Mit diesen Wesen, die nur noch ein Geschlecht in sich trugen, begann die geschlechtliche Fortpflanzung, während die ungeschlechtliche Fortpflanzung allmählich zurückging.

Ich versuche mir das immer dadurch klarzumachen, daß auch heute der Unterschied der Geschlechter nur durch eine entsprechende Hormonkonzentration zustande kommt. Das Verhältnis der Hormone zueinander entscheidet in den ersten Schwangerschaftsmonaten über die jeweilige Geschlechtlichkeit. Die Grundanlage ist während der Embryonalentwicklung immer noch doppelgeschlechtlich, also männlich und weiblich. Erst später entsteht durch ein Überwiegen der Androgene oder der Östrogene die männliche oder weibliche Ausprägung des Leibes. Bei Geschlechtsumwandlungen kann man selbst heute noch den Leib durch Hormongaben in männliche oder weibliche Richtung beeinflussen.

Da es vom Prinzip her auch heute noch biologisch ein fließender Übergang ist, finde ich es nicht allzu schwer vorstellbar, daß sich früher bei der sehr viel weicheren Leiblichkeit der Prozeß der Geschlechtsteilung allmählich vollzogen hat. Die Geschlechtertrennung hatte natürlich geistige Ursachen, ein bloßer Zufall bzw. eine einfache Hormonverschiebung war es nicht, sondern bei diesem Vorgang wirkten ganz bestimmte geistige Wesen mit, die bestimmte Absichten mit diesem Trennungsvorgang verfolgten.

W.W.: Wie kann man den Entwicklungsschritt erklären, daß mit der Geschlechtertrennung die getrennten Geschlechter einander gefielen und die sinnliche Liebe begann?

Die erste Begierde entsteht

W. Gädeke: Als in der Mitte der lemurischen Zeit die Geschlechtertrennung begann, gab es noch nicht das, was wir heute als sinnliche Begierde bezeichnen. Einen bewußten seelischen Antrieb gab es zu damaliger Zeit noch nicht. Die gegenseitige Anziehung war damals unbewußt wie ein Trieb, fast wie ein pflanzlicher Trieb. In „Allgemeine Menschenkunde als Grundlage der Pädagogik" (GA 293) unterscheidet Rudolf Steiner ganz deutlich zwischen Trieb und Begierde und nennt den Trieb den Willen, der im Ätherischen wirkt. Das ist ein Wille, der rein in den Lebenskräften wirkt, und wir haben kein Bewußtsein von ihm. Er vollzieht sich auch ohne Lust und Unlust, er ist ein rein ätherischer Trieb. Entsprechend muß man sich die Fortpflanzung gleich nach der Geschlechtertrennung vorstellen: als einen unbewußten, pflanzenartig treibenden Vorgang.

W.W.: Aber irgendwann muß die seelische Begierde hinzugetreten sein.

W. Gädeke: Richtig. Das fand aber sehr viel später statt, nämlich in der Mitte der Atlantis. Das war die Zeit, in der die volle Menschengestalt erst erreicht wurde, in der sich der Mensch vollständig aufrichtete, in der sich das Knochensystem bildete und die Sinne für die Außenwelt erwachten. Der Anlage nach waren die Sinnesorgane natürlich schon vorher vorhanden, aber erst mit der Mitte der atlantischen Zeit trat der Mensch mit Hilfe seiner Sinnesorgane in Kontakt zur irdischen Außenwelt. Die Seele und das Bewußtsein zogen in den Wahrnehmungsvorgang der Außenwelt ein, und dadurch entstand Freude und Lust an der Schönheit der Natur und der Schönheit anderer menschlicher Gestalten. Ein Begleitumstand dieses Prozesses war das Entstehen der Begierde.

Die Sonne als Zentrum der Liebe

W.W.: Nun entstand die Liebe aber nicht nur als sinnliche Begierde während der atlantischen Zeit, sondern der Mensch war auch noch in einem starken Zusammenhang mit Christus und den sechs Elohim, die auf der Sonne wohnten. Als der Leib des Christus noch die Sonne war

Ausströmende Liebe

„Fassen wir es einmal, daß sozusagen die Lenkung der Welt für unsere Erde so war, daß eine Zeit hindurch auf unbewußte Art dem Menschen die Liebe einströmte durch ein dämmerhaftes Hellseherbewußtsein und ihn innerlich vorbereitete zur Aufnahme der Liebe im vollen hellen Tagesbewußtsein. – Wir haben gesehen, daß unsere Erde allmählich der Kosmos geworden ist, der die Mission der Liebe durchzuführen hat. Die Erde wird beschienen von der heutigen Sonne. Wie der Mensch die Erde bewohnt und die Liebe nach und nach sich aneignet, so bewohnen die Sonne andere, höhere Wesen, weil die Sonne auf einer höheren Stufe des Daseins angekommen ist. Der Mensch ist Erdenbewohner; und Erdenbewohner sein, bedeutet ein Wesen sein, das sich die Liebe aneignet während der Erdenzeit. Ein Sonnenbewohner in unserer Zeit bedeutet ein Wesen, welches die Liebe entzünden kann, welches die Liebe einströmen lassen kann. Nicht würden die Erdenbewohner die Liebe entwickeln, sie nicht aufnehmen können, wenn nicht die Sonnenbewohner ihnen die reife Weisheit schikken würden mit den Lichtstrahlen. Indem das Licht der Sonne auf die Erde herunterströmt, entwickelt sich auf der Erde die Liebe. Das ist eine ganz reale Wahrheit. Die Wesenheiten, die so hoch stehen, daß sie die Liebe ausströmen können, haben die Sonne zu ihrem Schauplatze gemacht.“ (GA 103/1975/20.05.1908/S.52 f.)

– so beschreibt es Steiner –, strömte mit dem Sonnenlicht Liebe zur Erde. Wie kann man das verstehen?

W. Gädeke: Die Sonne strömt Licht, Wärme und Energie aus, und von einem gewissen Gesichtspunkt aus ist dies Sympathie, also eine Liebesgeste. Aus einem Zentrum fließt etwas in den Umkreis. Eigentlich ist die Sonne selbst ein Bild für Sympathie und Liebe. Und wenn man an die frühe lemurische Zeit denkt, dann kann man sich vorstellen, daß nicht nur die physische und ätherische Substanz der Sonne zur Erde strömt und in den Menschen einzieht, sondern auch die astralische. Das war eine Kraft, die in den Menschen einfloß und mithalf, ihn ein wenig zur Sonne zu machen. Der Mensch bekam damit die Fähigkeit, nicht nur selbst etwas zu empfangen wie eine Pflanze, sondern auch etwas auszustrahlen. Dadurch, daß die Liebeskräfte in den Menschen einzogen, wurde er zu einem kleinen Sonnenquell. Allerdings glaube ich nicht, daß die Menschen diesen Vorgang bewußt wahrgenommen haben.

Nur der ichbewußte Mensch hat die Möglichkeit, zu einem Liebeszentrum zu werden

W.W.: Wieso kann ein Mensch nur dann Liebe entwickeln, wenn er ein ichbewußtes Wesen ist?

W. Gädeke: Das hängt unmittelbar mit der Lemuris und der Geschlechtertrennung zusammen. Die Geschlechtertrennung hat bewirkt, daß der Mensch biologisch ein individuelles Wesen werden konnte. Demgegenüber ist ein ungeschlechtlich sich fortpflanzendes Wesen unsterblich. Wenn ich mich heutzutage klonen lassen würde, könnte ich sterben, wäre aber biologisch weiter vorhanden. Bei niederen Tieren, z.B. bei Korallen, ist das Tochterindividuum mit dem Mutterindividuum identisch. Insofern stirbt das Mutterindividuum nicht, denn es lebt im Tochterindividuum weiter. Erst dadurch, daß durch die Geschlechtertrennung ein Tochter- bzw. Sohnesindividuum anders als Mutter und Vater sind, eine neue genetische Kombination erhalten, werden sie biologisch zu einem Einzelwesen.

Der Sinn der Geschlechtertrennung ist unter anderem, daß der Mensch biologisch ein individuelles Wesen wird und damit von anderen Wesen getrennt ist. Denn wenn wir alle gleich wären und uns nicht unterscheiden würden, bräuchten wir auch keine Liebe. Dann wären wir so miteinander verbunden, daß es nichts zwischen uns geben müßte. Deswegen kann es Liebe nur zwischen Wesen geben, die voneinander getrennt und verschieden sind.

W.W.: Die Liebe nur auf sich selbst zu beschränken, wäre also nicht möglich?

W. Gädeke: Nein, denn die Liebe ist eine Art Ausströmen, eine Sympathie, und die kann man nicht auf sich selbst richten. Auch die Sonne bescheint sich nicht selbst.

Adam
Auguste Rodin (1880)
(The Art Institute of Chicago)

Eva
Auguste Rodin (1881)
(The Art Institute of Chicago)

Liebe nach dem Tod

„Nun aber denken wir uns einmal, wir gingen durch die Pforte des Todes so, daß wir verlören unsere Menschen-Individualität, daß wir uns vereinigen würden mit einer Allgöttlichkeit. Dann wären wir in dieser Göttlichkeit darinnen, wir gehörten dazu. Wir könnten den Gott nicht mehr lieben, wir wären in ihm selbst. Liebe hätte keinen Sinn, wenn wir in dem Gotte wären. Zugeben müssen wir, wenn wir unsere Individualität nicht durch den Tod tragen könnten, daß wir im Tode die Liebe verlieren müßten, daß die Liebe in dem Augenblick aufhören müßte, wo die Individualität aufhört. Lieben kann nur ein Wesen das andere, das von dem andern getrennt ist. Wollen wir unsere Gottesliebe durch den Tod tragen, dann müssen wir durch den Tod unsere Individualität tragen, dann müssen wir durch den Tod tragen dasjenige, was in uns die Liebe entzündet." (GA 155/1960/12.07.1914/S.155)

W.W.: Liebe wird auf der Erde entwickelt. Wie steht es mit der Liebefähigkeit eines verstorbenen Wesens? Muß ein Verstorbener, um lieben zu können, auch souverän zwischen geistigen Wesen existieren, oder kann er auch lieben, wenn er in einer Geistigkeit bzw. in geistigen Wesen aufgeht?

W. Gädeke: Eine gewisse geistige Eigenständigkeit, Individualität und Eigenheit muß nach dem Tod vorhanden sein, damit ein verstorbenes Wesen Liebe entwickeln kann, und wenn es mit einem anderen Wesen oder einer Geistigkeit vollkommen verschmelzen würde, könnte ein Verstorbener keine Liebe entfachen. Das wäre wie ein Tropfen im Ozean, der kein Tropfen mehr ist. Trotzdem muß man den Zusammenhang mit dem Erdenleben sehen, denn ein verstorbener Mensch wird nur dann lieben können, wenn er dies zuvor auf der Erde gelernt hat. Das Nachtodliche ist immer eine Folge dessen, was man auf der Erde geschaffen hat. Etwas fundamental Neues kann man nach dem Tod nicht mehr entwickeln. Wenn wir Liebe, Freiheit und Individualität auch in der geistigen Welt entwickeln könnten, bräuchte es das Erdenleben überhaupt nicht zu geben.

W.W.: Ein ähnliches Prinzip ergibt sich auch auf dem okkulten Schulungsweg. Dabei stößt man an zwei Grenzen. Die eine Grenze erreicht man auf dem Weg nach innen zwischen dem Astralleib und dem Ätherleib, also bei der sogenannten Gedächtnishaut an den inneren Organen des Menschen. Die andere Grenze befindet sich in der äußeren Welt, also die sogenannte Sinnesgrenze. Trägt die Sinneswelt, indem sie uns zurückstößt, auch dazu bei, daß wir ichbewußter werden und infolgedessen liebefähiger?

W. Gädeke: Ja, das ist auf jeden Fall so. Mit Beginn der Geschlechtertrennung hat diese Entwicklung begonnen, und mit der Wahrnehmung der äußeren Sinneswelt hat sie sich verstärkt. Erst der ichbewußte Mensch hat die Möglichkeit, selbst zu einem Sonnenzentrum zu werden. Hätte der Mensch keinen Ich-Mittelpunkt, würde die Liebe sozusagen nur durch ihn durchfließen. In der Sinneswelt, die uns immer wieder zurückstößt, entwickeln wir die Freiheit, und mit der Freiheit lernen wir zu entscheiden, ob wir Liebe ausströmen wollen oder nicht. Wären wir wie eine Pflanze, die nur von der Sonne beschienen wird, dann wären wir nur Objekt und hätten keine Möglichkeit, das Sonnenlicht zu bewahren und gegebenenfalls wieder ausströmen zu lassen.

W.W.: Wenn man nun aber auf dem okkulten Schulungsweg diese Sinnesgrenze überwindet und übersinnliche Erfahrungen macht, erliegt man dann nicht der Gefahr, daß die Liebefähigkeit gestört wird bzw. verschwindet?

W. Gädeke: Zwar kann man nur in der Sinneswelt gewisse Fähigkeiten erringen, aber man behält sie dann als Fähigkeit in der übersinnlichen Welt. Man stärkt z.B. seine Seelenkräfte im Irdischen so sehr, daß man die Früchte der erstarkten Ich-Kräfte in die geistige Welt – auf dem okkulten Schulungsweg oder im Nachtodlichen – mitnimmt.

W.W.: Aber es treten doch Gefahren auf dem okkulten Schulungsweg auf, die z.B. die Liebefähigkeit oder andere moralische Eigenschaften korrumpieren können, wenn man nicht entsprechende Übungen begleitend vollzieht.

W. Gädeke: Das stimmt natürlich. Wenn man geistig an sich arbeitet, tut man etwas für sich, und es entsteht die Gefahr des Egoismus. Deswegen gibt Rudolf Steiner immer wieder die Ratschläge, okkulte

Übungen durch Nebenübungen zu begleiten und auf dem moralischen Feld wesentlich mehr zu üben als auf dem okkult-meditativen.

Der Liebeleib

W.W.: So wie die Kraft des Glaubens im Astralleib eingebettet ist, bringt Steiner die Liebe in Beziehung zu dem Ätherleib. Warum?

W. Gädeke: Er bezeichnet sogar den Ätherleib als Liebeleib. Das Beispiel von der Sonne kann das deutlich machen. So wie die Sonne das Leben in die Welt hinausströmt, ist die Liebe lebenschaffend. – Ich habe z.B. einmal eine Untersuchung gelesen, und zwar ging es um ein Kinderhaus, das an ein Frauengefängnis angeschlossen war. Dort lebten Waisenkinder und Kinder, die wenigstens noch eine Mutter im Gefängnis hatten. Alle Kinder wurden von den betreuenden Personen vollkommen gleich behandelt. Der einzige Unterschied war, daß die Kinder, deren Mütter nebenan im Gefängnis saßen, regelmäßigen Kontakt mit ihren Müttern hatten. Das Ergebnis war, daß die Sterblichkeit derjenigen Kinder, die Kontakt zu ihren Müttern hatten, signifikant geringer war als die Sterblichkeit der Waisenkinder. Liebe schafft also Leben.

Es gibt auch Untersuchungen, daß glückliche Ehepaare länger leben. Insofern kann man schon sagen, daß Liebe lebenerhaltend ist. Zumindest strahlen gute Beziehungen gesundende Kräfte aus. Das sieht man

Der Liebeleib

„Liebe ist nicht nur etwas, was die Menschen durch entsprechende Bande zusammenhält, sondern etwas, was auch der einzelne Mensch braucht. Der Mensch, der keine Liebekraft entwickeln kann, verödet und verdorrt auch in seinem Wesen. Man stelle sich nur einen Menschen vor, der nun wirklich so voll von Egoismus ist, daß er nicht lieben kann. Es ist im Grunde genommen – wenn es solche Menschen auch nur bis zu einem gewissen Grade gibt, und sie also doch gesehen werden können – recht traurig, solche Gestalten zu sehen, die nicht lieben können, die ihr Leben in irgendeiner Inkarnation zubringen, ohne jene lebendige Wärme in sich zu erzeugen, die nur dann erzeugt wird, wenn wir nur irgend etwas, dieses oder jenes in der Welt, lieben können. Gestalten, die das nicht können, in ihrer Dürre und Trockenheit durch die Welt schreiten zu sehen, haben etwas recht Trauriges; denn die Liebekraft ist eine Lebenskraft, die etwas, was noch tiefer in unserem Wesen ruht, entfacht und wach und lebendig erhält, eine noch tiefere Kraft als selbst der Glaube.

Und so wie wir eingebettet sind in einen Glaubensleib, den wir auch von anderen Gesichtspunkten aus den Astralleib nennen, so sind wir eingebettet in einen Liebeleib, den wir von anderen Gesichtspunkten aus in der Geisteswissenschaft benennen gelernt haben den ätherischen oder Lebensleib. Denn die Kräfte, die zunächst aus den Tiefen unseres Wesens heraufwirken zu uns aus unserem Ätherleib, sind die Kräfte, die sich dadurch ausdrücken, daß der Mensch lieben kann, lieben auf allen Stufen des Daseins. Wenn der Mensch ganz und gar die Liebekraft aus seinem Wesen entfernen könnte, [...] so würde diese Hülle, welche von den Liebekräften unterhalten wird, wenn gar nichts von Liebe in dem Menschen wäre, ganz zusammenschrumpfen und der Mensch würde tatsächlich an Liebeleerheit sterben müssen. Wirklich physisch sterben würde der Mensch an Liebeleerheit. Das Zusammenschrumpfen der Liebekräfte ist dasselbe, was wir nennen können das Zusammenschrumpfen der Kräfte des Ätherleibes, denn der Ätherleib ist zugleich der Liebeleib." (GA 130/1977/02.12.1911/ S.174 f.)

auch bei jungen Mädchen, die als Mauerblümchen ein sehr mickriges Dasein fristen. In dem Moment, in dem sie verliebt sind bzw. geliebt werden, blühen sie auf, sind gestärkt, fühlen sich anerkannt. Und diese Selbstwertstärkung stärkt auch unmittelbar die Lebenskräfte. Man weiß heute, daß die seelische Disposition die gesundheitliche, sprich die ätherische, beeinflußt.

W.W.: Können Sie die Verwandtschaft von Liebes- und Ätherkräften beschreiben?

W. Gädeke: Licht, Leben und Liebe sind von einem gewissen Gesichtspunkt aus dasselbe. Wenn ein Mensch einen anderen liebt, dann sieht er ihn auch anders. Wenn es nicht nur eine Verliebtheit ist, die meistens blind macht, sondern eine wirkliche Liebe, dann fällt auch ein anderes Licht auf den geliebten Menschen. Es ist so, als wenn ich im Dunkeln eine Taschenlampe anknipse, das Licht auf einen Gegenstand fällt und dieser Gegenstand im Licht erscheint. So ist es auch bei echter Liebe. Sie führt dazu, daß der andere Mensch anders gesehen und wahrgenommen werden kann, sogar daß er anders erscheinen kann. Insofern ist auch ein Zusammenhang zwischen Licht und Liebe vorhanden.

W.W.: Hin und wieder ordnet Steiner die Liebe aber auch dem Astralleib zu. Wie ist das zu erklären?

W. Gädeke: Genau. Zum einen nennt er die Liebe die Grundkraft des Ätherleibes, zum anderen aber auch die Grundkraft des Astralleibes. Das ist aber kein Widerspruch, sondern eine Ergänzung. Die Grundkräfte des Astralleibes sind Sympathie und Antipathie, Ausdehnung und Zusammenziehung, Weltzuwendung und Selbstzuwendung, Aufmachen und Schließen. Das sind die Grundkräfte der Seele. Wenn Steiner jetzt die Liebe als Grundkraft des Astralleibes bezeichnet, identifiziert er Liebe und Sympathie. Steiner formuliert nicht jeden Begriff philosophisch systematisch in jedem Vortrag bzw. jeder Schrift einheitlich; man muß immer den Kontext sehen, in dem er ein Wort benutzt.

Liebe als Substanz

W.W.: Was ist Liebe als Substanz?

W. Gädeke: Die Identität von Licht, Liebe und Leben haben wir schon besprochen. Letztlich, in einem ganz hohen Sinn, stammt Liebe

Die Leidenschaft der Liebe

„Liebe ist eine Leidenschaft, nur kann sie frei werden von allem Egoismus. Es ist die einzige Leidenschaft, die frei werden kann von Egoismus. Aber sie sitzt im astralischen Leibe, der astralische Leib ist ihr Träger." (GA 169/1963/27.06.1916/S.87)

als Substanz von den Geistern der Liebe, also von den Seraphim. Und wenn Sie noch eine Stufe höher gehen, können Sie nur noch mit dem Evangelium sagen: Gott ist die Liebe. Das wäre der höchste Aspekt der Liebessubstanz, zumindest in bezug auf den Ursprung der Liebe.

W.W.: Sind alle seelischen Äußerungen eines Menschen letztendlich Modifikationen von Liebeskräften?

W. Gädeke: Das kann man so sagen. Wenn man sich z.B. in der „Theosophie“ (GA 9) die Schilderungen über die Regionen der Seelenwelt anschaut, dann werden diese als Zusammenspiel von Sympathie und Antipathie geschildert. Von einem bestimmten Punkt an verschwindet aber die Antipathie, und die Sympathie verbleibt. Daran wird deutlich, daß die Sympathie in allen Äußerungen des Seelenwesens anwesend ist, die Antipathie aber nicht in allen. Auch wird daran deutlich, daß Liebe bzw. Sympathie die Grundkraft alles Seelischen ist. Insofern sind alle seelischen Äußerungen des Menschen Modifikationen der Liebe. In den niederen Seelenregionen gehen sie durch die verschiedenen Beimischungen mit der Antipathie einher.

Interesse ist Liebe

W.W.: Liebe ist oft nur ein Wort, das schnell abgehakt wird. Wie aber kann man sich wahre Liebe – und ich meine jetzt nicht Verliebtheit – bewußtmachen, bzw. wie kann man wahre Liebe erfahren?

W. Gädeke: Geistige Liebe kann sich z.B. schon darin zeigen, welche Art von Interesse ein Mensch aufbringt. Ein Klassenkamerad meines Sohnes hat z.B. ein ungeheures Interesse für Philosophie. Es ist unglaublich, was dieser junge Mensch über Philosophie alles gelesen und begriffen hat, aber auch darstellen kann. An so einem Menschen merkt man durch die Art, wie er über philosophische Gedanken spricht, daß in ihm etwas für die Gedankenwelt glüht, nämlich ein unbändiges Interesse, eine Liebe zur Weisheit. Er ist im wahrsten Sinne des Wortes ein Liebhaber der Weisheit.

An so einem Beispiel kann man erkennen, wie sich die Grundkraft der Liebe auf etwas Geistiges bezieht. Die muß sich natürlich nicht auf die Weisheit beziehen. Es gibt ja z.B. auch den Philipos, den Pferdeliebhaber. Das ist in dem Sinne natürlich keine geistige Liebe, weil die

Pferde keine geistigen Wesen sind. Auch bei einem 13jährigen Mädchen, das die Pferde pflegt, kann man erkennen, daß diese Art von Liebe sehr sinnlich ist. Daran kann man erkennen, daß die Stufung der Liebe anders wird, je nachdem, auf was sich das Interesse des Menschen richtet.

W.W.: Kann sich Liebe bzw. Interesse denn auf alles richten?

W. Gädeke: Wenn man Liebe als Sympathie und als Begehren mit einschließt, kann sich Liebe auf alles richten. Auch die Liebe zur Briefmarkensammlung ist eine Form von Liebe. Das Interesse, die Zuwendung, die Beschäftigung mit Briefmarken ist eine Form von Liebe. Liebe kann sich also auch auf Sachen richten. Etwas weniger gegenständlich wird es z.B., wenn man seinen Garten liebt. Für einen Garten muß man tätig sein, man muß ihn aufmerksam beobachten, man muß wissen, was er braucht, was ihm angemessen ist, und man muß fürsorglich mit ihm umgehen. Das sind alles Elemente der Liebe.

W.W.: Und wenn man sein Bankkonto liebt, ist das auch eine Form von Liebe?

W. Gädeke: Im Grunde ja, aber in bezug auf die Liebe zu einem Garten ist es schon etwas vollkommen anderes, denn es hat einen stark egoistischen Charakter. Denn ich sorge ja nicht für das Geld auf dem Konto.

W.W.: Man kann sich doch aber um die Vermehrung des Geldes bemühen bzw. sich darum sorgen.

W. Gädeke: Aber dann sorgt man nur für sich selbst. Wenn ich dagegen einen Garten pflege, sorge ich mich auch um ein Stück Natur, und das ist etwas außerhalb von mir selbst. Wenn ich einen Garten anlege, will ich nicht ausschließlich etwas für mich selbst haben, sondern auch der Stadt z.B. ein Biotop anlegen. Zwar kann ich von einem Garten Obst, Beeren oder Blumen ernten, mich an ihm erfreuen, aber ich schaffe darüber hinaus noch etwas Schönes für die Welt. Und so etwas ist auch dann wertvoll, wenn ich selbst davon keinen Nutzen habe.

Die Liebe eines Kindes

W.W.: Nehmen wir ein dreijähriges Kind: Kann es schon lieben, z.B. seine Eltern?

W. Gädeke: Im eigentlichen Sinne nicht, aber das ist vielschichtig. Rudolf Steiner sagt über das Kind, daß es seine Eltern schon vor der Geburt liebe und daß die Liebe der Eltern zum Kind nur eine Folge dieser Kindesliebe sei. Die Liebefähigkeit eines kleinen Kindes ist eine noch nicht aus Freiheit stammende Liebe. Denn ein kleines Kind ist noch nicht so sehr von seiner Umwelt getrennt, daß es aus eigenen Stücken frei lieben könnte. Die Entwicklungspsychologen sagen, daß ein Kind etwa mit acht, neun Jahren liebefähig wird. Erst in diesem Lebensalter kann es seelisch für ein anderes Wesen erglühen.

W.W.: Ist die Liebe eines Kindes zur Mutter bis zum achten oder neunten Jahr keine Liebe, sondern Egoismus?

W. Gädeke: Das ist eine Art Symbiose. Rudolf Steiner spricht ja auch davon, daß ein Kind bis zum siebten Lebensjahr ätherisch noch gar nicht geboren bzw. selbständig ist, sondern noch mit seinen Eltern, besonders mit seiner Mutter vereinigt ist. Die Eltern sind noch kein wirkliches Gegenüber. Deswegen würde ich diese Liebe zur Mutter eine Form berechtigter symbiotischer Liebe nennen, sofern man es überhaupt als Liebe bezeichnen will. Weil das Kind ätherisch und astralisch noch eine Einheit mit seiner Mutter bildet, spiegelt sich für den aufmerksamen Beobachter im Gesundheitszustand des Kindes der Gesundheitszustand der Mutter. Auch Disharmonien in der Ehe übertragen sich auf das Kind. Etwa vom neunten Lebensjahr an wird das Kind mehr ein Eigenwesen, und von diesem Moment an beginnt auch die Liebefähigkeit des Kindes.

Ich kann mich an meine eigene Kindheit erinnern: Etwa im achten Lebensjahr hatte ich meinen ersten Liebeskummer, weil ich über die Weihnachtsferien von einer Klassenkameradin getrennt war. Und ich lag abends lange wach, weil ich an sie denken mußte. Das war meine erste freie Liebeempfindung für jemanden, mit dem man nicht unmittelbar zusammen ist. – Natürlich empfindet ein Kind vorher auch so etwas ähnliches wie Liebe, Nähe, Sympathie, aber das kommt von innen und bezieht sich nicht auf ein Gegenüber.

W.W.: Was verändert sich in den Liebeskräften mit der Pubertät?

W. Gädeke: Mit dem neunten Lebensjahr beginnt die freie seelische Liebe zu Menschen, mit denen man nicht familiär verbunden ist. Ich selbst kann mich auch noch genau entsinnen, wie ich im zwölften

Lebensjahr für eine Betreuerin in einem Landverschickungsheim geschwärmt habe. Aber das hatte überhaupt keinen sexuell-erotischen Charakter. Mit der Pubertät kommt aber die sexuelle Komponente hinzu.

Mann und Frau lieben anders

W.W.: Inwiefern lieben Mann und Frau anders?

W. Gädeke: Da stütze ich mich zum einen auf Rudolf Steiner, zum anderen auf eigene Beobachtungen. Eine Frau liebt einen Mann eigentlich nicht so wie er ist, sondern so, wie sie möchte, daß er sein sollte. Sie liebt immer mit einem gewissen pädagogischen Impetus. Rudolf Steiner bemerkt dazu, daß wir Männer auch nicht unbedingt so sind, daß man uns liebhaben kann. Überspitzt könnte man sagen: Wenn eine Frau ihren Mann nicht mehr erziehen will, liebt sie ihn entweder nicht mehr bzw. hat resigniert oder sie hat eine hohe Stufe der Liebe erreicht. Aber die natürliche Liebe der Frau zum Mann hat immer einen pädagogischen Anstrich. – Der Mann liebt dagegen mit Wunschcharakter, mit einem stärkeren Begehren, und er möchte eigentlich, daß die Frau immer so bleibt wie zu Beginn der Liebesbeziehung. Sie soll immer genauso jung, genauso schön, genauso willig, genauso hingabefähig, mitunter sogar selbstverleugnend sein.

W.W.: Aber das bezieht sich doch nur auf die geschlechtliche und seelische Liebe. Ist die geistige Liebe von Mann und Frau gleich, oder gibt es auch da Unterschiede?

W. Gädeke: Auch die geistige Liebe von Mann und Frau ist unterschiedlich. Das gilt besonders, wenn sich die Liebe auf Gegenstände richtet. Männer haben es z.B. leichter, sich den Gegenständen so zu nähern, daß sie einfach nur untersuchen, wie diese Gegenstände objektiv sind. Frauen haben dagegen eher die Tendenz, in ihrer Zuwendung zur Welt die Gegenstände zu verändern. Es fällt ihnen schwerer, zunächst erst einmal festzustellen, wie etwas ist. Ich denke also, daß die seelische Grundstruktur der Liebe von Mann und Frau auch in andere Bereiche nachwirkt. Das heißt natürlich nicht, daß diese Liebeseinseitigkeiten so bleiben müssen, aber als Grundtendenz sind sie bei Mann und Frau entsprechend vorhanden.

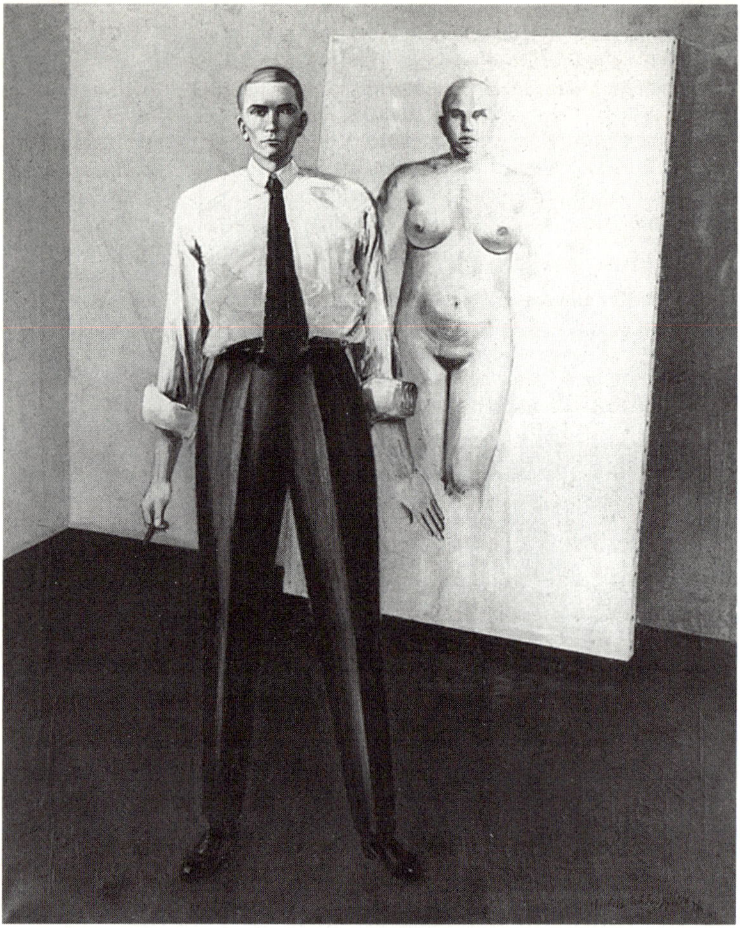

Selbstbildnis
Anton Räderscheidt (1928)

W.W.: Kann man auch ein Ideal bzw. eine Idee lieben?

W. Gädeke: Sicherlich, denn Liebe bedeutet, sich mit etwas zu verbinden. Es könnte z.B. meine Idee sein, alle 8.000er der Welt zu erklimmen. Das ist vielleicht eine tolle Idee, aber mein Ideal ist es nicht. Selbst wenn ich noch die Kräfte dazu hätte, würde ich diese Idee nicht so sehr lieben, daß ich sie zu meinem Ideal machen würde. Ein Ideal ist aber eine geliebte Idee. Indem ich eine Idee liebe, also meine Seelenkräfte mit ihr verbinde, mache ich diese Idee zu meinem Ideal. Das ist auch das, was Rudolf Steiner die Grundlage für eine freie Tat nennt. Man liebt eine Idee so sehr, daß sie zur Maxime des eigenen Handelns wird. Unsere Freiheit liegt darin, daß wir so etwas nicht müssen. Niemand kann mich dazu zwingen, eine Idee zum Ideal zu erheben. Andererseits liegt in der Freiheit die Möglichkeit, daß ich aus eigenem Entschluß eine Idee zum Ideal erhebe.

Liebe ist Tat

W.W.: Geistige Wesen kann man meist nicht wahrnehmen; können wir auch geistige Wesen – Verstorbene, Engel, Christus – lieben?

W. Gädeke: Liebe heißt zunächst einmal seelische Zuwendung. Indem ich mich geistigen Wesen zuwende, vollziehe ich ihnen gegenüber eine Geste der Liebe. Wenn ich mich in das Evangelium vertiefe, vertiefe ich mich in die Worte und Taten Jesu Christi, also in die Äußerungen eines geistigen Wesens, in die Wesensäußerungen eines Geistes. Es spielt also keine Rolle, daß wir geistige Wesen meistens nicht wahrnehmen können. – Das Wesen eines Menschen kann ich auch nicht direkt wahrnehmen, denn es ist unsichtbar. Was ich von einem Menschen wahrnehmen kann, sind seine Worte und Taten. Und durch das Wahrnehmen seiner Worte und Taten bekomme ich ein Gefühl und ein Gespür für sein Wesen. Und für das Wesen Christi bekomme ich ebenfalls ein Gespür, wenn ich seine Worte und Taten, die im Evangelium verzeichnet sind, in meine Seele aufnehme. Indem ich mich den Worten und Taten Christi, und damit seinem Wesen zuwende, vollziehe ich eine Grundbewegung der Liebe. Entsprechend mache ich eine Grundbewegung der Liebe, wenn ich einem anderen Menschen aufmerksam zuhöre. Diese Zuwendung ist bereits eine erste Form der Liebe. Wenn ich mich darüber hinaus nicht nur mit einem geistigen Wesen beschäftige, sondern ein Gebet spreche bzw. einen Gottesdienst vollziehe, ist das eine verstärkte Zuwendung, denn ich tue etwas für die geistigen Wesen. Durch den Gottesdienst oder durch ein Gebet vollbringe ich etwas, was diesem geistigen Wesen dient.

W.W.: Woran man erkennen kann, daß Liebe eigentlich eine Tat bzw. eine Willensäußerung ist.

W. Gädeke: Das ist das Entscheidende. Liebe ist letztlich Tat.

W.W.: Dann ist jede Form von Arbeit im Grunde auch ein Liebesdienst.

W. Gädeke: Richtig. Und das unterscheidet Liebe von Verliebtheit. Verliebtheit ist ein Gefühl, das einen überkommt, und man weiß nicht woher und warum. Plötzlich ist es da, bzw. es schleicht sich langsam ein. Aufgrund dieses Gefühls machen die Menschen dann sehr merkwürdige Handlungen. Sie fangen an, Händchen zu halten, sich zu küssen, sich zu umarmen und ähnliche merkwürdige Dinge. Verliebtheit bedeutet, daß aufgrund eines Gefühls Handlungen entstehen. Die eigentliche Liebe, die mehr als Eros ist, also Philia und Agape, ist Tat. Als erstes muß ich mich tätig einem Wesen gegenüber verhalten, und dadurch entsteht dann sekundär ein gutes Gefühl.

Wenn ein Lehrer z.B. einen ihm unsympathischen Schüler hat, dann ist von Natur aus keine Sympathie vorhanden. Er mag ihn nicht, und man kann ihm deswegen keinen Vorwurf machen. Wenn er aber beginnt, sich mit diesem Schüler zu beschäftigen, und für ihn tätig ist, wenn er sich für diesen Schüler etwas ganz Besonderes ausdenkt und dieses für den Schüler tut, dann werden sich auch seine Gefühle für diesen Schüler verändern. Das liegt daran, daß der Lehrer etwas für diesen Menschen tut. Und das ist eine Liebestat. Bei der Verliebtheit entsteht also aus einem natürlichen Gefühl die Tat, und bei der Liebe folgt aus einer kulturellen Tat ein Gefühl.

W.W.: Hat jeder Mensch Liebeskräfte in sich, oder gibt es auch Menschen, die überhaupt nicht lieben können?

W. Gädeke: Ich denke, daß wohl alle Menschen Liebeskräfte in sich haben, weil sie eine Seele haben, in der Sympathiekräfte vorhanden sind. Allerdings gibt es auch Menschen, bei denen sich diese Sympathiekräfte überhaupt nicht äußern können, z.B. beim Autismus. Bei diesen Menschen sind die Antipathiekräfte, also die sich von der Welt abschließenden Kräfte, so stark, daß ein solcher Mensch keine sich öffnenden Seelengesten machen kann. Ich will damit nicht sagen, daß autistische Menschen keine Liebeskräfte haben, aber sie können nicht aus ihnen heraus. Sie sind in ihnen gefangen. Ein Autist hat natürlich eine große Empfänglichkeit, aber er kann die Grundkraft der Seele, sich zu äußern, die für die Liebe notwendig ist, nicht vollziehen. Denn sich gegenüber der Welt zu äußern ist im Grunde genommen auch eine Liebesgeste. – Aber daß ein Mensch überhaupt keine Liebeskräfte in sich trägt, kann ich mir nicht vorstellen, denn dann würde er wahrscheinlich nicht lebensfähig sein.

W.W.: Inwieweit ist eine gute Portion Selbstliebe vonnöten, damit man überhaupt andere Wesen lieben kann?

W. Gädeke: Natürlich muß man sich dabei ehrlich fragen, was es heißt, sich selbst zu lieben. Wenn das bedeutet, daß man sich annimmt und für sich selbst sorgt, dann ist ohne Selbstliebe keine Liebe möglich. Denn wenn ich nicht mit mir selbst sorgfältig umgehe, wenn ich für mich selbst keine Verantwortung übernehme und trage, kann ich auch nicht für andere verantwortlich und fürsorglich sein. Fürsorge und Verantwortung, zwei Grundelemente der Liebe, die Fromm in „Die Kunst des Liebens" beschreibt, muß ich auch auf mich anwenden, um anderen überhaupt Liebe schenken zu können.

Liebe ist umfassender als Sexualität

W.W.: Inwieweit hängen Liebe und Sexualität zusammen?

W. Gädeke: Hierzu äußert sich Rudolf Steiner widersprüchlich. Zum einen sagt er, daß Liebe und Sexualität überhaupt nichts miteinander zu tun hätten. Zum anderen stellt er aber dar, daß die geschlechtliche Liebe die Grundform aller Liebe sei, aus der alle anderen Formen der Liebe hervorgingen. Das ist eine der wunderbaren Paradoxien, die einen geistig in Bewegung bringen können. Daher darf man weder das eine noch das andere absolut setzen, sonst kommt man auf diesem Feld nicht weiter.

Seit 30 bis 35 Jahren, spätestens seit Woodstock, versteht man unter „make love, not war", daß „Liebe machen" zum Synonym für Sexualität geworden ist. Ich meine damit nicht, daß die Hippiebewegung nur Sexualität im Kopf hatte, aber dieser Begriff ist mit dieser Bedeutung in den allgemeinen Sprachgebrauch eingezogen. Make love, Liebe machen, bedeutet keineswegs die Kunst der Liebe, sondern weitgehend Sexualität. Das ist eine Entwicklung, die mit Freud begonnen und ge-

Liebe und Sexualität

„In unserer heutigen materialistischen Zeit ist es sogar außerordentlich schwierig, gerade über diesen Begriff von Mitgefühl und Liebe die rechte Anschauung zu erhalten. Denn es werden ja viele von Ihnen wissen, wie gerade in unserer heutigen materialistischen Zeit dieser Begriff verschoben, karikiert wird, indem der Materialismus in unserer Zeit den Begriff der Liebe so nahe wie möglich heranrückt an den Begriff der Sexualität, mit dem er gar nichts zu tun hat. Das ist ein Punkt, wo unsere gegenwärtige Geisteskultur sogar nicht nur das Vernünftige verläßt, sondern das verläßt, was irgendwie überhaupt noch zuverlässig ist bei einem gesunden Denken. Hier kommt bereits die Entwickelung in unserer Zeit durch ihren Materialismus nicht nur in das Unvernünftige und Unlogische, sondern in das Schändliche hinein, wenn so nahe aneinandergerückt werden, was man Liebe nennen kann und was sich unter dem Begriffe der Sexualität verzeichnen läßt. Daß unter gewissen Umständen zu der Liebe zwischen Mann und Weib die Sexualität herantreten kann, begründet nicht, daß man diese beiden Begriffe so nahe als möglich aneinander heranbringt: das Umfassende der Liebe und des Mitgefühles und das ganz Spezifische der Sexualität." (GA 133/1964/14.05.1912/S.107)

gen die sich Steiner schon heftig gewehrt hat. Liebe auf Sexualität zu beschränken ist eine absolut einseitige Betrachtungsweise, die in ihrer Ausschließlichkeit verheerend wirken kann.

Auf der anderen Seite kann man aber auch nicht behaupten, daß Sexualität und Liebe überhaupt nichts miteinander zu tun hätten. Liebe ist viel umfassender als Sexualität. Das Verheerende bei Freud ist, daß er das Umfassende der Liebe nur der Sexualität zugeschrieben hat. Er hat jede Form von Zuwendung, von Lust und Freude auf die Sexualität zurückgeführt. Für Steiner ist Sexualität nur ein Spezialfall von Liebe, aber nicht das Grundwesen. – Vielleicht kann man Sexualität als die erste Ausprägung von Liebe bezeichnen. Wenn wir an die lemurische Zeit denken, so war die geschlechtliche Vereinigung das erste, was der

Adam und Eva
Lucas Cranach der Ältere (1472–1553)
(London, Courtauld Institute Galleries)

Mensch zusammen mit dem anderen Geschlecht gelernt hat. Das war eine rein ätherische Hingabe, unbewußt und unfrei, also ein natürlicher Vorgang. Erst später kam die Begierde hinzu. Die sexuelle Hingabefähigkeit geht also in der Entwicklung der seelischen Hingabefähigkeit voraus.

Liebe erreicht den Menschen also im Bewußtsein von oben her in der Seele und von unten her aus dem Leib. Das trifft sich entwicklungsmäßig beim einzelnen Menschen in der Pubertät. Sexualität ohne Liebe ist ganz gewiß nicht ausgeprägt menschlich. Sie ist eine Vereinseitigung, die der Gesamtentwicklung des Menschen nicht sehr förderlich ist. Liebe ohne Sexualität kann aber sehr wohl sehr förderlich sein.

Die Sehnsucht nach Liebe

W.W.: In bezug auf das Gelingen einer Partnerschaft gibt es so manche Irrtümer: Hängt von der leidenschaftlichen Verliebtheit zu Beginn einer Partnerschaft die Liebe während der Partnerschaft ab bzw. das Gelingen der Partnerschaft?

W. Gädeke: Das hat gar nichts mit dem Gelingen einer Partnerschaft zu tun, ganz im Gegenteil sogar. Die Voraussetzungen für das Gelingen einer längeren Partnerschaft sind günstiger, wenn zu Beginn keine Verliebtheit steht, die an Verrücktheit grenzt bzw. – wie Plato sagt – eine Stufe des Wahnsinns ist. Besser ist es, wenn sich die Verliebtheit, und vor allem die Liebe langsam entwickeln, denn eine leidenschaftliche Verliebtheit zu Beginn einer Beziehung deutet meist auf ein vergangenes Schicksal hin. Ich will nicht behaupten, daß das immer so ist, aber man kann davon ausgehen, daß eine starke Liebe auf den ersten Blick wahrscheinlich stark vergangenheitsbezogen ist. Eine sehr enge karmische Beziehung ist aber für eine moderne Partnerschaft keine gute Voraussetzung.

W.W.: Warum sehnen sich die meisten Menschen eigentlich nach Liebe?

W. Gädeke: Weil Liebe eine Ursehnsucht des Menschen ist. Henning Köhler beschreibt dies auch in seinem neuesten Buch „Vom Ursprung der Sehnsucht": Es gäbe zwei Ursehnsüchte des Menschen, und zwar die nach Liebe und die nach Freiheit. So wie die Pflanze das Sonnenlicht braucht, benötigt der Mensch Liebe. Erich Fromm drückt es so aus, daß das Bedürfnis nach Geliebtwerden jeder Seele eigen sei. Das Problem ist nur, daß die Fähigkeit zur Liebe so gering ist. Die Nachfrage ist also riesengroß, aber das Angebot ist ungeheuer klein. Das ist das Problem unserer heutigen Zeit.

W.W.: Gibt es heute noch so etwas wie romantische Liebe?

W. Gädeke: Aber sicher, zumindest hoffe ich, daß so etwas, vor allem bei Jugendlichen, noch sehr häufig vorkommt. Unter romantischer Liebe würde ich das bezeichnen, was die Griechen Eros genannt haben. Es hat einen großen Wert, wenn zwischen dem zwölften und 18. Lebensjahr Liebesempfindungen auftreten, die sich nicht direkt ausleben, also direkt beantwortet werden. Das Erleben einer solchen schwärmerischen Liebe, bei der nicht gleich zum Vollzug geschritten wird, ist für die jugendliche Seele eine sehr positive Kraft.

W.W.: Inwiefern?

W. Gädeke: Weil der Jugendliche dann zunächst das Erleben der Liebe im Seelischen entdeckt und das Seelische nicht gleich mit Sexualität zugedeckt wird. Denn es ist in den meisten Partnerschaften das Problem, daß man seelisch überhaupt nicht mehr miteinander kommuniziert, überhaupt nicht mehr seelisch miteinander lebt. Die Berührung und Begegnung im rein Seelischen, z.B. durch Briefwechsel, ohne daß sich leiblich etwas abspielt, übt die Seele für das spätere Leben. Die seelische Verödung, die oftmals in Partnerschaften auftritt, hängt damit zusammen, weil nicht die Kunst entwickelt worden ist, Liebe rein im Seelischen zu erleben.

W.W.: Welche Unterschiede liegen in dem Bedürfnis, geliebt zu werden, und in dem Bedürfnis zu lieben?

W. Gädeke: Ein kleines Kind hat z.B. das Bedürfnis, geliebt zu werden. Und wir wissen, was es für Folgen hat, wenn die Kinder in jungen Jahren nicht wirklich geliebt werden. Aber es hat noch nicht das Bedürfnis, selbst zu lieben. Man kann von kleinen Kindern z.B. nicht erwarten, daß sie etwas schenken. Sie können auch noch nicht richtig schenken, denn wenn sie einem etwas geben, nehmen sie es im nächsten Moment wieder weg. Aber mit dem achten oder neunten Lebensjahr beginnen die Kinder, einem etwas zu schenken, das sie z.B. selbst hergestellt haben. In dieser Zeit entsteht das Bedürfnis, etwas frei hinzu-

The Tree of Life (Der Baum des Lebens)
Marc Chagall (1948)

Les lumières du mariage (Lichter der Hochzeit)
Marc Chagall (1945)

schenken. Das ist eine Äußerung des Bedürfnisses zu lieben und nicht nur des Bedürfnisses, geliebt zu werden.

Vertrauen und Gemeinsamkeiten in der Partnerschaft

W.W.: Inwieweit sollte man sich in einer glücklichen Beziehung absolutes Vertrauen schenken, z.B. indem man sich alles gegenseitig erzählt?

W. Gädeke: Ich denke schon, daß eine weitgehende Offenheit für eine Beziehung notwendig und förderlich ist. Allerdings gibt es auch Grenzen, z.B. beim Berufsgeheimnis. Es gibt in den Berufszusammenhängen viele Bereiche, in denen eine totale Offenheit gegenüber dem Partner nicht möglich ist. Das muß aber keine rechtliche Beschränkung sein – wie beim Arzt, Rechtsanwalt oder Priester –, sondern es kann in der Sache selbst liegen. Es gibt zahlreiche Berufe, die fachlich so kompliziert sind, daß der Partner gar nicht verstehen kann, was man macht. Stellen Sie sich z.B. einen Mathematikprofessor und seine Frau vor. Glauben Sie, daß die Frau alle Seelenbewegungen des Mannes, der irgendeine Beweisführung erarbeitet, nachvollziehen kann? Das gleiche gibt es natürlich auch mit umgekehrter Rollenverteilung und auch in anderen Berufen. Der nicht mögliche Austausch über diese Fachgebiete muß aber einer Partnerschaft nicht abträglich sein. Insofern ergeben sich Grenzen für eine totale Gemeinsamkeit von Seeleninhalten.

Aber auch sonst gibt es Bereiche, über die man sich nicht austauschen muß. Wenn z.B. beide Partner den okkulten Schulungsweg gehen, dann müssen sie sich nicht alle Einzelheiten dessen, womit sie sich gerade beschäftigen, gegenseitig erzählen. Wenn aber die Seelenbereiche, die man sich gegenseitig verschweigt, überhand nehmen, vor allem, wenn sie sich auf die Partnerschaft beziehen, kann es sehr problematisch werden.

W.W.: Inwieweit ist es für eine Beziehung förderlich, alles gemeinsam zu tun?

W. Gädeke: Die Liebesbeziehung ist gewiß zum Scheitern verurteilt, die unter dem Motto antritt, alles gemeinsam durchführen zu wollen. Eine solche Totalität von Nähe und Gemeinsamkeit hält niemand aus. Das liegt daran, daß der Mensch nicht nur ein Gemeinschaftswesen ist, sondern auch ein Individualwesen. Und wir werden zunehmend individueller. Deswegen ist es für eine gute Partnerschaft durchaus notwendig, daß die einzelnen Partner auch hin und wieder etwas für sich alleine tun. Auf der anderen Seite ist es genauso notwendig, daß die Partner viel gemeinsam vollbringen. Das ist wie die Atmung. Und man kann auch nicht sagen, daß Einatmen gut und Ausatmen schlecht sei. Beides muß in einem gesunden Verhältnis und Rhythmus zueinander stehen. Deswegen muß der Mensch mit anderen zusammen und für sich allein sein. Auch in der Partnerschaft braucht man Nähe und Distanz, wie beim Atmungsvorgang.

Unausgesprochene Wünsche erfüllen?

W.W.: Oft heißt es: Wer mich wirklich liebt, versteht mich auch ohne Worte. Ist so etwas realistisch, oder sind vielmehr intensive Gespräche zwischen den Partnern notwendig, weil man sonst Gedanken und Gefühle des anderen leicht mißinterpretiert?

W. Gädeke: Nach meiner Erfahrung ist das eine der tiefsten Sehnsüchte der weiblichen Seele: verstanden zu werden und Wünsche erfüllt zu bekommen, ohne daß man sie ausgesprochen hat. Das ist etwas, was man während der Verliebtheit durchaus auch erleben kann. Verliebtheit ist ein Zustand seelischer Symbiose, aber er geht vorbei, spätestens nach vier Jahren, wie einige Hormonforscher behaupten.

Natürlich gibt es in einer guten Partnerschaft das stillschweigende Einverständnis, daß der eine weiß, was der andere denkt. Man vergißt aber häufig, daß gerade während der Verliebtheit ein ganz starker verbaler Austausch vorherrscht und daß sich das wortlose Verstehen höchstens als ein Ergebnis des verbalen Kommunizierens zusätzlich einstellt. Ein solcher Zustand stellt sich nicht ohne vorherige verbale Kommunikation ein. Das nonverbale Verstehen ist also wie das Sahnehäubchen auf dem Kuchen, das ihm noch einen besonderen Geschmack verleiht. Aber wenn man hofft, daß Verständnis ohne Worte möglich ist, befindet man sich auf der Ebene der Illusion, wenn nicht vorher intensive verbale Kommunikation vorausgegangen ist. Außerdem muß man hinzufügen, daß die verbale Kommunikation sehr viel weniger für Mißverständnisse und Fehlinterpretationen anfällig ist.

Der Künstler und seine Frau
Meister von Frankfurt (1460–1. Viertel 16. Jh.)
(Antwerpen, Koninklijk Museum voor Schone Kunsten)

Liebespaar
Otto Karl Mueller (1919)

Wenn ich ganz scharf formuliere, dann sage ich hin und wieder: Wenn Frauen einen solchen Zustand ersehnen, dann verachten sie das Menschlichste, was wir haben, nämlich die verbale Kommunikation. Denn die verbale Kommunikation ermöglicht eine Brücke zwischen zwei Seelen, die so bewußt ist wie keine andere Kommunikationsform. Das Wort ist das Menschlichste, was wir an Kommunikation haben. Zwar ist es heute modern, von Körpersprache zu sprechen, aber der Interpretation, und damit dem Mißverständnis, ist auf diesem Gebiet Tür und Tor geöffnet. Man sollte also die Erfüllung dieses Wunsches nach wortlosem Verständnis nur als eine gnadenvolle Zugabe betrachten, die sich einstellen kann, wenn man die bewußte verbale Kommunikation anständig gepflegt hat.

W.W.: Ist Liebe unteilbar? Kann man nur einen oder auch mehrere Partner lieben?

W. Gädeke: Man kann mehrere Menschen lieben, weil man für mehrere Menschen tätig sein kann. Wir brauchen nur an einen Klassenlehrer zu denken, denn er sollte seine 30 oder 40 Schüler alle lieben. Insofern ist die Liebe teilbar. Vielleicht sollte man eher sagen, daß die Liebe vermehrbar ist.

Bei einer Partnerschaft bzw. Ehe, die die Sexualität mit einschließt, entsteht dagegen die Frage der Ausschließlichkeit. Auf diesem Felde will man eigentlich Liebe ausschließlich leben. Die allermeisten Menschen wollen diese Form der Liebe einschließlich Geschlechtlichkeit ausschließlich leben. Natürlich heißt es dann von anderen, daß dies bürgerliches Besitzdenken oder Freiheitsberaubung sei. Aber was früher Gebot war – also daß man keine sexuelle Beziehung außer zu dem eigenen Partner haben soll –, hat auch einen tiefen Sinn. Denn auf Dauer ist diese Intimität und Ganzheitlichkeit, die eine positive Partnerschaft unter Einschluß der Sexualität erfordert, nicht möglich, wenn man es mit mehreren Menschen gleichzeitig versucht. Letztlich wird dann einer krank.

Ich denke dabei z.B. an ein ganz konkretes Paar, das ohne Eifersucht verabredet hat, auch andere sexuelle Partner haben zu dürfen. Das ging zwei bis drei Jahre gut, aber dann merkten sie, daß es eigentlich doch nicht möglich war. Denn durch eine dauernde geschlechtliche Verbindung von zwei Menschen wachsen auch die Ätherleiber zusammen.

Und man kann eben nur mit einem Ätherleib zusammenwachsen, ohne daß Spannungsrisse entstehen bzw. ohne daß unmenschliche Benutzerverhältnisse eintreten. Näher begründen kann ich es nicht, aber es ist meine Erfahrung, daß so etwas kein Mensch auf Dauer schaffen kann. Das liegt daran, daß die Ganzheitlichkeit der Zuwendung dann nicht mehr gegeben ist, wenn man sich mehreren Partnern zuwendet. Ein Scheich, der zig Frauen regelmäßig bedient bzw. sich selbst bedient, kann keine ganzheitliche Beziehung zu diesen Frauen aufbauen. Eine wirkliche Partnerschaftlichkeit ist mit so vielen Frauen nicht mehr möglich. Und im Prinzip beginnt dies schon dann, wenn man mehr als einen Partner hat, auch wenn es vorerst nicht so sehr deutlich wird.

Liebe tun

W.W.: Wie steht es mit der Qualität der Liebe innerhalb einer Partnerschaft, wenn die Liebe verlischt?

W. Gädeke: Die Verliebtheit verlischt ohnehin nach einiger Zeit. Wenn auch die richtige Liebe verlischt, dann ist es schlichtweg Faulheit. In einer Eheberatung sagte einmal ein Mann über seine Frau: „Ich liebe meine Frau nicht mehr.“ Daraufhin antwortete der Berater: „Dann lieben Sie Ihre Frau!“ – „Aber ich habe Ihnen doch gerade eben gesagt, daß ich meine Frau nicht mehr liebe.“ – „Ja, dann lieben Sie Ihre Frau!“ Der Mann verstand zuerst nicht, wozu ihn der Berater aufforderte. „Liebe ist eine Tätigkeit, lieben ist ein Verbum. Tun Sie's!“ Wenn man begriffen hat, daß Liebe Tat ist, kann man nicht mehr sagen, daß die Liebe verlischt. Das kann man eigentlich nur von der Verliebtheit sagen. Liebe, die verlischt, wird nicht mehr getan. Dafür kann es natürlich Gründe geben, aber man sollte nicht sagen, daß die echte Liebe verlischt.

W.W.: Kann man denn eine in einer Beziehung erloschene Liebe wieder neu entfachen, bzw. was muß man dafür tun?

W. Gädeke: Das kommt darauf an, ob man das überhaupt will, ob noch ein Rest von Sympathie und Zuwendung vorhanden ist; dann kann man noch etwas machen. Wenn aber längst eine Verliebtheit bzw. eine Liebe zu einem anderen Partner vorliegt, dann ist meistens nichts

Das Liebeslied
René Magritte (1948)

Der bayerische Don Giovanni
Paul Klee (1919, 116)

mehr möglich. Dann ist oft schon sehr viel erreicht, wenn man noch gegenseitigen Respekt walten lassen kann. Aber Liebe neu zu entfachen heißt, für den anderen Menschen tätig sein in dem Sinne, wie Fromm es beschrieben hat.

W.W.: Das bezieht sich jetzt aber nur auf den bzw. die Partner, die ihre Liebe neu entfachen wollen. Wenn nun aber einer der Partner eine völlige Wesensveränderung zum Negativen hin durchmacht, also kaum noch liebenswert ist, ist es dann für den anderen Partner noch gerechtfertigt zu sagen, daß dieser nur tätig sein müsse, um seine verloschene Liebe neu zu entfachen?

W. Gädeke: Das wird dann in einer partnerschaftlichen Liebe nicht mehr möglich sein. Es kommt häufig vor, daß Menschen sagen, daß sie zwar noch gut befreundet sein können, aber nicht mehr verheiratet. Sie leben dann eine freundschaftliche Liebe (Philia) ohne Sexualität und leben auch nicht mehr zusammen. – Wenn sich beide Partner aufgemacht haben, Liebe in einem hohen geistigen Sinn zu leben und zu pflegen, und der eine von beiden wird plötzlich total materialistisch, sitzt nur noch vor der Glotze, denkt nur noch an Geld oder wird gar zum Alkoholiker, dann ist irgendwann Lebensgemeinschaft nicht mehr lebbar, weil sich die Werte verschoben haben.

W.W.: Das heißt dann aber, daß sich bei einer derartigen Werteverschiebung bzw. Wesensveränderung des einen Partners der andere nicht bloß anzustrengen braucht, um seinen Partner wieder zu lieben.

W. Gädeke: Natürlich nicht. Allerdings ist es meist nicht günstig, wenn das einer der beiden Betroffenen selbst beurteilt. So etwas sollte möglichst in einer Beratung vonstatten gehen.

W.W.: Was kann man tun, um seinen Partner möglichst umfassend zu lieben?

W. Gädeke: Alles das, was Fromm in seinem Buch „Die Kunst des Lebens“ angibt: die seelische Beziehung, die Lebensbeziehung und die geistige Beziehung pflegen, also auf allen Ebenen des Lebens für die Gemeinsamkeit tätig sein. Allgemein sollte man immer für den anderen tätig sein und ihm fortwährend etwas schenken: Aufmerksamkeit, Zeit, Wärme, also alles Dinge, die dem anderen wohltun.

W.W.: Kann „Liebe“ auch als Sucht auftreten, z.B. als Sexsucht und Romanzensucht?

W. Gädeke: Natürlich. Es gibt z.B. auch so etwas wie Beziehungssucht. So etwas liegt bei Menschen vor, die von einer in die andere Beziehung streben, sich nirgendwo beheimatet und befriedigt fühlen und die sich über Beziehungen definieren. Ich überspitze es etwas, wenn ich sage: Beziehungsfähig im partnerschaftlichen Verhältnis ist man erst dann, wenn man auch alleine leben kann, wenn man auch ohne Beziehung leben kann. Man muß einen positiven Lebenssinn haben und ein entsprechendes Leben führen können, auch ohne daß man einen Partner an seiner Seite hat. Dann ist man erst liebe- und partnerfähig. Wenn man dagegen meint, den anderen zu brauchen und ohne ihn nicht leben zu können, so ist das eine symbiotische Liebe, die eigentlich schon eine Krankheitsform der Liebe ist.

W.W.: Geht diese Beziehungssucht nicht auch mit der Unfähigkeit einher, sich dem Partner wirklich zu öffnen, so daß man sich statt dessen an ihn klammert?

W. Gädeke: Genau. Im Grunde flieht man vor sich selbst. Man liebt sich selbst nicht genug, um einen anderen lieben zu können.

W.W.: Was sind die Ursachen für eine derartige Beziehungssucht?

W. Gädeke: Eine Ursache kann Mißbrauch in der Kindheit sein. Eine andere Ursache kann darin begründet liegen, daß so ein Mensch nicht wirklich von seinen Eltern geliebt worden ist, so daß er keine richtige Liebefähigkeit entwickeln konnte. Eine andere Ursache kann sein, daß ein Kind sehr lange – vielleicht bis in die Jugendzeit – und viel geprügelt worden ist. In solchen Fällen ist die Liebefähigkeit schwerstens beeinträchtigt. Meist sind solche Defizite nur noch durch längere psychotherapeutische Behandlung auszugleichen.

W.W.: Es gibt ja auch die Paarbeziehung, in der der unterlegene Partner immer mehr klammert und leidet, während sich der überlegene Partner gedrängt fühlt und sich dadurch immer mehr zurückzieht. Welche Art von Liebe herrscht in diesem Teufelskreis von Beziehung vor?

W. Gädeke: Diese Gefahr besteht in jeder Beziehung, weil Begierde immer diesen Klammereffekt hat. Da Begierde ein Bestandteil einer jeden Seele ist, wir also den Partner haben wollen, also eine Klammer-

Die Kreuztragung
Hieronymus Bosch (um 1450–1516)
(Gent, Musée des Beaux-Arts)

bewegung machen, entsteht die Paradoxie der Liebe. Weil die Begierde der Liebe beigemischt ist, tendiert die Liebe bzw. der Begierdeanteil in der Liebe dazu, die Liebe kaputtzumachen. Und wenn die Begierde und die damit verbundene Klammerung überhand nimmt, entwickelt sich verstärkt die Freiheitssehnsucht des anderen Partners, denn er muß sich aus dieser Klammerung befreien. Und wenn sich dieser Teufelskreis immer mehr steigert, scheitert die Beziehung.

Der Egoismus in der Liebe

W.W.: Warum ist die Liebe zu einem anderen Menschen oft egoistisch, sofern sie nicht vergeistigt ist?

W. Gädeke: Das liegt an dem schon angesprochenen Begierdeaspekt, daß die egoistische Seite des Ich etwas haben will. Der normale Mensch liebt einen anderen, weil dieser schön oder stark ist, weil er Geld oder bestimmte Fähigkeiten hat, also er liebt ihn wegen bestimmter Merkmale, die er eigentlich für sich selbst vereinnahmen will. Aber er liebt ihn nicht um des anderen Wesens willen. Und nur eine solche Liebe wäre eine selbstlose Liebe. Er liebt eigentlich wie ein Säugling, der sich etwas reinziehen will. Dieses Sich-etwas-Reinziehen ist ein wunderbarer moderner Slangausdruck für Begierde. Aber niemand läßt sich gern von einem anderen reinziehen. Das ist das Problem: Jeder Mensch hat einen Begierdeanteil, kann aber Begierde, wenn sie sich auf ihn selbst bezieht, nicht vertragen. Dadurch entsteht das Drama der Beziehungen.

Warum ist Liebe, Begierde und Sexualität *das* Thema für Theaterstücke, Filme, Romane und Zeitungsartikel? Es gibt eigentlich kein Thema, das bewegender, umfassender und häufiger diskutiert wird als die Beziehungen der Geschlechter. Das liegt an der permanenten Paradoxie von Begierde und Liebe und der sich daraus ergebenden Beziehungsprobleme.

W.W.: Wie kann man es lernen, seinen Partner egoismusfrei und nicht wegen der eigenen Begierde zu lieben?

W. Gädeke: Das kann man an der Entwicklung eines kleinen Kindes anschaulich machen. Das kleine Kind klammert sich z.B. an die Mutter, aus Angst, um Geborgenheit zu finden, aber auch mit dem im Menschen vorhandenen Begierdeanteil. Andererseits muß aber auch jedes

Liebe und Egoismus

„Mit Bezug auf die Liebe unterliegt der Mensch im allereminentesten Sinne einer großen Täuschung und bedarf noch mehr der Korrektur, als mit Bezug auf die gewöhnlichen Gefühlssympathien und -antipathien. Denn, so sonderbar das klingt für das gewöhnliche Bewußtsein, es ist durchaus wahr, daß die Liebe, die sich von einem Menschen zum anderen geltend macht, wenn sie nicht vergeistigt ist – im gewöhnlichen Leben ist ja die Liebe nur im seltensten Maße vergeistigt, und ich rede jetzt nicht etwa bloß von geschlechtlicher oder auf geschlechtlicher Unterlage ruhender Liebe, sondern überhaupt von der Liebe von Mensch zu Mensch – , daß diese nichtvergeistigte Liebe eigentlich nicht die Liebe als solche, sondern das Bild ist, das man sich von ihr macht, daß sie zumeist nichts weiter ist als eine furchtbare Illusion. Denn die Liebe, die ein Mensch zum andern zu entwickeln glaubt, ist – so wie die Menschen einmal sind im Leben – zumeist nichts anderes als Selbstliebe. Der Mensch glaubt, den andern zu lieben, liebt sich aber eigentlich in der Liebe nur selbst. Sie sehen hier einen Quell von antisozialem Wesen, der noch dazu die Quelle einer furchtbaren Selbsttäuschung sein muß. Man kann nämlich in überströmender Liebe zu einem Menschen aufzugehen meinen, aber man liebt nicht in Wirklichkeit diesen anderen Menschen, sondern man liebt das Verbundensein mit dem anderen Menschen in der eigenen Seele. Was man da als Beseligung in der eigenen Seele empfindet am andern Menschen, was man in sich empfindet dadurch, daß man mit dem andern Menschen zusammen ist, daß man dem andern Menschen meinetwillen Liebeserklärungen macht, das ist es, was man eigentlich liebt. Man liebt im ganzen sich selber, indem man diese Selbstliebe in dem Verkehre mit dem andern entzündet.

Dies ist ein wichtiges Lebensgeheimnis. Das ist von ganz immenser Wichtigkeit. Denn in der Täuschung über diese Liebe, von der man glaubt, daß sie Liebe sei, die aber eigentlich nur Selbstliebe, Selbstsucht, Egoismus, maskierter Egoismus ist – und die weitaus meiste Liebe, die von Mensch zu Mensch spielt und Liebe genannt wird, ist nur maskierter Egoismus –, in dieser Täuschung ist die Quelle der denkbar größten und weitesten antisozialen Impulse. Durch diese Selbstliebe, die sich in Liebe maskiert, wird der Mensch im eminentesten Sinne zu einem antisozialen Wesen. Der Mensch ist ja dadurch ein antisoziales Wesen, daß er sich in sich vergräbt. Und er vergräbt sich am allermeisten in sich, wenn er von diesem In-sich-vergraben-Sein nichts weiß oder nichts wissen will.“ (GA 186/1979/06.12.1918/S.98 f.)

Kind lernen loszulassen; und das dauert! Ich erinnere mich noch, wie eines unserer Kinder einmal einen Bauklotz mit der Hand gegriffen hatte, aber dann nicht mehr wußte, wie es ihn wieder los wird. Es fing fürchterlich an zu brüllen, erschreckt darüber, daß es nicht wußte, wie es den Bauklotz wieder loslassen kann. Klammern ist Natur, die sich öffnende Geste der Hand ist aber keine Natur. Diese Geste muß man bewußt lernen. Wenn man in einem solchen Fall ein kleines Kind erlösen will, muß man ihm einen anderen Gegenstand hinhalten, den es dann ergreifen kann. Dann geht es von alleine. Das Zumachen, auch mit der Hand, ist die Gebärde der Antipathie, das Aufmachen die Gebärde der Sympathie. Durch das Ergreifen, also die Antipathiegeste, macht das Kind einen Gegenstand zu seinem eigenen. Und nur durch einen Sympathieakt kann es diesen Gegenstand wieder loslassen. Das geht aber im ersten Stadium nur, wenn ein anderer Gegenstand der Begierde näher liegt. Dann macht das Kind auf, um wieder zumachen zu können. Aber das ist noch keine selbständige Gebärde.

So etwas muß man während des gesamten späteren Lebens lernen. Man muß lernen, daß der andere Mensch auch seelisch freigelassen werden möchte. Also muß ich üben, auf ihn zu verzichten, ihn seine eigenen Wege gehen zu lassen, selbst wenn ich ihn dann nicht bei mir habe. Ich muß ihn allein ins Kino gehen lassen, ich muß ihm Freiräume schenken.

W.W.: Steiner beschreibt, daß bei geistiger Liebe das egoistische Moment berechtigt ist. Können Sie das erklären?

W. Gädeke: Jedes Lernen ist eine geistige Bereicherung. Und das ist etwas Berechtigtes, weil der Mensch geistig überhaupt nicht wachsen könnte, ohne sich in diesem Sinn auch etwas reinzuziehen. Ähnlich ist es mit dem Essen: Wir müssen uns ernähren, um überhaupt leben zu können. Auch das ist notwendiger Egoismus. Ähnlich wie die Nahrungsaufnahme eine berechtigte und förderliche Begierde ist, ist auch die geistige Entwicklung etwas Notwendiges und Berechtigtes. Das gilt aber natürlich nur dann, wenn man es so wendet, daß man mit der für sich selbst geschaffenen geistigen Bereicherung wieder für die Welt tätig ist. In der Sonntagshandlung für die Kinder in der Christengemeinschaft heißt es: „Wir lernen, um die Welt zu verstehen." Zunächst ist das etwas für uns selbst, denn wir wollen verstehen. Aber das muß noch ergänzt werden, und so heißt es in der Sonntagshandlung: „Wir lernen, um in der Welt zu arbeiten." Das Gelernte darf also nie Selbstzweck sein.

W.W.: Jedes Bild hat auch sein Gegenbild. Das gilt auch für die Liebe. Genauso wie in jedem Menschen Glaubens- und Liebeskräfte vorhanden sind, hat auch jeder Mensch letztendlich eine Art Liebe zur geistigen Welt. Wenn diese Liebe zur geistigen Welt betäubt wird, gibt es eine Art Rückschlag, und sie äußert sich in pervertierter Form als Gegenbild. Demzufolge müßten alle seelischen Perversionen verzerrte Liebe sein. Können Sie diesen Umkehrprozeß erklären?

W. Gädeke: Das kann man an dem eben besprochenen Beispiel des Klammerns sehr schön beobachten. Wenn ich meinen Partner seiner Freiheit beraube, wenn ich ihn kontrolliere und ihn nicht seine eigenen Wege gehen lasse, wenn ich jeden seiner Schritte beobachte und jedes Telefonat von ihm überprüfe, dann werde ich das Gegenteil dessen erreichen, was ich eigentlich möchte. Mein Partner wird sich mir mehr und mehr entziehen. Dann kann sich meine Zuwendung, die sich in Klammern und Kontrollieren äußert, letztlich in Zerstörung wandeln. Denn wenn sich der andere Partner mir immer mehr und mehr entzieht, wenn ich ihn also selbst nicht haben kann, dann soll ihn auch kein anderer haben, und ich werde ihn zerstören. Das ist eine Steigerung des Egoismus, so etwas hat mit Liebe überhaupt nichts mehr zu tun, und falsch verstandene Liebe wandelt sich in eines ihrer Gegenbilder, in die Zerstörung.

Das ist der Punkt in Beziehungen, an dem immer wieder Gewalttätigkeiten ausbrechen, im Grunde weil man verzweifelt ist und weil man es nicht schafft, wenigstens einen Teil von Selbstlosigkeit in der eigenen Liebe zu leben. Anstatt an sich selbst zu arbeiten, die Aktivitäten auf sich selbst zu richten, will man dann den anderen verändern, im Extremfall sogar zerstören. Wenn man den Partner zwingen will, einen zu lieben, dann ist das kontraproduktiv, und es entsteht das genaue Gegenteil dessen, was man eigentlich wünscht.

Selbstlose Liebe lernen

W.W.: Im normalen Leben mag man meist nur diejenigen Menschen, die einem etwas Gutes tun oder die einem aus anderen Gründen sympathisch sind. Wie kann man selbstlose Liebe erlernen?

W. Gädeke: Indem man sich z.B. jeden Tag für den Seeleninhalt des anderen Menschen interessiert. Indem man sich damit beschäftigt, was der andere erlebt hat, was er denkt, was er geträumt hat, was er gelesen hat und was ihn sonst noch bewegt. Und indem man sich für den Seeleninhalt des anderen interessiert, sollte man diesen Seeleninhalt in den eigenen Seeleninhalt aufnehmen. Das ist auch das, was Rudolf Steiner als das Erwachen am Seelisch-Geistigen des anderen Menschen bezeichnet. Man kann sich wertungsfrei anschauen, wie ein anderer Mensch denkt. So etwas kann man wertungsfrei anschauen, betrachten und erleben. Man kann auch wenigstens probeweise einmal die Gedanken des anderen denken oder die andere Meinung annehmen und sich selbst fragen, wie es wäre, wenn der andere Recht hätte. Man kann auch dem anderen Menschen einfach nur eine Freude machen. Und selbst wenn man daran Freude hat, dem anderen eine Freude zu machen, also noch eine kleine egoistische Komponente in diesem Vorgang enthalten ist, so ist man bereits auf dem Weg zu selbstloser Liebe. Dies ist ein Schritt von der Eigenliebe weg.

W.W.: Gibt es Übungen, den Anteil Eigenliebe aus der Liebe auszutreiben? Wie kann man lernen, sich selbst so objektiv zu betrachten wie eine Sache bzw. eine andere Person?

W. Gädeke: Das sollte man durch den Tagesrückblick üben, indem man sich jeden Abend für einige Minuten das objektive Geschehen des

Tages – möglichst in rückwärtiger Form – objektiv vor die Augen stellt. Dabei kann man lernen, sich selbst von außen zuzuschauen. Das ist derselbe Blickwinkel, wie wenn man einen anderen Menschen betrachtet.

Wer weitere Schritte üben will, kann die sogenannten Nebenübungen hinzunehmen und z.B. im Zuge der Unbefangenheitsübung bemerken, daß man sich geirrt hat. Vielleicht kommt man dann dazu, es für möglich zu halten, daß man etwas gesagt oder getan hat, wie es ein anderer Mensch behauptet, obwohl man es selbst nicht für möglich gehalten hat. Man kann dadurch lernen einzuräumen, daß man sich geirrt oder etwas vergessen hat. Selbst wenn man sich beim besten Willen nicht an etwas erinnern kann, sollte man den anderen nicht gleich für verrückt erklären, sondern lernen, einzuräumen, daß man auch etwas vergessen kann. Wenn man begreift, daß man irrtumsfähig und auch vergeßlich ist, ist man auf dem Wege, sich selbst objektiver zu betrachten. Auf diese Weise distanziert man sich von sich selbst, betrachtet sich objektiver, wodurch auch der subjektive und egoistische Anteil der eigenen Liebe nüchterner und klarer betrachtet wird.

Feindesliebe

W.W.: Irgendwie trägt man immer das Ideal in sich, daß es gut wäre, möglichst viele Menschen möglichst weitgehend selbstlos zu lieben. Je mehr Erfahrungen ich aber mit Menschen gemacht habe, desto schwerer fällt es mir, dieses Ideal zu verwirklichen, bzw. ich stelle langsam in Frage, ob dieses Ideal noch sinnvoll ist. Im näheren sozialen Umfeld trifft man immer mehr Feiglinge, Intriganten und Lügner – bzw. Menschen, die solche Eigenschaften haben –; schaut man in die Welt, so scheinen manchmal ganze Regionen von Killern, Bestien, Mördern, Vergewaltigern und Folterern bevölkert zu sein, so daß man es scheinbar nur noch mit tierähnlichen Wesen zu tun hat. Ist es sinnvoll, solchen Menschen gegenüber noch Liebe zu entwickeln?

W. Gädeke: In bezug auf die große Masse von Menschen ist das natürlich unvorstellbar und auch unmöglich. Ich möchte dazu aber ein Beispiel nennen: Seit einigen Jahren wird die Aufmerksamkeit zunehmend auf Probleme gelenkt, die früher tabuisiert wurden, und zwar auf den sexuellen Mißbrauch von Kindern. Es ist auch nur allzu verständlich, daß die massiven seelischen Schäden dieser Kinder öffentlich diskutiert werden und daß man alles unternimmt, damit solche Mißbräuche möglichst vermieden werden. Die öffentlichen Emotionen, die den Schutz der Kinder fordern, sind mehr als berechtigt, trotzdem ist es sehr einfach, Emotionen gegen die Täter zu entfachen. An dieser Stelle schlägt man auch oft über die Strenge, indem durch Aufdeckungspsychosen hin und wieder auch Unschuldige verdächtigt werden. Hier lassen sich natürliche Emotionen ganz schnell aktivieren, und zwar in einer positiven Parteinahme für die Opfer.

Sehr viel schwieriger ist es dagegen, sich in die Täterseele einzuleben. Es gibt zwar kaum ein abscheulicheres Verbrechen, als durch Mißbrauch die Biographie eines Kindes zu ruinieren. Trotzdem sollte man sich fragen, ob man nicht die natürliche Emotion gegen eine solche Tat bzw. gegen einen solchen Täter in ein Verständnis dessen umwandeln kann, wie ein Mensch überhaupt dazu kommt, sich an Kindern zu vergehen. Das ist das besondere Ideal des Christentums: Liebe deine Feinde.

W.W.: Diese Feindesliebe ist allerdings schwer zu erlernen. – Welche Hindernisse stehen dem Erlernen selbstloser Liebe in der heutigen Zeit entgegen?

W. Gädeke: Ich denke, daß unsere Zeit ganz besondere Hindernisse auftürmt, die es erschweren, selbstlose Liebe zu erlernen. Das liegt zum einen an der Identifikation von Liebe und Sexualität, denn Sexualität ist letztlich ein Begehren und damit das Gegenteil von selbstloser Liebe. Unsere gegenwärtige kommerzielle Welt, die darauf ausgerichtet ist, immer schneller, immer besser zu sein, immer mehr zu produzieren, und nur auf den Vorteil des einzelnen ausgerichtet ist, erschwert, daß der Mensch im Zwischenmenschlichen plötzlich zu einer gegenteiligen Verhaltensweise fähig sein soll. Anthroposophisch gesprochen gibt es ein weiteres Hindernis, und zwar das Anwachsen der antisozialen Triebe durch die zunehmende Bewußtseinsseelenentwicklung des Individuums. Der Mensch muß in der heutigen Zeit den Schritt durch den Egoismus machen, und deshalb hat er es sehr viel schwerer mit der selbstlosen Liebe.

Liebeskrankheiten am Jahrtausendende

W.W.: Zwischen Tod und neuer Geburt durchlebt der Mensch abwechselnd zwei verschiedene Zustände. Während des ersten Zustands verschmilzt man mit den höheren Hierarchien und gibt quasi seine Selbständigkeit auf, während des zweiten Zustands lebt man souverän und unabhängig von den höheren Hierarchien und ist ganz bei sich selbst. Alle Kräfte der Liebe und Moral und des Interesses an anderen Menschen, die wir im Erdenleben entfalten, sind schwache Schatten des ersten Zustands. Ein schwacher Schatten des zweiten Zustands ist das Gedächtnis, bzw. in verzerrter Form sind dies alle unmoralischen Kräfte. Durch das richtige Verhältnis von Liebe und Gedächtnis entwickelt sich während des Erdenlebens die menschliche Freiheit. Dieses Verhältnis ist gestört, wenn man wenig Interesse für andere Menschen hat, sich also nur für sein eigenes Erinnern interessiert. Das ist oftmals krasser Egoismus. Läßt sich im Rückkehrschluß auch sagen, daß sich ein Mensch, der sich nur für sich selbst und für die eigenen Seelenprozesse interessiert, für das Nachtodliche den Zustand des Zusammenlebens mit den höheren Hierarchien verbaut, woraus dann im nächsten Leben mangelnde Liebefähigkeit entsteht?

W. Gädeke: Das kann man so sagen. Nur das Interesse, das man auf der Erde für andere Wesen und die Welt entwickelt hat, öffnet einen im Nachtodlichen für andere Verstorbene und die geistigen Wesen. Nur durch Interesse und Liebe während der Erdenzeit wird der Mensch im Nachtodlichen beziehungsfähig. Wer sich während des Lebens durch zu starke Antipathiegesten von der Welt abschließt und sich nicht für sie interessiert, entwickelt nicht die Kraft der Seele, die im Nachtodlichen vonnöten ist, um mit geistigen Wesen zu kommunizieren.

W.W.: Erleben Sie es auch in den letzten Jahren, daß sich die Menschen immer mehr für die eigenen egoistischen Seelenprozesse interessieren, statt einen Sachverhalt oder etwas Geistiges zu lieben? Ist das mangelnde Interesse eine Liebeskrankheit in unserer Zeit?

W. Gädeke: Diese Tendenz wird immer stärker. Es geht sogar so weit, daß Menschen immer stärker spirituelle Interessen egoistisch für ihr eigenes Wohlergehen instrumentalisieren. Diese Tendenzen verstärken sich auch zunehmend in der anthroposophischen Bewegung. Allerdings

Liebe ist Interesse

„Was wir im vorirdischen Dasein im Zusammentun mit den Wesen der höheren Hierarchien erleben, läßt für unser Erdenleben gewissermaßen in uns eine Erbschaft zurück, einen schwachen Schatten dieses Zusammenlebens mit den Wesen der höheren Hierarchien. Hätten wir zwischen dem Tode und einer neuen Geburt dieses Zusammenleben mit den Wesen der höheren Hierarchien nicht, wir könnten hier auf der Erde nicht die Kraft der Liebe entfalten. Denn das, was wir hier auf der Erde als die Kraft der Liebe entfalten, ist allerdings nur ein schwacher Abglanz, ein Schatten des Zusammenlebens mit den Geistwesen der höheren Hierarchien zwischen dem Tode und einer neuen Geburt, aber es ist doch eben ein Abglanz, ein Schatten von diesem Zusammenleben. Daß wir hier auf Erden Menschenliebe entfalten können, daß wir hier auf Erden Verständnis entfalten können für einen andern Menschen, rührt davon her, daß wir zwischen dem Tode und einer neuen Geburt in der Lage sind, mit den Wesen der höheren Hierarchien zu leben. Und man kann durch geisteswissenschaftliches Anschauen wohl sehen, wie diejenigen Menschen, die sich in früheren Erdenleben nur eine geringe Gabe erworben haben [...], um nach dem Tode in der geeigneten Zeit mit den Wesen der höheren Hierarchien richtig zusammenzuleben, ganz hingegeben in gewissen Zuständen an diese Wesen der höheren Hierarchien, wie diese Menschen hier auf der Erde nur eine geringe Kraft der Liebe entfalten, namentlich der allgemeinen Menschenliebe, die sich ausdrückt im Verständnis der andern Menschen.

Unter den Göttern eignen wir uns im vorirdischen Dasein die Gabe an, hinzusehen auf den andern Menschen, aufzumerken, wie er fühlt, wie er denkt, aufzufassen mit innerem Anteil das, was er ist. Und hätten wir nicht – man kann es so nennen – den geschilderten Umgang mit den Göttern, wir würden auf der Erde niemals jenes Hineinschauen in den andern Menschen entfalten können, was allein im Grunde genommen das irdische Leben möglich macht. Sie müssen sogar, wenn ich in diesem Zusammenhange von Liebe und namentlich allgemeiner Menschenliebe spreche, an die Liebe in dieser konkreten Bedeutung denken, wie ich sie eben geschildert habe: in der Bedeutung eines wirklich innigen Verständnisses des andern Menschen. Und wenn man zu der allgemeinen Menschenliebe dieses Verständnis des andern Menschen nimmt, dann hat man zu gleicher Zeit mit dem gegeben alles das, was menschliche Moralität ist. Denn die irdische menschliche Moralität beruht, wenn sie sich nicht in bloßen Fragen oder schönen Redereien bewegt oder in Vorsätzen, die nicht ausgeführt werden oder dergleichen, auf dem Interesse, das der eine Mensch am andern nimmt, auf der Möglichkeit, in den andern Menschen hinüberzuschauen." (GA 219/1976/15.12.1922/S.61 f.)

möchte ich hier keine einzelnen Personen nennen. Die Anthroposophie ist aber gerade ein Weg, auf dem man lernen muß, daß spirituelles Interesse nicht für den eigenen Egoismus ausgenutzt werden darf, sondern immer nur Mittel zum Zweck sein sollte. Spirituelles Interesse darf nicht zum Selbstzweck werden.

Ich bemerke sehr stark, daß die natürlichen Liebeskräfte am Ende unseres Jahrhunderts immer weiter zurückgehen. Selbst Frauen, die noch sehr viel eher als Männer mit natürlicher Liebefähigkeit begabt sind, zeigen heute immer mehr ein egoistisches Eigeninteresse, das der seelischen Brutalität der Männer in nichts nachsteht. Andere Menschen und Beziehungen werden einfach fallengelassen, weil es sie nicht mehr befriedigt und ihnen andere egoistische Interessen näherstehen. Ich sehe das im Rahmen des Verlustes der natürlichen Gemeinschaftsfähigkeit und der positiven Instinkte. Auch der Mutterinstinkt geht immer weiter zurück. Das ist ein Zeichen dafür, daß der Mensch immer mehr in Freiheit entlassen wird und alle humanen, menschlichen Qualitäten selbst erringen muß.

W.W.: Wie kommt es, daß man oft – gerade auch in esoterischen Kreisen – die eigene Erfahrung verabsolutiert, statt sie objektiv in einen Gesamtzusammenhang einzuordnen bzw. sachliche Zusammenhänge für die Beurteilung mit hinzuzunehmen?

W. Gädeke: Dieses Phänomen ist mit dem starken Interesse an spirituellen Bereichen verbunden, und vor allem damit, daß sie für die Befriedigung seelisch-egoistischer Zwecke instrumentalisiert werden. Damit geht einher, daß anfängliche Erfahrungen spiritueller Zusammenhänge tatsächlich verabsolutiert werden. Aber das hängt auch damit zusammen, daß geistige Erfahrungen in sich so massiv und überzeugend sind, daß es für den Erlebenden ungeheuer schwer ist, zu diesen geistigen Bereichen eine nüchterne Distanz aufzubauen. Die Distanz zu geistigen Erlebnissen ist aber ein Erfordernis, das Rudolf Steiner für außerordentlich wichtig hielt.

Es ist ein Problem der neuen spirituellen Offenheit, daß Menschen, die etwas geistig erleben, gleichzeitig glauben, daß sie alles beurteilen können, was sie erlebt haben. Das ist aber mit Sicherheit zunächst nicht der Fall. Imaginationen sind aus sich selbst nicht zu beurteilen. Man kann aus ihnen selbst nicht entnehmen, auf welche geistige Realität sie verweisen, auch wenn sich die Evidenz und das Urteil aus diesem Erlebnis selbst noch so stark zu ergeben scheinen. Hier liegt eine ganz große Gefahr für den Menschen.

Christus und die Liebe

W.W.: In reinster Form ist die Liebe mit dem Christuswesen verbunden. Können Sie die Liebe des Christuswesens beschreiben?

W. Gädeke: An oberste Stelle sollte man das Wort „Gott ist die Liebe“ setzen. Das ist die seinsmäßige Identifikation des Gottes mit der Liebe. Das Zeichen göttlicher Liebe ist, daß sich dieses Wesen ohne karmische Notwendigkeit in einem menschlichen Leib inkarniert hat. Das ist ein Akt selbstloser Freiheit.

W.W.: Ist die Liebe mit dem Wesen des Christus identisch, oder ist die Liebe nur ein Teil seiner Wesenheit?

W. Gädeke: Das ist schwer zu beantworten. Es geht hier um geistige Bereiche, und da gilt das Verhältnis von Teil und Ganzem nicht so wie im Physischen. Auf der einen Seite kann man sagen, daß die Liebe sein Wesen ist, auf der anderen Seite kann man aber auch sagen, daß sein Wesen noch sehr viel mehr umfaßt als die Liebe. Schon wir Menschen bestehen nicht nur aus Liebe, sondern sind ein viel komplizierteres

Wesen. Bei Christus muß man sich das noch sehr viel mehr gesteigert vorstellen. Im Kern ist sein Wesen zwar Liebe, aber man kann nicht sagen: Sein Wesen ist Liebe, und damit hat es sich. Bei diesen geistigen Beziehungen darf man nicht Entweder-Oder, sondern muß dynamisch denken.

W.W.: Sind reine geistige vom Menschen ausgehende Liebeskräfte gleichzeitig Christuskräfte?

W. Gädeke: Das würde ich bejahen.

W.W.: Buddha lehrte auch die Liebe und das Mitleid. Welche Liebestat vollbrachte Christus darüber hinaus?

W. Gädeke: Buddha hat die Liebe gelehrt, und Christus hat die Kraft der Liebe gebracht. Bei Buddha und in seiner Lehre erscheint die Sehnsucht nach dieser Liebe, Christus bringt die Möglichkeit, diese Liebe auch zu erfüllen bzw. zu leben.

W.W.: Wieso war es für die Menschheitsentwicklung, für die Entwicklung der Liebe und der Freiheit des Menschen notwendig, daß der Mensch den Christus als Wesen der Liebe physisch sehen konnte?

W. Gädeke: Die Menschheit war so sehr auf die physische Erde herabgestiegen und hatte ihr Bewußtsein weitgehend auf die materiellen Verhältnisse eingeschränkt, daß es nur noch möglich war, ein geistiges Wesen durch einen physischen Menschen zu erleben. Deswegen inkarnierte sich der Christus durch eine Liebestat in dem Menschen Jesus.

W.W.: Steiner beschreibt, daß der Mensch durch Handlungen des Staunens den Astralleib des Christus anreichert bzw. formt, durch Liebestaten seinen Ätherleib. Können Sie das etwas näher beschreiben?

W. Gädeke: Dazu muß man begreifen und lernen, daß die eigenen Seelenregungen nicht nur etwas sind, was einen selbst betrifft und nirgendwo anders Wirkungen hervorruft. Ganz das Gegenteil ist nämlich der Fall. Aus der Psi-Forschung weiß man seit einiger Zeit, daß es so etwas wie Telekinese gibt, also daß Gedankenkraft Einwirkungen auf sinnlich-physikalische Vorgänge haben kann. Es gibt sogar erste physikalisch-psychologische Modelle, wie man sich das erklärt. Dieser telekinetische Einfluß der Gedankenkraft auf sinnliche Prozesse ist nicht mehr zu leugnen. Die Forschungen sind so streng wissenschaftlich vorgenommen worden, daß ihre Ergebnisse nicht mehr bezweifelt werden

Interesselosigkeit

„Der Christus ist durch das Mysterium von Golgatha herabgestiegen in die Erdenentwickelung. Seine Impulse, seine Wirkungen sind da. Überall sind sie da. Warum ist er nun herabgestiegen auf diese Erde? Damit durch das, was er der Welt zu geben hat, die Evolution im richtigen Sinne vorwärtsgehe, damit die Evolution der Erde mit dem aufgenommenen Christus-Impuls sich in der richtigen Weise vollziehen kann. Zerstören wir jetzt, nachdem der Christus-Impuls in der Welt ist, etwas durch das Unmoralische, durch das interesselose Vorbeigehen an unseren Mitmenschen, dann nehmen wir aus der Welt, in die der Christus-Impuls hineingeflossen ist, einen Teil heraus. Wir zerstören also an dem Christus-Impulse direkt etwas, weil er nun einmal da ist. Indem wir aber dasjenige der Welt geben, was durch die Tugend, die schaffend ist, der Welt gegeben werden kann, bauen wir auf. Wir bauen auf eben dadurch, daß wir hingeben. Es ist nicht umsonst gesagt worden oft und oft, daß der Christus zunächst gekreuzigt worden ist auf Golgatha, daß er aber fort und fort immer wieder gekreuzigt wird durch die Taten der Menschen. Da der Christus-Impuls durch die Tat auf Golgatha eingeflossen ist in die Erdenentwickelung, so beteiligen wir uns jederzeit durch das Unmoralische, das wir durch Lieblosigkeit, Interesselosigkeit und so weiter verüben, an den Leiden und Schmerzen, die dem auf die Erde gekommenen Christus zugefügt werden. Daher ist es immer und immer wieder gesagt worden: Stets aufs neue wird der Christus gekreuzigt, solange Unmoralität, Lieblosigkeit und Interesselosigkeit bestehen; da der Christus-Impuls die Welt durchdrungen hat, so ist es dieser, dem das Leid zugefügt wird.“ (GA 155/1960/30.05. 1912/S.121 f.)

können. Die Tatsache ist heutzutage ganz eindeutig; wie man es sich aber erklärt, steht auf einem anderen Blatt.

W.W.: Damit erklärt sich auch die negative Wirkung von Seelen- und Gedankenkräften, also daß Christus immer wieder durch die Taten der Unmoral, der Interesse- und Lieblosigkeit der Menschen aufs neue gekreuzigt wird.

W. Gädeke: Genau. Die eigenen inneren Seelenprozesse – Gedanken und Gefühle – verbleiben nicht nur in der Innenwelt des Menschen, wie wir es zunächst erleben, sondern sie wirken vehement auf unsere Umgebung. Gedanken und Gefühle sind Realitäten, die in der Welt wirken. Wenn man denken kann, daß alle Seelen- und Gedankenregungen nicht nur im Inneren des Menschen verbleiben, sondern in die Welt hinausstrahlen, ist es nicht mehr erstaunlich, daß Kräfte wie das Staunen, das Gewissen oder das Mitleid in der geistigen Welt, also auch in dem Christuswesen, etwas bewirken können, genauso aber auch die unmoralischen Gedanken und Taten des Menschen. Wenn man noch das hinzunimmt, was in dem deutschen Wort Gottesdienst liegt, also daß der Mensch dem göttlichen Wesen einen Dienst erweisen kann, kann man wieder ernst nehmen, daß alles menschliche Tun auf die Hüllen des Christus wirkt.

W.W.: Inwiefern schafft Christus Voraussetzungen für den freien ichbewußten Menschen, der nicht mehr in einer Gruppen- bzw. Volksseele lebt?

W. Gädeke: In der Vergangenheit war die natürliche Liebe von Mensch zu Mensch an die Bluts- und Vererbungskräfte gebunden. Man liebte den, mit dem man blutsverwandt war. Im Zuge der Entwicklung lebte sich der Mensch in immer kleinere Gruppen ein, vom Volk in die Sippe oder in die Familie. Auf der anderen Seite waren diese Gruppen immer so ausschließend, daß sie oft miteinander verfeindet waren. Die kriegerischen Auseinandersetzungen der einzelnen Gruppen wurden oft von geistigen Wesen mitverursacht, die in den jeweiligen Blutskräften lebten.

Je mehr der Mensch aber heutzutage ein Individuum wird, desto mehr schwindet diese an das Blut gebundene Liebe und auch die Wirkung dieser geistigen Wesenheiten. Wir leben heute in einer Übergangszeit, in der die natürliche Liebefähigkeit, die aus den Bluts- und Verwandtschaftsverhältnissen stammt, immer mehr verschwindet. Christus bringt demgegenüber den Menschen eine Liebefähigkeit und eine Liebeskraft, die unabhängig vom Blut und den persönlichen Beziehungen ist. Denn Christus ist nicht der Geist einer Gruppe oder eines

Volkes, sondern der Geist der ganzen Menschheit. Er ist der Urmensch. Deswegen nennt Steiner ihn auch den Menschheitsrepräsentanten.

Ein Bild für die Liebe

W.W.: Steiner beschreibt ein Bild für die Liebe: Man gießt aus einem halbvollen Glas in ein leeres. Dadurch wird auch das halbvolle Glas voller. Wie kann man diesen für die physische Welt unmöglichen Vorgang erklären?

W. Gädeke: Ein solcher Vorgang ist in der physischen Welt unmöglich. Das ist das Schöne dieses Bildes, denn es macht deutlich, daß die Liebe kein irdischer Vorgang ist. Im Geistigen sind die Dinge oft umgekehrt zu den Vorgängen im Physischen. Entsprechend verhält es sich auch mit der reinen selbstlosen geistigen Liebe: Sie tritt mit umgekehrten Vorzeichen zu allen physischen Gesetzmäßigkeiten auf. Anfänglich kann man das verstehen, wenn es einem für wenige Augenblicke gelingt, einmal wirklich selbstlos zu lieben, also etwas für andere zu tun, ohne die geringste Hoffnung, dafür etwas zurückzubekommen. Man kann dann z.B. die Stärkung oder Steigerung des Seelenlebens desjenigen wahrnehmen, für den man etwas getan hat.

Zusätzlich kann man auch bemerken, daß sich bei einem solchen selbstlosen Liebesakt die eigene Seelenfähigkeit ebenfalls steigert. Man investiert Zeit und Kraft in andere Menschen, z.B. in der Eheberatung. Man geht in zwei Dutzend Gesprächen durch den ganzen Schlamm der Seelenkonflikte, arbeitet es auf und legt neue Grundlagen, und es gelingt tatsächlich, daß durch die eigene Anstrengung und Mitwirkung der beiden Lebenspartner die Partnerschaft auf eine neue Grundlage gestellt wird. Dann kann man hinterher bemerken, daß man durch eine solche Anstrengung nicht ärmer wird, sondern bereichert und erfüllt. Wenn ein solcher Prozeß gelingt, ist man im Sinne des Bildes von dem Glas erfüllter. Wenn aber so ein Prozeß mißlingt, dann ist man leerer. Eine wirkliche Liebestat, die man einem anderen Menschen schenkt, bereichert letztlich nicht nur diesen anderen Menschen, sondern auch einen selbst. Dadurch wird auch die eigene Fähigkeit zur Liebe erhöht. Solche Prozesse muß man auch üben, denn wenn ich so etwas nicht trainiere, werden meine seelischen Muskeln auch nicht stärker.

Die Liebe aber ist das Größte ...

Unbefangener Versuch über ein unerschöpfliches Thema

Ute Hallaschka*

Über nichts wurde seit den Anfängen des Menschengeschlechts soviel geschrieben, gedacht, geredet wie über die Liebe. Folgerichtig scheint dieser merkwürdige Begriff unerfüllbar leer – wie eine Tür: Dreh- und Angelpunkt zugleich, von dem her sich alles bestimmt und der zugleich vollkommen inhaltslos ist – „nichtig". Denn wer kann sagen, *was* und *wie* Liebe ist? Leichter schon zu bemerken, was sie nicht ist ...

So rückt man diesem Schmetterlingswesen mit allerhand Keschern zu Leibe, fischt Inhalte, Eigenschaftswörter, fixe Ideen, Wünsche, Visionen, Leidenschaften und setzt den berühmten Doppelpunkt – Liebe ist: ... offensichtlich ein Spiel in unendlichen Variationen. Aber ein Spiel, das mit dem denkbar tiefsten Ernst gespielt wird – nicht ein Mensch von Nowosibirsk bis Feuerland, der nicht auf der Suche nach ihr wäre. Zu allen Zeiten und in allen Kulturen ist derselbe innere Tatbestand gemeint, wenn es heißt: Ich liebe dich! Was alle Menschen vereint auf der Erde, ist die Sehnsucht, zu lieben und geliebt zu werden – ein globales Bedürfnis. Dabei handelt es sich um das Allgemeinste und Allerindividuellste zugleich: Wer würde nicht ICH denken, wenn er an Liebe denkt?

Liebe scheint etwas, das uns alle sowohl verbindet als auch trennt – das ist die maximale Bewegung, die größtmögliche Schwingung, die vorstellbar ist. Das große Liebesparadoxon: Einheit der Polarität, die ins Offene führt. Immer wieder über das Gegebene hinaus, kein Stillstand, kein Status darin denkbar. Die endgültige Verbindung, die Einheit, in der alles Getrennte zusammenfällt, wäre der Tod der Liebe – wenn *alles* eins wäre, könnte es nur noch eins lieben: sich! Der unablässige Pendelschlag von Trennen und Verbinden gehört zur Bewegung der Liebe – damit zwei verbunden bleiben können, müssen sie sich auseinanderhal-

---

* **Ute Hallaschka,** geb. 1959. Eurythmistin und freiberufliche Autorin.

ten lassen. Die Brücke also, die Tür, das Über-sich-Hinausweisende ..., wo ist es selbst aufgestützt, dieses eigenartige Kräftewesen, wo verankert, hat es einen erkennbaren Ursprung?

Auswirkung, Erscheinung natürlich, sogar in der Abwesenheit – da ist immer eine leere Stelle, die nur von Liebe erfüllt werden kann. Niemand weiß, was das ist, aber alle kennen sie, die große Unbekannte. Der Kosmos schwingt mit und zittert unter dem Gewicht der Frage: Wenn es nicht Liebe ist, aus der wir kommen und wohin wir nach dem Tod gehen werden, dann gnade uns Gott, oder besser: gnade ihm, denn ein Gott, der nicht mit der Liebe identisch ist, wäre ein Teufel.

So einfach verhält es sich im Grunde mit der Weltanschauung: Wer an Liebe glaubt, wer auf sie hofft, der hat einen Zugang ins Geistige, der sich mit allen anderen Zugängen verträgt. Davon handelt – immer wieder aktuell und Gegengift gegen jeden Fundamentalismus – die Ringparabel in Lessings „Nathan der Weise“. Dieser Zugang hat Konsequenzen. Mit ihm ergibt sich die Frage – und sie ist wiederum ein Prüfkriterium für jede religiöse oder spirituelle Ausrichtung –: Werde ich, wenn ich einer bestimmten Weltanschauung folge, auf Dauer liebenswerter für meine Umwelt oder nicht? Dazu muß man zunächst im irdischen Erfahrungsbereich bei sich selbst nachfragen: Ist Liebe substantiell eigentlich eher ein Gefühl, ein Wille oder eine Idee? – Aus welcher Quelle sie sich ursprünglich speist, wenn wir das wüßten ...

Zwar liegt die Vermutung nahe, daß sie als Beziehungswesen schlechthin nicht einfach geortet werden kann, doch jeder kennt die Erfahrung, daß sie wie ein verborgener Strom plötzlich auftaucht im unwegsamen Gelände der Seele und ebenso schnell wieder verschwinden, versiegen kann. Sich aber als ein Flußbett zu empfinden, ein Gefäß, in das sich Liebe ergießt und aus dem sie zerrinnt, kann auf Dauer höchst unbefriedigend sein. Viel zerschlagenes Porzellan, die Scheidungsraten zeigen, wie drängend die Suche nach diesem Ursprung geworden ist. Ohne mehr oder weniger bewußten Zugriff in den Bereich der Liebe selbst scheint gar nichts mehr zu gehen – auch im Kleinen, in den alltäglichen zwischenmenschlichen Desastern am Postschalter oder im Straßenverkehr. Wer nicht „in der Liebe bleibt“, gerät ganz schnell ins Abgründige von Haß und Aggression; kaum noch Zwischenzustände – allerorten Extremsituation. Bloß, wie kommt man dahin: *in* die Liebe?

Archaische Kulturen entwickelten dazu einen regelrechten zwischenmenschlichen Übungskanon. Die Präriestämme Nordamerikas beispielsweise verfügten über eine Vielzahl Danksagungszeremonien an den Großen Geist, die einhergingen mit der Übung menschlicher Großzügigkeit und Weitherzigkeit. Geschenke zu machen, etwas „umsonst" zu geben – was ja in der geistigen Wirkungsweise der Liebe entspricht –, dies galt als Tapferkeit des Herzens, nicht als Schwäche.

Davon sind wir heute ebenso weit entfernt wie von der frommen Innigkeit des christlichen Mittelalters. Die Erfahrung zeigt, daß religiöse Übungen, die der Bedürfnisabtötung dienen sollen, vielleicht auch heute noch „funktionieren" und den Egoismus auf der einen Seite zum Verschwinden bringen; oft kitzeln sie ihn aber auf einer anderen Ebene um so heftiger hervor. Es ist eine Erfahrung der Praxis, daß man „fromm" und lieblos zugleich sein kann. In der Haltung der Liebe dagegen, das macht ihren Zauber aus, muß die Egoität nicht sterben, sondern sie wird aufgehoben, ordnet sich auf geheimnisvolle Weise in den Zusammenhang mit dem anderen ein. Noch einmal: Wie gelangt man dorthin?

Wissen der Wege zu erwerben, die zur Liebe führen, sie zu beschreiben, zu bebildern, zu gestalten – das ist eine der großen Anfangssetzungen der Kunst. Es kann ja nur ein schöpferisches Vermögen sein, das diese Frage stellt ... Besonders angesprochen zeigt sich hier natürlich die Sprachkunst. Jede Art von Dichtung, ja auch die Philosophie – die einmal als Wortkunst galt –, müßte imstande sein, darüber Auskunft zu geben. Befragt man Texte daraufhin, ergeben sich die sonderbarsten Konstellationen, Brückenschläge und Begegnungen. Wer würde denken, daß Bert Brecht und Rudolf Steiner sich zu diesem Thema einig sind und in gemeinsamer Opposition zu Max Frisch stehen?

„*Wenn Herr K. einen Menschen liebte*

‚Was tun Sie', wurde Herr K. gefragt, ‚wenn Sie einen Menschen lieben?' – ‚Ich mache einen Entwurf von ihm', sagte Herr K., ‚und sorge, daß er ihm ähnlich wird.' – ‚Wer? Der Entwurf?' – ‚Nein', sagte Herr K., ‚der Mensch.'"

(Bertolt Brecht: Kalendergeschichten)

„Der Weg zum Herzen geht durch den Kopf. Davon macht auch die Liebe keine Ausnahme. Wenn sie nicht die bloße Äußerung des Geschlechtstriebes ist, dann beruht sie auf den Vorstellungen, die wir uns von dem geliebten Wesen machen. [...] Viele gehen ahnungslos an diesen Vorzügen vorbei, ohne sie zu bemerken. Der eine sieht sie, und eben deswegen erwacht die Liebe in seiner Seele. Was hat er anderes getan: als von dem sich eine Vorstellung gemacht, wovon hundert andere keine haben. Sie haben die Liebe nicht, weil ihnen die *Vorstellung* mangelt."

(Rudolf Steiner: Die Philosophie der Freiheit, 1. Kap.)

„Du sollst dir kein Bildnis machen

Es ist bemerkenswert, daß wir gerade von dem Menschen, den wir lieben, am mindesten aussagen können, wie er sei. Wir lieben ihn einfach. Warum? So wie das All, wie Gottes unerschöpfliche Geräumigkeit, schrankenlos, alles Möglichen voll, aller Geheimnisse voll, unfaßbar ist der Mensch, den man liebt. – Nur die Liebe erträgt ihn so. Unsere Meinung, daß wir das andere kennen, ist das Ende der Liebe [...]. Man macht sich ein Bildnis. Das ist das Lieblose, der Verrat."

(Max Frisch: Tagebuch)

Diese Texte belegen, daß es zwei grundverschiedene Ausgangspositionen gibt: die Liebe entweder als unantastbares Herzensmysterium aufzufassen, und daher von aller „Idealität" zu verschonen, oder sie gerade als „heilig-nüchterne" Idee zu begreifen, als etwas, das der Vorstellungsbildung ebenso unterliegt wie alle übrigen Tatsachen des Lebens. Je nachdem wird der Weg der Annäherung beschaffen sein. Ein wirklich verblüffender Pfad führt von Platons Gastmahl – dem Lobgesang auf den Eros – über das Neue Testament zu Shakespeare und von dort über Novalis' Mysterientexte in die Neuzeit – zu Rudolf Steiners „Philosophie der Freiheit" und Rainer Maria Rilkes „Duineser Elegien" –, um nur einige Hauptstationen dieses Weges zu nennen. Es würde ein Buch erfordern, diesen Weg auch nur annähernd zu beschreiben.

Aber einer der Meister der verschlungenen Liebespfade erlaubt, daß man ihn dazu ahnungs- und vorbereitungslos interviewt, ja, er fordert gerade dazu auf, vollkommen unbefangen und spielerisch mit ihm umzugehen, da sein Werk in der Hauptsache – wenn man von den Sonetten einmal absieht – Schauspiel ist. Die Gesamtheit von William Shakespeares Theaterstücken – nicht nur die Komödien – ist ein einzigartiges „Lehrbuch" zum Thema Liebe. Darin kann man den Weg maximaler Bewußtheit bei gleichzeitig größtmöglichem Fühlen zurücklegen ... was will man mehr? Wer will, mag den Fächer aufschlagen, das treffsichere Bilderbuch, und bei sich selbst nachprüfen, welches Rollenmotiv gerade in Frage kommt. Ob es die Rachsucht, die Eitelkeit, die Konvention, ein Machtwahn, die Selbstverliebtheit oder was auch immer ist – was immer die Freiheit unseres Liebens einschränkt, Shakespeare hat jede nur mögliche Dummheit vorgedacht. Man kommt sich schnellstens auf die Spur. Und wenn damit auch noch lange nicht die Quelle ausgemacht scheint: Shakespeare lesen, sehen und spielen, das ist eine künstlerische Psychoanalyse ganz eigener Art.

Die wahre Liebe

Vom Gefühl der Verliebtheit zur Liebe als Fähigkeit

Thomas Höfer*

Es gehört heute zu den Alltagserfahrungen innerhalb westlicher Kulturen, daß Menschen sich verlieben und so zueinanderfinden. Mehr noch: Ohne Verliebtheit ist eine Partnerschaft nur in Ausnahmefällen denkbar; kaum gehen zwei Menschen eine langfristige Beziehung ein, ohne daß am Anfang eine Liebesbeziehung gestanden hätte.

Ebenso alltäglich ist es, daß die Liebe, die die Partner zu Beginn einer Partnerschaft füreinander empfunden haben, nicht von Bestand ist. Sie vergeht nach einiger Zeit wieder, löst sich schleichend auf und ist eines Tages einfach nicht wiederzufinden. Viele Paare trennen sich daher bald wieder und machen dabei oftmals schmerzhafte Erfahrungen. Oder sie bleiben zusammen, weil sie inzwischen Lebenstatsachen geschaffen haben, die eine Trennung nicht mehr so einfach erscheinen lassen: die gemeinsame Wohnung samt Hausstand, Kinder, finanzielle Verbindlichkeiten. Was bleibt, ist Ernüchterung, Enttäuschung – oftmals auch Verbitterung – darüber, daß Liebe – oder was man dafür gehalten hat – im Alltag auf Dauer keinen Platz zu haben scheint.

Kaum ein Paar wundert sich z.B. in der Eheberatung darüber, daß all dies so ist, und weiß, daß die große Verliebtheit wohl nicht zurückkommen wird: „Das kann man ja auch nicht erwarten nach 16 Jahren Ehe, nicht wahr? Aber muß deshalb gleich alles zu Ende sein?"

Immer wieder werden die gleichen Fragen gestellt:

Sind die täglichen Streitereien wirklich notwendig, bei denen keiner recht zu sagen weiß, worum es eigentlich geht? Warum ist es schwer, gut miteinander umzugehen, wo es doch zu Beginn, während der Verliebtheit, so einfach war? Ist es nicht möglich, wieder zueinanderzufinden, oder bleibt am Ende wirklich nur der Schlußstrich und ein Neubeginn?

---

* **Thomas Höfer,** geb. 1964. Mitarbeiter der FLENSBURGER HEFTE-Redaktion, arbeitet hauptberuflich als Lehrer in der Benachteiligtenförderung in der Handwerkskammer Flensburg; auch als Eheberater tätig.

Warum ist es so schwer, eine Beziehung auf gegenseitiger Liebe aufzubauen?

Die Gründe für diese Schwierigkeiten liegen in den meisten Fällen nicht im einzelnen Menschen, beruhen nicht auf Vorsatz oder böser Absicht. In einer Liebesbeziehung zwischen zwei Menschen spielt sich heute viel mehr ab als nur Sexualität und die Begegnung zweier Seelen in ihrer je individuellen Beschaffenheit, die mit ihren jeweiligen Stärken und Schwächen aufeinanderstoßen und sich aneinander reiben. Natürlich geschieht auch das, aber jede einzelne Liebesbeziehung trägt auch die Lasten der Menschheitsentwicklung und insbesondere die Lasten der gesellschaftlichen Entwicklung der letzten 200 Jahre. Mit anderen Worten: Scheitert eine Liebesbeziehung, so sind die Ursachen dafür nicht nur – und häufig nicht einmal vorrangig – in den persönlichen Unzulänglichkeiten der Menschen zu suchen, sondern auch in den gesellschaftlichen und allgemein menschlichen Umständen.

Vielen Menschen ist dieser Gedanke nicht vertraut, denn er widerspricht ihrem Erleben. Liebesbeziehungen spielen sich nun einmal im stillen Kämmerlein privater Zurückgezogenheit und im Persönlichen und Allzupersönlichen ab. Wenn Menschen hier scheitern, können sie beinahe nicht anders, als die Schuld bei sich selbst oder ihrem Partner zu suchen. Nimmt man die Anatomie einer Liebesbeziehung jedoch unter die Lupe, so sieht man neben den persönlichen Anteilen auch noch Aspekte, die außerhalb der persönlichen Verantwortung des einzelnen liegen und die den Leuten das Leben schwer machen.

Früher war Ehe keine Frage der Selbstbestimmung

Ein erster wesentlicher Aspekt ist darin zu sehen, daß die auf der Liebesbeziehung gründende Partnerschaft eine relativ junge Errungenschaft ist. Noch im 18. und auch noch im 19. Jahrhundert wurden dauerhafte Partnerschaften, also Ehen, in der Regel aus ganz anderen Gründen eingegangen als aus gegenseitiger Liebe. Elisabeth Beck-Gernsheim schreibt mit Blick auf die Familie:

„Die bis ins 18. Jahrhundert vorherrschende Lebensform war nicht die Familie im heutigen Sinn, sondern der Haushalt des ‚Ganzen Hauses', eine Wirtschaftsgemeinschaft. Deren oberstes Gebot waren die tägliche Existenzsicherung und der Erhalt der Generationenabfolge. Unter diesen Bedingungen blieb kaum Raum für persönliche Neigungen, Gefühle, Motive. Vielmehr waren Partnerwahl und Ehe ein vorwiegend ökonomisches Arrangement. Nach dem individuellen Zusammenpassen (oder Nicht-Zusammenpassen) der künftigen Eheleute wurde wenig gefragt." (Beck/Beck-Gernsheim, S.69)

Früher lag die Entscheidung, eine Beziehung einzugehen und das Leben miteinander zu verbringen, also nicht bei den Partnern, sondern wurde ihnen von den Eltern aus der Hand genommen. Für persönliche Sympathie oder Antipathie war kaum Freiraum. Widersprachen die eigenen Wünsche den Interessen der Eltern bzw. der Gesellschaft, so wurden sie schlichtweg übergangen (vgl. Beck/Beck-Gernsheim, S.107). Damit wurde faktisch Zwang ausgeübt und die freie Entfaltung der Person rigoros unterdrückt. Unter dem eigenen Stand zu heiraten war genauso undenkbar, wie eine Verbindung mit einem Partner einer anderen Kulturzugehörigkeit einzugehen. Geheiratet wurde, weil es aus damaliger Sicht vernünftige Gründe gab, die für eine Verbindung sprachen. Ob die Partner einander mochten, war dabei völlig unerheblich. Gegenseitige Zuneigung war eine willkommene Begleiterscheinung, aber keine zwingende Voraussetzung, und ihr Fehlen war keineswegs ein Hinderungsgrund. Das heißt, die Entscheidung, eine dauerhafte Partnerschaft einzugehen und eine Ehe zu schließen, lag nicht in der Entscheidung des Individuums, sondern war eine außerindividuelle Angelegenheit und damit ein Akt der Fremdbestimmung.

„Wie sozialhistorische Studien durchgängig zeigen, war die Ehe in der vorindustriellen Gesellschaft nicht so sehr die Verbindung zweier Personen, sondern weit mehr die Verbindung zweier Familien oder gar Sippen. Entsprechend gab es auch keine Partnerwahl im heutigen Sinn, den Gefühlen persönlicher Zuneigung folgend. Vielmehr war der Radius der Heiratsmöglichkeiten schon vorgängig eng durch die Kriterien der Herkunft begrenzt – von Stand und Besitz bis zu ethnischer Zugehörigkeit und Religion –, und konkret wurde die Heirat dann über das Netzwerk von Familie, Verwandtschaft, Dorfgemeinschaft arrangiert. Geheiratet wurde kaum aus Gründen der Liebe, sondern primär an Zwecken ausgerichtet, die der Familie als Wirtschafts- und Standesgemeinschaft dienten: um für den Familienbetrieb eine Arbeitskraft zu gewinnen und Erben zu haben, um den vorhandenen Besitz zu sichern, um Vermögen und Ansehen zu erweitern.“ (Beck/Beck-Gernsheim, S.106)

Die Leidtragenden dieser Art von Heiratsvermittlung waren zwangsläufig diejenigen, die ökonomisch benachteiligt waren, also z.B. die Geschwister, die durch die Erbfolge nicht mit Besitz zu rechnen hatten, und vor allem die Frauen, die so gut wie kein Mitspracherecht hatten. Töchter hatten sich in Fragen der Eheschließung dem Willen der Familie zu beugen und nach der Eheschließung dem Willen des Ehemannes (vgl. Beck/Beck-Gernsheim, S.106). Selbstbestimmung der Frau – auch sexuelle Selbstbestimmung – war kein Thema.

Auf der Grundlage der persönlichen Zuneigung von Mann und Frau eine dauerhafte Partnerschaft aufzubauen, wurde erst im Lauf eines Jahrhunderte währenden Prozesses möglich, in dem Traditionen, Normen und die enge Bindung an die eigene Herkunftsfamilie nach und nach an Bedeutung verloren. Das Individuum duldete die Fremdbestimmung durch die Familie und die Standesgemeinschaft immer weniger und verlangte nach dem Recht auf Selbstbestimmung.

„Innerhalb der letzten 1.000 Jahre haben die Vorstellungen über die richtige Methode der Ehestiftung vier aufeinanderfolgende Phasen durchlaufen. In der ersten Phase wurde die Heirat von den Eltern mit relativ wenig Rücksicht auf die Wünsche der Kinder arrangiert; in der zweiten bereiteten die Eltern die Heirat immer noch vor, gestanden aber ihren Kindern ein Vetorecht zu; in der dritten trafen die Kinder die Wahl, aber die Eltern behielten ein Vetorecht; in der vierten Phase schließlich, die erst in diesem Jahrhundert erreicht wurde, treffen die Kinder die Auswahl ihrer Ehepartner ganz allein und kümmern sich nur sehr wenig um die Meinung der Eltern.“ (Stone, L.: Heirat und Ehe im Adel des 16. und 17. Jahrhunderts. Frankfurt a.M. 1978, S.475, zitiert nach: Beck/Beck-Gernsheim, S.109)

Fremdbestimmt, aber stabil

Bei allem Zwang, der aus heutiger Sicht durch dieses System der Partnerwahl und Ehestiftung auf die Menschen, insbesondere die Frauen, ausgeübt wurde, gab es den Menschen doch eine gewisse Sicherheit.

Sie waren ihres Platzes im Leben gewiß und wußten, wie sie sich zu verhalten hatten, damit die eigene Existenz keinen Schaden nahm. Ein strenger Sittenkodex regelte die Beziehungen zwischen Mann und Frau, schrieb vor, wie die Kinder zu erziehen und wie die Angelegenheiten des Haushalts zu regeln waren. Da über diesen Sittenkodex gesellschaftlicher Konsens herrschte, wirkte die Gesellschaft stabilisierend auf Ehen ein, die sich dem Sittenkodex beugten. Fremdbestimmung in der Partnerschaft ist daher nur ein Aspekt, Stabilität ein anderer.

„Aber ebenso außer Frage steht, daß dieselben Regeln *auch* darauf hinwirkten, der Ehe ein Mindestmaß an Verläßlichkeit, Stabilität, Halt zu geben. Wo die Ehe arrangiert wurde über Familienverband und lokale Öffentlichkeit, da hatten diese Personen auch Interesse an ihrem Erhalt und konnten in den verschiedensten Formen sozialer Kontrolle entsprechenden Einfluß ausüben. Wo die Auswahlprinzipien von Herkunft und Stand regierten, da war auch gewährleistet, daß Mann und Frau in wichtigen Punkten ähnliche Gewohnheiten und Normen, Erwartungen und Lebensregeln gelernt hatten. Wo Mann und Frau gemeinsam für die Familienwirtschaft arbeiteten, für Hof oder Handwerksbetrieb, da wurden sie im wörtlichen Sinn ‚zusammengeschweißt' durch gemeinsam erlebte Anstrengungen, Gefahren, Schicksalsschläge – etwa im Kampf mit der Natur und ihrer Gewalt –, durch gemeinsam eingebrachte Ernten und gemeinsam erfahrbare Hungerzeiten." (Beck/Beck-Gernsheim, S.107 f.)

Um allen Mißverständnissen vorzubeugen, sei betont, daß es hier natürlich nicht darum geht, die „gute alte Zeit" zu beschwören oder das Streben der Frauen nach Gleichberechtigung zu diffamieren, sondern darum, darauf aufmerksam zu machen, daß die Loslösung aus den traditionellen Bindungen und das Erkämpfen persönlicher Freiheiten im Gegenzug dazu führten, daß die Menschen sozial einsam wurden und auf sich allein gestellt ihren Lebensweg bestreiten müssen. Es gibt heute keine materiellen Kriterien mehr, die Partnerschaften stiften. Die Menschen lassen sich heute nicht mehr vorschreiben, wen sie zu heiraten haben, weder von der Kirche noch vom Staat und auch nicht von den eigenen Eltern. Durch die Steigerung des Lebensstandards nach dem Zweiten Weltkrieg sowie die immense Zunahme an Bildungschancen sind Heranwachsende weit weniger durch materielle Notwendigkeiten zu bestimmten Entscheidungen in ihrem Lebenslauf gezwungen, als dies früher der Fall war. An die Stelle von vorgezeichneten Lebensläufen sind eine Reihe von Wahlmöglichkeiten getreten, und so ist jeder und jede in der Gestaltung seiner bzw. ihrer persönlichen Beziehungen auf sich selbst gestellt, trifft Entscheidungen selbst und muß sie auch selbst verantworten. Es ist nur der letzte und konsequente Schritt dieser Entwicklung, daß die Frauen Gleichberechtigung gegenüber den Männern und Freiheit von der tradierten Rollenverteilung fordern. Oftmals bleibt ihnen dabei nichts anderes übrig, als sich von Männern zu trennen, die dieses Bedürfnis nicht verstehen und unterstützen können oder wollen.

„Was Familie, Ehe, Elternschaft, Sexualität, Erotik, Liebe ist, meint, sein sollte oder sein könnte, kann nicht mehr vorausgesetzt, abgefragt, verbindlich verkündet werden, sondern variiert in Inhalten, Ausgrenzungen, Normen, Moral, Möglichkeiten am Ende eventuell von Individuum zu Individuum, Beziehung zu Beziehung, muß in allen Einzelheiten des Wie, Was, Warum, Warum-Nicht enträtselt, verhandelt, abgesprochen, begründet werden, selbst wenn auf diese Weise die Konflikte und Teufel, die in allen Details schlummern und besänftigt werden sollen, aufgeweckt und entfesselt werden.“ (Beck/Beck-Gernsheim, S.13)

Es offenbart sich somit eine überaus ambivalente Entwicklung: Je mehr sich die Menschen von Tradition, Familie und religiöser Norm lösten, desto mehr Entscheidungsfreiheit gewannen sie. Je größer aber ihre Entscheidungsfreiheit wurde, desto größer wurde ihre Verantwortung für den eigenen Lebenslauf. Und je mehr die Freiheit und Eigenverantwortung wuchs, desto mehr waren die Menschen auf sich gestellt, was bedeutet, daß ihre Einsamkeit zunahm.

Verliebtheit

In dem Maße, wie die überkommenen Strukturen und Zwänge wegfielen, die Mann und Frau einander näherbrachten, gewann die Liebesbeziehung an Bedeutung, an deren Beginn das Gefühl der Verliebtheit steht. Es entstand das Ideal der romantischen Liebe, in dem der geliebte Mensch das ein und alles ist, der Mittelpunkt allen Strebens und Liebens, der Maßstab des Denkens, Fühlens und Wollens. In dem geliebten Menschen soll all das gefunden werden, was an sozialer Sicherheit verlorengegangen ist. In der romantischen Liebe ist der geliebte Mensch der Tröster in der Einsamkeit.

Menschen sind – so behaupte ich – nur dann in der Lage, sich zu verlieben, wenn sie einsam sind. Wer nicht einsam ist, wird sich nicht verlieben. Häufig ist es so, daß man sich seiner Einsamkeit erst im Moment des Verliebens bewußt wird. Vorher konnte man sich darüber hinwegtäuschen, wollte es nicht wahrhaben. Aber dann bricht das Empfinden der eigenen Verlassenheit mit aller Macht in die eigene Seele, und man öffnet sich einem anderen Menschen. Das Gefühl der Verliebtheit dient der Distanzüberbrückung, der Überwindung der inneren wie auch der äußeren Einsamkeit. Verliebtheit ermöglicht Bindung an einen anderen Menschen, und in der Bindung überwindet und vergißt der Mensch seine Einsamkeit. Sie macht es überhaupt erst möglich, daß Menschen in einer Zeit zusammenkommen, in der die Herkunftsfamilie, Normen und Traditionen den Weg der Partnerfindung nicht mehr ebnen. Der Mensch überwindet somit in der Verliebtheit die Heimatlosigkeit, in die ihn die Freiheit von alten Normen gestoßen hat.

Verliebtheit tritt daher hauptsächlich in Situationen auf, in denen der Mensch die innere Einsamkeit überwindet, in denen er sich angenommen und verstanden fühlt, die er also positiv definiert. Oftmals tritt sie in unangenehmen Situationen oder unter bedrückenden und belastenden Lebensumständen in der Weise auf, daß sie als Ausweg erscheint, als Hoffnung auf ein besseres Leben. Da gegenseitige Verliebtheit oft in einer sexuellen Beziehung mündet, wird die Hingabe an den anderen Menschen und die Verbundenheit mit ihm intensiv erlebt. Dies ist kein Wunder, da die gesamte Triebnatur des Menschen mobilisiert wird und das Erleben und Empfinden stützt. Aus naturwissenschaftlicher Sicht ist die sexuelle Begegnung nicht die Folge der Verliebtheit, sondern geradezu ihr Zweck, d.h. Menschen verlieben sich ineinander, um ihrem Geschlechtstrieb gerecht zu werden und letztlich die Arterhaltung zu gewährleisten. Wie auch immer, Verliebtheit wird, insbesondere in Verbindung mit Sexualität, so elementar erlebt wie Hunger oder Durst.

Spricht man mit Menschen über vergangene Verliebtheitserlebnisse, so äußern sie sich oft nur verlegen und peinlich abwertend und schil dern ihre Verliebtheit als kindische Romanze. Der Grund dafür ist zum einen sicherlich ein Peinlichkeitsempfinden angesichts der sexuellen Komponente. Aber es spielen noch andere Gesichtspunkte eine Rolle.

Verliebt man sich in einen anderen Menschen, so sieht man in ihm das Gute und Liebenswerte und übersieht die weniger erbaulichen Aspekte seiner Person. Man möchte mit dem anderen zusammensein und möglichst viel Zeit miteinander verbringen, denn nur durch die Nähe zum anderen gelingt es kurzfristig, die schmerzende und angst machende Einsamkeit zu vergessen. Die Verliebtheit befähigt also den Menschen dazu, seine Vereinsamung, in die er im Verlauf der Menschheitsgeschichte gestoßen wurde, ein Stückweit zu verdrängen. Der Aspekt der Bindung steht mächtig im Vordergrund des Seelenlebens und unterdrückt andere Regungen und Wahrnehmungen.

Eine realistische Einschätzung des anderen, insbesondere auch seine Eignung als Partner fürs Leben, ist aber kaum möglich. Selbst warnende Stimmen von Freunden werden ignoriert. Läßt aber die Verliebtheit nach, bemerkt man auch die weniger liebenswerten Seiten des anderen Menschen, die vielleicht sogar überwiegen können. Somit taucht die Empfindung auf, daß man sich durch die Verliebtheit hat betrügen lassen. Man war bereit, die Katze im Sack zu kaufen, und war gegen alle vernünftigen Erwägungen, ob eine dauerhafte Bindung überhaupt sinnvoll oder denkbar ist, immun. Menschen lassen sich durch die Verliebtheit überrumpeln, und das ist ihnen später peinlich. Der durchaus positive Aspekt, daß die Verliebtheit einen nicht nur blind für die Schwächen des anderen, sondern auch sehend für seine Stärken macht, wird im Rückblick wenig gewürdigt. Und doch hat auch er Gültigkeit.

„In der Verliebtheit enthüllt sich der Wert einer bestimmten Person unabhängig von ihren gesellschaftlichen Werten wie Erfolg und Ruhm. Verliebtsein ist die Entdeckung, daß ein gewöhnlicher Mensch, der sich in nichts von anderen unterscheidet, für uns eine einzigartige, nicht austauschbare Individualität und damit einen absoluten Wert besitzen kann. Würde Verliebtheit von den anerkannten gesellschaftlichen Qualitäten des anderen Menschen abhängen, dann würden sich sämtliche Männer einzig und allein in die schönsten Frauen und sämtliche Frauen einzig und allein in die mächtigsten und berühmtesten Männer verlieben. Was bekanntlich nicht der Fall ist. [...] Im Verliebtsein werden die

Venus und Adonis
Antonio Canova (1757–1822)
(Genf, Villa La Grange)

gesellschaftlichen Werte und die anerkannten Hierarchien umgestoßen." (Alberoni, S.33)

Und es gibt noch eine weitere Seite der Verliebtheit. Jörg Willi beschreibt den Zustand der Verliebtheit treffend, wenn er schreibt:

„Verliebtsein bricht die Person auf. Im Verliebtsein öffnet sie das Herz, ihre innerste Kammer, läßt ihre bisher geheimgehaltene Sehnsucht, Hoffnung und Erwartung hervorbrechen, läßt sich davon packen und durchströmen. Die zuvor brachliegenden und ziellos vorhandenen Energien werden nun ausgerichtet und integriert, was zu einer gewaltigen Belebung der Person führen kann. Verliebte erscheinen Außenstehenden schöner, strahlender, belebter und verzauberter, vielleicht nur närrischer.

Im Aufbrechen der Person wird deren Persönlichkeitsgefüge gelokkert. Verhaltens- und Erlebnisweisen werden geweckt, die zuvor brachlagen oder ängstlich versteckt und gemieden wurden. Vieles wird der Person möglich, weil die Beziehung es ihr möglich macht." (Willi, S.42 f.)

Verliebtheit macht den Menschen also sehend für die Stärken des anderen Menschen und hilft auch, die eigenen Stärken zu mobilisieren. Der verliebte Mensch wächst über sich hinaus und kann sich von seiner besten Seite zeigen. Er sieht am anderen die guten und lobenswerten Eigenschaften und kann über dessen Schwächen großmütig hinwegsehen. Das Beglückende an der Verliebtheit ist die Gewißheit, nicht einsam zu sein, sondern durch den anderen und im anderen eine Bestätigung der eigenen Existenz mit allen Gefühlen, Gedanken, Wünschen, Erwartungen, Hoffnungen zu finden. Man fühlt sich angenommen und erhält die Bestätigung, daß man so, wie man ist, eigentlich ganz in Ordnung ist. Und diese Bestätigung gibt einem die Kraft, über sich selbst hinauszuwachsen. Verliebte sind zu Dingen fähig, die sie sonst kaum bewältigen könnten. Sie können Nächte lang miteinander reden und miteinander schlafen und sind dennoch am nächsten Tag in der Lage, ihrem Beruf nachzugehen, ohne übermäßige Erschöpfung zu empfinden. Ganz im Gegenteil: Sie sind eher in einem Zustand übermäßiger Wachheit. Sie bemerken Dinge, die ihnen vorher verschlossen waren, sie nehmen ihre Mitmenschen in einer Intensität war, zu der sie sich nie für fähig gehalten hätten.

Damit werden durch das Gefühl der Verliebtheit jene Personeneigenschaften in den Vordergrund gerückt, die die Annäherung zweier Menschen ermöglichen, und diejenigen, die für Dissens und Entzweiung sorgen, unterdrückt. Es ist leicht zu sehen, daß der aus den Traditionen gelöste Mensch in der Liebe zu einem anderen Menschen genau die Einsamkeit zu überwinden sucht, in die er durch die Loslösung gestürzt wurde. Verliebtheit schmeichelt daher der eigenen Seele, tröstet den eigenen Schmerz, erreicht aber eigentlich den anderen Menschen nicht, denn alle negativen Aspekte der anderen Person – wie übrigens auch der eigenen – bleiben in der Phase der Verliebtheit weitgehend ausgeblendet.

Verliebtheit kann nicht ewig dauern

Verliebtheit ist ein emotionaler Zustand bedingungsloser Sympathie gegenüber dem geliebten Menschen, aber auch sich selbst gegenüber, in dem die gegenseitige Anziehung übermächtig ist und folglich die Einsamkeit vergessen wird, in die der Mensch durch den Verlust tradierter Bindungen gestoßen wurde. Die meisten Menschen setzen diesen Zustand mit Liebe gleich und sind daher enttäuscht, wenn er nicht ewig dauert.

Die Verliebtheit kann aber keinen Bestand haben, sie muß zwangsläufig vergehen, sonst würde sie die Menschen zugrunde richten. So wie es ein Naturereignis ist, daß Menschen sich verlieben, so ist es ebenso ein Naturereignis, daß die Verliebtheit vergeht.

Der verliebte Mensch lebt ständig über seine Verhältnisse, kommt mit wenig Schlaf aus, ist oftmals freundlicher, entgegenkommender und verständnisvoller als gewöhnlich. Er zeigt sich von seiner besten Seite und hat kaum Mühe, seine weniger erfreulichen Charakterzüge zu verbergen. Was hier aufblitzt, ist eine Ahnung des höheren Menschen, der in jedem schlummert, aber ohne daß der Mensch etwas geleistet hätte, das dieses Aufblitzen rechtfertigt. Dieser Schub ist ein Geschenk der Natur, das den Menschen zu individuellen körperlichen und sittlichen Höchstleistungen befähigt. Damit aber lebt er ständig über seine Verhältnisse. Irgendwann fordert einfach die Natur ihr Recht und zwingt den Menschen, zu seinen alten Gewohnheiten zurückzukehren. Das ist das eine.

In der Verliebtheit überwindet der Mensch die Distanz zu einem anderen Menschen und ist ihm ganz zugewandt. Das eigene Fühlen, Denken und Handeln ist ganz auf den anderen gerichtet. Die Verliebten leben gleichsam in einer immerwährenden Umschlungenheit, und jeder von ihnen lebt in einer gewissen Selbstvergessenheit. Die meisten Frauen und Männer beginnen eine Partnerschaft mit den besten Vorsätzen und Absichten, und sie sind der festen Überzeugung, sinnvoll zu handeln, wenn sie sich nach einer längeren oder kürzeren Phase des Kennenlernens für ein dauerhaftes Zusammenleben entschließen. Ihre Liebe füreinander, so ist oftmals ihr fester Glaube, sei eine stabile Grundlage und reiche heute und in Zukunft aus, um alle Prüfungen, die das Leben für sie bereithält, gemeinsam zu bestehen. Irgendwann jedoch erwacht das Ego und fordert Distanz. In der Seele beginnt sich eine Stimme zu regen, die sagt: „Ich habe auch einen eigenen Wert und eigene Interessen. Ich kann nicht nur für den anderen leben, sondern muß mich auch selbst behaupten." Und diese Stimme wird mit der Zeit immer lauter und lauter, drängt sich in den Vordergrund des Seelenlebens und treibt den Menschen dazu, sich vom anderen abzusetzen, auf Distanz zu gehen, Freiräume zu fordern, die vorher nicht so wichtig waren. Das ist das zweite.

Je mehr sich die Verliebtheit jetzt zurückzieht, desto mehr werden die Schwächen des anderen Menschen offenbar und desto mehr geht auch die Kraft verloren, sich selbst von der besten Seite zu zeigen. Der innere Schweinehund beginnt laut knurrend sein Recht zu fordern, und so kommt es zwangsläufig zu Reibereien zwischen den Partnern, zu Streit um die 1.000 Kleinigkeiten des Alltags. Mit den Reibereien kommt die Enttäuschung, und mit der Enttäuschung die Distanzierung. Ein Prozeß kommt in Gang, der schleichend beginnt und heimlich, still und leise voranschreitet. Oftmals bleibt er unbemerkt, bis die Entzweiung so weit fortgeschritten ist, daß es scheinbar nichts mehr gibt, das die beiden Menschen, die einstmals so sehr ineinander verliebt waren, verbindet. Das ist das dritte.

Erich Fromm weist deutlich auf den grundlegenden Irrtum hin, dem Menschen in der Verliebtheit erliegen:

„Die beiden Menschen lernen einander immer besser kennen, und dabei verliert ihre Vertrautheit immer mehr und mehr den geheimnisvollen Charakter, bis ihr Streit, ihre Enttäuschung, ihre gegenseitige Langeweile die anfängliche Begeisterung getötet haben. Anfangs freilich wissen sie das alles nicht und meinen, heftig verliebt und ‚verrückt' nacheinander zu sein, sei der Beweis für die Intensität ihrer Liebe, während es vielleicht nur beweist, wie einsam sie vorher waren." (Fromm, S.14)

Typische Symptome von Partnerschaften nach der Verliebtheit

So entstehen aus den inneren Gesetzmäßigkeiten des Zusammenlebens die typischen Szenen einer Ehe. Typische Partnerschaftsverläufe werden dann in der Eheberatung z.B. in der folgenden Weise geschildert:

„Vor drei Jahren, als wir uns kennenlernten, glaubte ich wirklich, es ist die ganz große Liebe. Zunächst war die Beziehung wirklich interessant und abwechslungsreich, voller neuer Eindrücke und ohne nennenswerte Spannungen. Wir sprachen viel miteinander, unternahmen viel zusammen, hatten Spaß am Sex.

Doch nach einiger Zeit begann sich die Beziehung zu verwandeln. Die Gespräche und die gemeinsamen Unternehmungen wurden weniger, jeder von uns konzentrierte sich wieder stärker auf sich selbst, hatte seine eigenen Probleme mit Arbeitskollegen. Auch der Sex wurde zur Routine. Die Beziehung wurde langweilig.

Als wir uns dann vor sechs Monaten trennten, dachten wir, als gute Freunde auseinandergehen zu können, die sich nicht böse sind, die sich weiterhin umeinander kümmern und im Notfall füreinander da sind. Wenn wir uns heute zufällig auf der Straße treffen, finden wir kaum noch zwei sinnvolle Worte, die wir miteinander wechseln könnten."

Ein anderes Paar berichtete, daß sie sich ständig stritten, obwohl beide eigentlich nicht streiten wollten. Keiner der Partner kannte die Gründe für den Streit. Selbst wenn es im gemeinsamen Gespräch gelang, aus dem ehelichen Dauerzwist einen Streitpunkt herauszuheben und in der Sache zu klären, kamen sich die Partner einander nicht näher. Sie gingen ganz einfach zum nächsten Thema über und stritten sich weiter.

Ein anderes Paar empfand das Zusammenleben lange Zeit als harmonisch und beglückend, beide hatten Freude daran, etwas zusammen zu unternehmen, und genossen es, einander zu berichten, was sie den Tag über erlebt hatten. Doch mit einem Mal war dieses Interesse erloschen. Der andere war von heute auf morgen nicht mehr der geschätzte Gesprächspartner und die fehlende Hälfte zum Glück, sondern ein Statist am Rande des eigenen Lebens, der einem gleichgültig oder sogar lästig wurde.

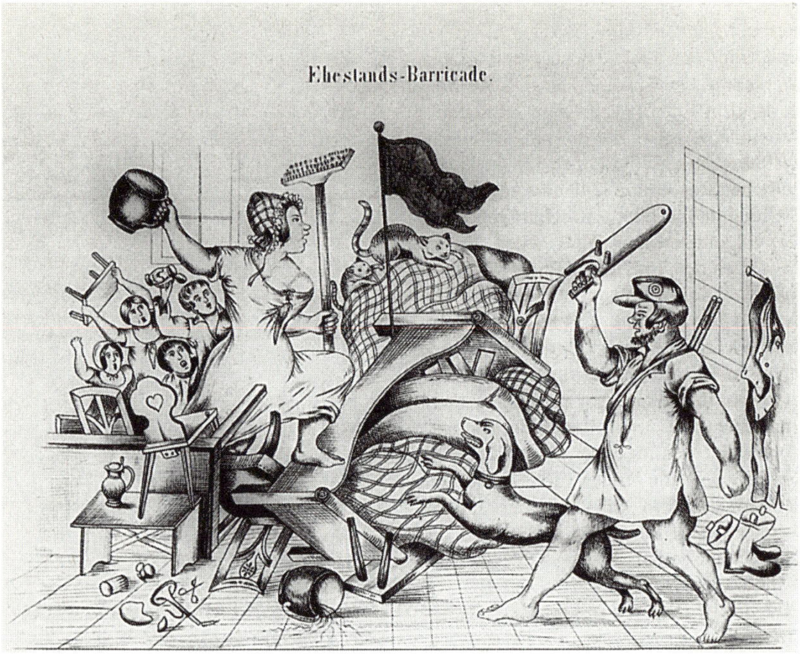

Ehestands-Barricade
(Anonym, 1848)

Ehemänner, die ausgerechnet dann anfangen fremdzugehen, wenn sich das Familienleben halbwegs beruhigt hat, wenn die neue Wohnung eingerichtet, die Kinder im Kindergarten und der Schule untergebracht und das Einkommen gesichert ist; Ehefrauen, die nach der Geburt des ersten Kindes keine Lust mehr am Sex haben; Männer und Frauen, die sich von ihren Partnern einfach nicht verstanden fühlen; Eltern und Schwiegereltern, die sich ständig in die Ehe ihrer Kinder einmischen – solche und ähnliche Schwierigkeiten treten in nahezu allen Partnerschaften und Ehen nach der Verliebtheit auf.

Es ist hier nicht der Ort, diese und andere Symptome im einzelnen zu beleuchten. Letztlich aber treten sie alle zwangsläufig auf, wenn man eine Partnerschaft auf der Grundlage der Verliebtheit gründet und sie dann sich selbst überläßt, weil man meint, man habe ein ausreichendes Fundament.

Liebe ist kein Gefühl, sondern eine Fähigkeit

Wenn Verliebtheit nicht die dauerhafte Erfüllung bringen kann, wenn sie eine Emotion ist, die der Mensch ohne sein Zutun erlebt und die zwangsläufig wieder vergeht, muß dann das Ideal der Liebesbeziehung als Grundlage für eine dauerhafte Lebensgemeinschaft aufgegeben werden?

Dieser Frage ging Erich Fromm bereits in seinem Buch „Die Kunst des Liebens" nach, das erstmals 1956 in deutscher Sprache erschien. Es ist seitdem in zahlreichen Auflagen in verschiedenen Sprachen auf der ganzen Welt erschienen, die in ihm enthaltenen Gedanken gehören aber dennoch nicht zum kulturellen Allgemeingut. Fromm fragt:

„Ist Lieben eine Kunst? Wenn es das ist, dann wird von dem, der diese Kunst beherrschen will, verlangt, daß er etwas weiß und daß er keine Mühe scheut. Oder ist die Liebe nur eine angenehme Empfindung, die man rein zufällig erfährt, etwas, was einem sozusagen ‚in den Schoß fällt', wenn man Glück hat?" (Fromm, S.11)

Fromm geht davon aus, daß Liebe eine Kunst ist, die erlernt werden muß. Das bedeutet nichts anderes, als das Liebe eine Fähigkeit des Menschen ist, die er durch entsprechende Übung ausbilden kann und die verkümmert, wenn sie nicht trainiert wird. Fromm skizziert den Weg, den der Mensch zu gehen hat, um die Kunst der Liebe, die Fähigkeit der Liebe zu erlernen: Es geht bei der Liebe nicht darum, geliebt zu werden, sondern vielmehr darum, selbst lieben zu können. Bezogen auf die Partnerschaft bedeutet das, daß man nicht vordringlich fragen darf: „Liebt mich mein Partner?", sondern: „Liebe ich meinen Partner?", und: „Was tue ich, damit ich meinen Partner liebe?" Liebe ist kein Gefühl, daß dem Menschen zuteil wird, sondern eine Fähigkeit, die aktiv hervorgebracht werden muß.

Fürsorge

Fromm nennt vier Elemente, die die Fähigkeit der Liebe ausmachen:

„[Der aktive Charakter der Liebe] zeigt sich auch darin, daß sie in allen ihren Formen stets folgende Grundelemente enthält: *Fürsorge, Verantwortungsgefühl, Achtung vor dem anderen* und *Erkenntnis.*" (Fromm, S.36)

Das erste Element der Liebe ist die Fürsorge. Fromm schreibt dazu:

„Liebe ist die tätige Sorge für das Leben und das Wachstum dessen, was wir lieben. Wo diese tätige Sorge fehlt, ist auch keine Liebe vorhanden." (Fromm, S.37)

Der Begriff der tätigen Sorge macht vielen Menschen Schwierigkeiten. Was ist damit gemeint? Wenn jemand sagt, daß er sich um etwas sorgt, so meint er damit gewöhnlich, daß er sich Sorgen macht, also die Befürchtung hat, daß bestimmte negative Folgen eintreten könnten, er aber hofft, daß dies nicht der Fall sein werde. Wenn man z.B. einige Tage verreist, so kann man die Sorge haben, daß die Blumen in den Fenstern der eigenen Wohnung diese Tage überstehen, ohne zu vertrocknen. Man hat die Befürchtung, daß sie vertrocknen könnten, hofft aber, daß dies nicht der Fall sein werde. Tätige Sorge bedeutet demgegenüber, daß man dafür Sorge trägt, daß die Blumen nicht vertrocknen können, indem man z.B. vor der Abreise einen Nachbarn bittet, nach den Blumen zu schauen und sie zu gießen.

Bezogen auf die Partnerschaft bedeutet tätige Sorge, daß man möglichst alles tut, was dem Partner nützt und hilft, und alles unterläßt, was ihm schadet. Dies ist nur dadurch möglich, daß man den Partner im Bewußtsein trägt und sich bei allem, was man tut, fragt, welche Auswirkungen das eigene Tun auf den Partner haben kann. Man muß also schon im Entwurf der Handlung den Partner mit einbeziehen.

Ein Einwand, der oft gegen diese Haltung erhoben wird, ist, daß ein Mensch, der sein Denken und Handeln ganz auf die Bedürfnisse eines anderen Menschen abstellt, sich selbst verliert und nur für den anderen lebt. Dem ist entgegenzuhalten, daß echte Liebe nur auf der Grundlage von Selbstliebe im positiven Sinne möglich ist. Alle Mühe und Sorge, die man auf den anderen Menschen richtet, muß man auch auf sich selbst richten. Weil Liebe kein Gefühl ist, sondern eine Fähigkeit der Persönlichkeit, ist Liebe zu anderen immer zugleich auch Selbstliebe. Die Liebe zur eigenen Person schließt die Liebe zu anderen Menschen nicht aus, sondern ist geradezu ihre Voraussetzung. Fromm schreibt dazu:

„Liebe zu meinem Selbst ist untrennbar mit der Liebe zu allen anderen Wesen verbunden. – Damit sind wir bei den grundlegenden psychologischen Prämissen angekommen, auf denen sich unsere Argumentation aufbaut. Es handelt sich dabei ganz allgemein um folgende Voraussetzungen: Nicht nur andere, auch wir selbst sind ‚Objekte' unserer Gefühle und Einstellungen; dabei stehen unsere Einstellungen zu anderen und die zu uns selbst keineswegs miteinander im Widerspruch, sondern *hängen eng miteinander zusammen.* In bezug auf das hier erörterte Problem bedeutet dies: Die Liebe zu anderen und die Liebe zu uns selbst stellen keine Alternative dar; ganz im Gegenteil wird man bei allen, die fähig sind, andere zu lieben, beobachten können, daß sie auch sich selbst lieben. *Liebe ist grundsätzlich unteilbar; man kann die Liebe zu anderen Liebes-‚Objekten' nicht von der Liebe zum eigenen Selbst trennen.* Echte Liebe ist Ausdruck inneren Produktivseins und impliziert Fürsorge, Achtung, Verantwortungsgefühl und ‚Erkenntnis'. Sie ist kein ‚Affekt' in dem Sinn, daß ein anderer auf uns einwirkt, sondern sie ist ein tätiges Bestreben, das Wachstum und das Glück der geliebten Person zu fördern. Dieses Streben aber wurzelt in unserer eigenen Liebesfähigkeit." (Fromm, S.71)

Verantwortungsgefühl

Zur Fürsorge tritt ein zweiter Aspekt: das Verantwortungsgefühl. Fromm führt dazu aus:

„Neben der Fürsorge gehört noch ein weiterer Aspekt zur Liebe: das *Verantwortungsgefühl.* Heute versteht man unter Verantwortungsgefühl häufig ‚Pflicht', also etwas, das uns von außen auferlegt wird. Aber in seiner wahren Bedeutung ist das Verantwortungsgefühl etwas völlig Freiwilliges; es ist meine Antwort auf die ausgesprochenen oder auch unausgesprochenen Bedürfnisse eines anderen menschlichen Wesens. Sich für jemanden ‚verantwortlich' zu fühlen, heißt fähig und bereit sein zu ‚antworten'. [...] Der liebende Mensch antwortet. [...] Er fühlt sich für seine Mitmenschen genauso verantwortlich wie für sich selbst. [...] Bei der Liebe zwischen Erwachsenen bezieht sich das Verantwortungsgefühl hauptsächlich auf die seelischen Bedürfnisse des anderen." (Fromm, S.38)

Entscheidend ist der Hinweis, daß sich zwischen Erwachsenen – also auch in der Partnerschaft – das Verantwortungsgefühl auf die seelischen Bedürfnisse des anderen bezieht. Hier muß der Partner dem anderen

„antworten", ihm zu verstehen geben, daß er weiß, wie es um den anderen steht, was mit ihm vorgeht und ihn umtreibt. Insbesondere Männer haben mit diesem Aspekt der Liebe Schwierigkeiten, weil sich ihnen das Seelische eines anderen Menschen nicht so leicht erschließt wie Frauen. Männer neigen dazu, aufkommende Schwierigkeiten, wann immer es möglich ist, auf eine materielle Ebene zu bringen und dort als technisches Problem zu behandeln. Ein einfaches, klischeehaftes Beispiel mag verdeutlichen, worauf es ankommt:

Eine Ehefrau fährt mit ihrem Wagen zum Einkauf, und mitten auf einer verkehrsreichen Kreuzung geht der Motor des Wagens aus. Hinter ihr sind bereits weitere Autos auf die Kreuzung gefahren und kommen nun nicht an ihr vorbei. Vergeblich versucht sie, ihren Wagen neu zu starten. Ein Fahrer drückt genervt auf die Hupe, die Ampel springt auf Rot, der kreuzende Verkehr beginnt zu rollen und kommt auch mitten auf der Kreuzung zum Stehen. Nichts geht mehr, und sie sieht, wie die Leute in den Autos zu fluchen beginnen. Als ihr Wagen dann doch noch startet, dauert es eine ganze Weile, bis sich das Chaos gelegt hat.

Zu Hause angekommen erzählt sie ihrem Mann den Vorfall und erwartet Anteilnahme und Verständnis für die Anspannung, unter der sie gestanden hat. Sie möchte Zuspruch und Trost. Und was tut ihr Mann? – Er schnappt sich seinen Werkzeugkoffer, sagt: „Das schau ich mir doch gleich mal an!", läßt seine Frau mit dem Einkauf stehen und verschwindet nach draußen.

„Alice Walker hat einmal über ihren Roman *Im Tempel meines Herzens* gesagt, daß eine der Frauenfiguren sich in einen Mann verliebe, weil sie ihn für ‚ein Riesenohr' halte. Walker führte ihre Bemerkung weiter aus und erklärte, daß die Leute vielleicht glaubten, sie würden sich verlieben, weil der andere sexuell attraktiv oder sonst irgendwie reizvoll sei, doch ‚das, wonach wir in Wahrheit suchen, ist ein Mensch, der uns hören kann'.

Wir alle möchten – mehr als alles andere – gehört werden – aber nicht nur gehört werden. Wir möchten verstanden werden –, gehört werden für das, was wir zu sagen glauben, für das, von dem wir wissen, daß wir es gemeint haben." (Tannen, S.46 f.)

Achtung vor dem anderen

Ein weiterer integraler Bestandteil der Liebe ist nach Fromm die Achtung vor dem anderen:

„Das Verantwortungsgefühl könnte leicht dazu verleiten, den anderen beherrschen oder ihn für sich besitzen zu wollen, wenn eine dritte Komponente der Liebe nicht hinzukommt: die *Achtung vor dem anderen.* Achtung hat nichts mit Furcht und nichts mit Ehrfurcht zu tun: Sie bezeichnet die Fähigkeit, jemanden so zu sehen, wie er ist, und seine einzigartige Individualität wahrzunehmen. Achtung bezieht sich darauf, daß man ein echtes Interesse daran hat, daß der andere wachsen und sich entfalten kann. Daher impliziert Achtung das Fehlen von Ausbeutung. Ich will, daß der andere um seiner selbst willen und auf seine eigene Weise wächst und sich entfaltet und nicht mir zuliebe. Wenn ich den anderen wirklich liebe, fühle ich mich eins mit ihm, aber so, *wie er wirklich ist,* und nicht, wie ich ihn als Objekt zu meinem Gebrauch benötige. Es ist klar, daß ich nur Achtung vor einem anderen haben kann, wenn *ich selbst* zur Unabhängigkeit gelangt bin, wenn ich ohne Krücken stehen und laufen kann und es daher nicht nötig habe, einen anderen auszubeuten. Achtung gibt es nur auf der Grundlage der Freiheit. [...] Die Liebe ist das Kind der Freiheit, niemals das der Beherrschung." (Fromm, S.38 f.)

Der liebende Mensch steht dem anderen in Freiheit gegenüber, er drangsaliert ihn nicht mit aufdringlicher, einvernehmender Affenliebe, sondern läßt ihm den Freiraum, den er zum Atmen braucht. Viele Menschen sind der Meinung, sie könnten ihren Partner schon lieben, wenn er nur gewisse störende Eigenschaften nicht hätte. Häufig sind es viele Kleinigkeiten, die als störend und liebeshemmend empfunden werden, z.B. die nicht zugeschraubte Zahnpastatube oder die Socken unter dem Wohnzimmertisch. Mitunter werden auch Forderungen gestellt und ihre Erfüllung mit Gegenleistungen verknüpft: Wenn du mich liebst, dann sorgst du dafür, daß es mir an nichts fehlt, daß es gemütlich ist, daß wir Zeit füreinander haben, daß ich nicht mit dem Haushalt allein dastehe, daß wir in Urlaub fahren usw. Und wenn du all das tust und ich keine Wünsche mehr habe, dann kann ich auch dich lieben, und dann bin ich auch bereit, deine Wünsche zu erfüllen.

Es gibt Männer, die laufen hinter der Liebe ihrer Frauen her wie ein Hund hinter einer Wurst, die man ihm vor die Nase hält, nur mit dem Unterschied, daß der Hund die Wurst früher oder später bekommen wird.

Achtet man die Bedürfnisse des anderen wirklich, dann stellt man keine Gegenforderungen, sondern begegnet den Bedürfnissen des anderen in aller Offenheit. Das bedeutet nicht, daß es darum geht, alle Bedürfnisse des anderen um jeden Preis zu erfüllen, aber gleichgültig, ob man sie erfüllt oder zurückweist, so tut man dies aus der Liebe zur Tat und nicht aus der Liebe zu einer erwarteten Gegenleistung. Und was die negativen Angewohnheiten des anderen angeht, so mag man sich vor Augen halten, daß man selbst auch nicht ohne Fehl und Tadel ist und daß es schwer genug ist, sich selbst zu ändern, und völlig unmöglich, einem anderen Menschen Einsicht und Veränderung aufzunötigen, die nur er selbst leisten kann.

Erkenntnis

Schließlich nennt Fromm als letzten Aspekt die Erkenntnis:

„Achtung vor dem anderen ist nicht möglich ohne ein wirkliches Kennen des anderen. Fürsorge und Verantwortungsgefühl für einen anderen wären blind, wenn sie nicht von *Erkenntnis* geleitet würden. Meine Erkenntnis wäre leer, wenn sie nicht von der Fürsorge für den anderen motiviert wäre. Es gibt viele Ebenen der Erkenntnis. Die Erkenntnis, die ein Aspekt der Liebe ist, bleibt nicht an der Oberfläche, sondern dringt zum Kern vor. Sie ist nur möglich, wenn ich mein eigenes Interesse transzendiere und den anderen so sehe, wie er wirklich ist. So kann ich zum Beispiel merken, daß jemand sich ärgert, selbst wenn er es nicht offen zeigt; aber ich kann ihn auch noch tiefer kennen, und dann weiß ich, daß er Angst hat und sich Sorgen macht, daß er sich einsam und schuldig fühlt. Dann weiß ich, daß sein Ärger nur die Manifestation von etwas ist, was tiefer liegt, und ich sehe in ihm dann den verängstigten und verwirrten, das heißt den leidenden und nicht den verärgerten Menschen." (Fromm, S.39)

Es wird deutlich, daß Liebe alles andere als ein sich zufällig einstellendes Gefühl ist, sondern eine umfassende Entwicklung der Persönlichkeit erfordert, die jede Individualität nur aus sich selbst heraus anstoßen kann. Liebe ist zunächst einmal Selbstentwicklung und muß, soll sie wirklich gelebt werden, zu einer festen Gewohnheit werden.

„Fürsorge, Verantwortungsgefühl, Achtung und Erkenntnis stehen miteinander in engem Zusammenhang. Sie bilden ein Syndrom von Einstellungen, die beim reifen Menschen zu finden sind, das heißt bei einem Menschen, der seine eigenen Kräfte produktiv entwickelt hat, der nur das haben will, was er sich selbst erarbeitet hat, der seine narzißtischen Träume von Allwissenheit und Allmacht aufgegeben und die Demut erworben hat, die auf einer inneren Stärke beruht, wie sie nur echtes produktives Tätigsein geben kann." (Fromm, S.43)

Und später:

„Jemanden zu lieben, ist nicht nur ein starkes Gefühl, es ist auch eine Entscheidung, ein Urteil, ein Versprechen. Wäre die Liebe nur ein Gefühl, so könnte sie nicht die Grundlage für das Versprechen sein, sich für immer zu lieben. Ein Gefühl kommt und kann dann auch wieder verschwinden. Wie kann ich behaupten, die Liebe werde ewig dauern, wenn nicht mein Urteilsvermögen und meine Entschlußkraft beteiligt sind?" (Fromm, S.68)

Liebe in der Partnerschaft

Ein Einwand, der häufig gemacht wird, ist folgender: „Das ist ja alles richtig und gut, und ich will das auch gern alles tun, aber was nützt all meine Mühe, wenn mein Partner nicht mitmacht und sich seinerseits um die Entwicklung der Liebe bemüht?" Vorausgesetzt, diese Sorge ist ehrlich gemeint und dient nicht nur als Ausrede für die eigene bequeme Untätigkeit, so steht man tatsächlich vor einem Problem. Eine auf Liebe gründende dauerhafte Zweierbeziehung ist tatsächlich nur möglich, wenn beide Partner sich darum bemühen, die jeweils eigene Liebesfähigkeit aus freien Stücken auszubilden. Dann kommt es zum Zusammenspiel zweier Persönlichkeiten auf der Grundlage von gegenseitiger Fürsorge, aufeinander bezogenem Verantwortungsgefühl, Achtung vor dem jeweils anderen und Erkenntnis des eigenen wie des anderen menschlichen Wesens.

Fromm schreibt dazu:

„Liebe ist nur möglich, wenn sich zwei Menschen aus der Mitte ihrer Existenz heraus miteinander verbinden, wenn also jeder sich selbst aus der Mitte seiner Individualität heraus erlebt. Nur dieses ‚Leben aus der Mitte' ist menschliche Wirklichkeit, nur hier ist Lebendigkeit, nur hier ist die Basis für Liebe. Die so erfahrene Liebe ist eine ständige Herausforderung; sie ist kein Ruheplatz, sondern bedeutet, sich zu bewegen, zu wachsen, zusammenzuarbeiten. Ob Harmonie waltet oder ob es Konflikte gibt, ob Freude oder Traurigkeit herrscht, ist nur von sekundärer Bedeutung gegenüber der grundlegenden Tatsache, daß zwei Menschen sich vom Wesen ihres Seins her erleben, daß sie miteinander eins sind, indem sie mit sich selbst eins sind, anstatt vor sich selber auf der Flucht zu sein. Für die Liebe gibt es nur einen Beweis: die Tiefe der Beziehung und die Lebendigkeit und Stärke in jedem der Liebenden. Das allein ist die Frucht, an der die Liebe zu erkennen ist." (Fromm, S.115 f.)

Macht man sich allerdings auf den Weg, die eigene Liebesfähigkeit zu entwickeln, wird man schnell bemerken, daß die sich bildende Fähigkeit nicht allein auf den Partner bezogen bleibt und auch gar nicht bleiben kann. Das ist auch gar nicht möglich, weil nicht ein Objekt der Liebe im Vordergrund steht, sondern eine Persönlichkeitseigenschaft, die zu einem Grundzug des Charakters werden wird. Liebe kann deshalb nicht exklusiv sein, sondern bezieht sich grundsätzlich auf alles, was einem Menschen im Leben begegnet. Der Lebenspartner nimmt nicht deshalb eine besondere Stellung ein, weil er Objekt der Liebe ist, sondern weil sich die eigene Liebesfähigkeit mehr auf ihn richtet, als auf die meisten anderen Dinge im Leben. Nur auf diese Weise ist es möglich, zu einer neuen Art der Bindung zu kommen:

„Liebe ist nicht in erster Linie eine Bindung an eine bestimmte Person. Sie ist eine *Haltung,* eine *Charakter-Orientierung,* welche die Bezogenheit eines Menschen zur Welt als Ganzem und nicht nur zu einem einzigen ‚Objekt' der Liebe bestimmt. Wenn jemand nur eine einzige andere Person liebt und ihm alle anderen übrigen Mitmenschen gleichgültig sind, dann handelt es sich bei seiner Liebe nicht um Liebe, sondern um eine symbiotische Bindung oder um einen erweiterten Egoismus. Trotzdem glauben die meisten Menschen, Liebe komme erst durch ein Objekt zustande und nicht aufgrund einer Fähigkeit. Sie bilden sich tatsächlich ein, es sei ein Beweis für die Intensität ihrer Liebe, wenn sie außer der ‚geliebten' Person niemanden lieben. Es ist dies der gleiche Irrtum, den wir bereits an anderer Stelle erwähnt haben. Weil man nicht erkennt, daß die Liebe ein Tätigsein, eine Kraft der Seele ist, meint man, man brauche nur das richtige Objekt dafür zu finden und alles andere gehe dann von selbst. Man könnte diese Einstellung mit der eines Menschen vergleichen, der gerne malen möchte und der, anstatt diese Kunst zu erlernen, behauptet, er brauche nur auf das richtige Objekt zu warten, und wenn er es gefunden habe, werde er wunderbar malen können. Wenn ich einen Menschen wahrhaft liebe, so liebe ich alle Menschen, so liebe ich die Welt, so liebe ich das Leben. Wenn ich zu einem anderen sagen kann: ‚Ich liebe dich', muß ich auch sagen können: ‚Ich liebe in dir auch alle anderen, ich liebe durch dich die ganze Welt, ich liebe in dir auch mich selbst.'

Wenn ich sage, die Liebe sei eine Orientierung, die sich auf alle und nicht nur auf einen einzigen Menschen bezieht, so heißt das jedoch nicht, daß es zwischen den verschiedenen Arten der Liebe keine Unterschiede gibt, die jeweils von der Art des geliebten Objekts abhängen." (Fromm, S.57 f.)

Der Teufel steckt im Detail

Doch so überzeugend und nachvollziehbar Fromms Gedanken auch sein mögen, so schwer sind sie in die Tat umzusetzen. Das Grundproblem dabei ist, daß die geschilderten Gedanken für die meisten Menschen ohne weiteres nachvollziehbar sind, selbst wenn es an der einen oder anderen Stelle Einwände geben mag. Aber grundsätzlich wissen sie, daß sie eine Fähigkeit ausbilden müssen, wenn sie dauerhaft lieben können wollen. Doch der Gedanke allein ist nur ein Gedanke und seiner Natur nach abstrakt und leblos. Erst wenn er zum Ideal erhoben und in die Tat umgesetzt wird, beginnt er die Person zu verändern. Genau diese Umsetzung scheuen viele, denn sie bedeutet Veränderung auch eingefleischter Gewohnheiten.

Und hat sich ein Mensch dazu durchgerungen, sich wirklich um die Liebesfähigkeit zu bemühen, so taucht gleich die nächste Hürde auf: Wie setzt man diesen Entschluß in die Tat um? Der Teufel steckt auch hier im Detail, denn die Liebesfähigkeit muß in ganz alltäglichen Situationen geübt werden und hat hier ihre Bewährungsprobe zu bestehen.

Wie zeigt sich Liebesfähigkeit, wenn der Mann ein akutes Bedürfnis nach Sexualität hat, die Frau aber nicht? Was heißt es, den anderen wahrhaft zu lieben, angesichts sich auftürmender Haushaltspflichten wie ungewaschener Wäsche, eines nicht gemachten Abwaschs oder eines überquellenden Mülleimers? Wie geht man mit der Erziehung der Kinder um? Wie tritt man als Paar in der Öffentlichkeit auf? Wie soll sich die Ehefrau gegenüber dem besten Freund ihres Mannes verhalten, der ihr auf den Tod unsympathisch ist? Wie übt sich ein Mann in Liebesfähigkeit, der abends erschöpft, entnervt und ruhebedürftig nach Hause kommt, und die Frau liegt mit Migräne im Bett, die Kinder toben, der Kühlschrank ist leer und an Ruhe ist nicht zu denken? Wie findet eine Frau einen Weg, sich jenseits von Familie und Haushalt zu verwirklichen? Und wie geht der Mann mit diesem Bedürfnis liebevoll um?

Diese und 1.000 andere Situationen sind es, in denen sich Liebesfähigkeit zu beweisen hat. Die Krux dabei ist, daß es kaum vorgezeichnete Wege gibt oder allgemeinverbindliche Ratschläge. Zu individuell sind die Lebenslagen, in denen sich die Menschen zurechtfinden müssen.

„Die Individuen selbst, die zusammenleben wollen, sind oder, genauer: *werden* mehr und mehr die Gesetzgeber ihrer eigenen Lebensform, die Richter ihrer Verfehlungen, die Priester, die ihre Schuld wegküssen, die Therapeuten, die die Fesseln der Vergangenheit lockern und lösen. Aber auch die Rächer, die Vergeltung üben an erlittenen Verletzungen. Liebe wird eine Leerformel, die die Liebenden selbst zu füllen haben, über die sich auftuenden Gräben der Biographie hinweg – auch wenn dabei der Schlagertext, die Werbung, das pornographische Script, die Mätressenliteratur, die Psychoanalyse Regie führen.“ (Beck/Beck-Gernsheim, S.13)

Hier schließt sich der Kreis: Der Mensch ist entlassen aus alten Bindungen und aufgerufen, aus der Mitte seiner Persönlichkeit neue Bindungen einzugehen. Seinen je individuellen Weg muß er dabei letztlich allein finden und ganz gewiß allein gehen.

„Der Mensch kann nur vorwärts schreiten, indem er seine Vernunft entwickelt, indem er eine neue, eine menschliche Harmonie findet anstelle der vormenschlichen Harmonie, die unwiederbringlich verloren ist.“ (Fromm, S.17)

Literatur:

Alberoni, Francesco: Erotik. Weibliche Erotik, männliche Erotik – was ist das? München [4]1991.

Andreas-Salom, Lou: Die Erotik. Frankfurt a.M. 1992.

Beck, Ulrich/Beck-Gernsheim, Elisabeth: Das ganz normale Chaos der Liebe. Frankfurt a.M. 1990.

Fromm, Erich. Die Kunst des Liebens. Frankfurt a.M./Berlin [45]1993.

Luhmann, Niklas: Liebe als Passion. Zur Codierung von Intimität. Frankfurt a.M. 1994.

Tannen, Deborah: Du kannst mich einfach nicht verstehen. Warum Männer und Frauen aneinander vorbeireden. Hamburg [3]1993.

Willi, Jürg: Was hält Paare zusammen? Der Prozeß des Zusammenlebens in psycho-ökologischer Sicht. Reinbek 1991.

„Liebe ist der Entschluß, für jemanden da sein zu wollen“

Interview mit Peter Dentler

von Arfst Wagner

Prof. Dr. Peter Dentler, *geb. 1946. Abitur 1966 in Bad Schwartau. Verheiratet, drei Kinder. Studium in folgenden Fachbereichen: Jura, Psychologie an der Universität Kiel, Geschichte und Geographie an der Pädagogischen Hochschule Kiel, später noch Zoologie.*

Tätigkeiten u.a.: Assistent im Zentrum Nervenheilkunde der Universitätsklinik in Kiel, 1978 Promotion an der Christian-Albrechts-Universität Kiel zum Dr. rer. nat. Weiter tätig als Gesprächstherapeut und klinischer Psychologe. Schulpsychologe im Kreis Plön, Professur an der Fachhochschule Kiel im Fachbereich Sozialwesen, Ausbilder für Gesprächstherapie. Organisator von Austauschprogrammen nach Indonesien, USA und Island. Ausbildung zum Heilpraktiker. Zertifikat als Supervisor. Zertifikat Hypnotherapeut. Im Jahre 1999 Approbation als Psychologischer Psychotherapeut.

Die Schwerpunkte der Arbeit Peter Dentlers, Professor für Psychologie, sind u.a. Gesprächsführung, Teamentwicklung und Konfliktbearbeitung. Seit vielen Jahren hat er im Bereich der Personal- und Organisationsentwicklung Seminare für unterschiedliche Organisationen und Unternehmen durchgeführt. Ich lernte ihn an der Waldorfschule Rendsburg kennen, an der er seit einiger Zeit Gespräche führt. Dadurch kam ich auf die Idee, ihn auch einmal zum Thema Liebe zu befragen.

Arfst Wagner: Was versteht die heutige Psychologie unter Liebe, und was verstehen Sie unter diesem Begriff?

Peter Dentler: Die heutige Psychologie äußert sich sehr differenziert zu diesem Thema, wie jede Wissenschaft sich über ihre Themen differenziert äußert. Ich möchte hier lieber darüber sprechen, was ich unter diesem Thema verstehe.

Zunächst einmal möchte ich unterscheiden zwischen Verliebtheit auf der einen und Liebe auf der anderen Seite. Verliebtheit ist ein Gefühl der Freude, sozusagen Freude pur. Aber Verliebtheit hat mit Liebe eigentlich nichts zu tun. In der griechischen Sprache unterscheidet man zwischen Agape und Eros. Liebe kann sehr dauerhaft sein, wie wir wissen. Und Liebe trägt dann auch durch Krisenzeiten hindurch. Verliebtheit hingegen bewegt sich im Wochen- und Monatsbereich und kommt häufig sehr abrupt an ein Ende. Mit der Liebe geht meist auch der Entschluß einher, mit dem anderen zusammen alt werden zu wollen.

Ist Liebe ohne Sex denkbar?

A.W.: Wenn das so ist, dann ist z.B. Liebe ohne Sex durchaus denkbar?

P. Dentler: Grundsätzlich ja. Fragt man umgekehrt, ob Sex auch ohne Liebe möglich ist, dann muß man sich eingestehen, daß das auch geht. Dadurch wird deutlich, daß es um zwei verschiedene Dinge geht. Allerdings wird in der deutschen Sprache oft keine klare Unterscheidung gemacht. Man sagt z.B.: „Wir haben uns geliebt", und es ist nicht ganz klar, was gemeint ist, Sex oder Liebe.

In den letzten Jahren habe ich mich auf eine Formulierung hinbewegt, die lautet: Liebe ist ein Entschluß, Liebe ist eine Entscheidung, für jemanden da sein zu wollen. Hinzufügen möchte ich noch: Immer unter der Voraussetzung, daß der andere damit einverstanden ist. Wenn der andere nicht einverstanden ist, dann handelt es sich nur um eine Sache der Besitzstandswahrung. Und Besitzstand hat mit Liebe nichts zu tun. Im deutschen Schlager kommt eine solche Haltung der Besitzstandswahrung oft zum Ausdruck: „Weil ich dich liebe, mußt du bei mir bleiben."

Die Liebe kann auch im Stundentakt daherkommen

A.W.: Inwieweit ist der Entschluß, die Entscheidung zur Liebe, dem oder den Betreffenden immer bewußt?

P. Dentler: Der Entschluß muß nicht immer ein bewußter sein. Das geht auch unbewußt. Aber es ist eine Entscheidung, und zwar – um es gleich zu sagen – eine, die auch rückgängig gemacht werden kann. Diesen Entschluß und den Willenscharakter kann man in allen Formen wirklicher Liebe finden. Die Liebe kann auch im Stundentakt daherkommen, wenn z.B. der Lehrer für seine Schülerinnen und Schüler da ist. Auch das ist Liebe im Sinne des Schweizer Pädagogen Pestalozzi. Auch Gott – oder wie auch immer er in den Religionen genannt wird – hat entschieden, seine Menschenkinder zu lieben. So findet man in Kultur und Religion eine Fülle von Beispielen, die meine Definition stützen.

A.W.: Wie kommt es, daß man bestimmte Menschen liebt, andere dagegen nicht?

P. Dentler: Die Zuneigung spielt natürlich eine Rolle, und in bezug auf das Verlieben würde ich zunächst einmal von Sympathie sprechen. Sympathisch sind Sie mir dann, wenn ich bei Ihnen etwas wiederfinde, was ich selbst auch habe oder zumindest gerne hätte. Unsympathisch sind Sie mir dann, wenn Sie etwas haben, was ich auch habe, was ich aber nur ungern bei mir selbst sehe. Das sind Projektionsvorgänge. Zuerst kommt die Freude, die Verliebtheit, aus der dann folgen kann, daß ich für die betreffende Person da sein will.

Die Verliebtheit dauert z.B. sechs Wochen oder auch länger. Liebe dagegen kann solange dauern, wie ich es will. Sie muß nicht einmal aus einer großartigen Verliebtheitsfreude heraus kommen. Die Entscheidung, für jemanden da sein zu wollen, kann auch aus der pflichtgemäßen Erfüllung innerer oder äußerer Ansprüche erfolgen. In diesem Sinne liebe ich meine Studenten: Ich will für sie da sein, bezogen auf die Zeit, in der ich bei ihnen bin, oder auch, wenn ich in Gedanken bei ihnen bin. Das ist nicht identisch mit einem Treueschwur alter Art: 24 Stunden am Tag und ein Leben lang.

Kündbare und unkündbare Beziehungen

A.W.: Es gibt offenkundig wesentliche Unterschiede zwischen der Liebe zu Studenten und anderen Menschen und der Liebe zu einer Person, mit der man zusammenlebt. Welche verschiedenen Formen von Beziehung unterscheiden Sie?

P. Dentler: Zunächst einmal ist festzuhalten, daß es kündbare, aber auch unkündbare Beziehungen gibt. Eine unkündbare Beziehung ist die von Eltern zu ihren Kindern.

Die erste Phase einer jedweden Liebesbeziehung nenne ich Begrüßung. Diese Phase kann bewußt oder unbewußt vonstatten gehen, und sie läuft letztendlich auf Liebe hinaus. Die Begrüßungsphase zwischen Menschen dauert meist so zwei bis drei Jahre. In ihr lernt man den anderen kennen, z.B. erkennt man, wie der andere unter Druck und Belastung reagiert und wie verläßlich er ist.

Zu den kündbaren Beziehungen gehören Freundschaft und Partnerschaft. Partnerschaft bezieht sich auf den arbeitsteiligen Aspekt der Beziehung, die Pflicht. Freundschaft ist eher der Kür vergleichbar; der andere erwirbt Rechte an mir, weil ich sie ihm schenke. Er darf an meine Seele heran, es existiert ein intimes Band. Er darf sich um mich bemühen, wenn er meine Freundschaft schätzt. Und er darf nein sagen.

Wenn Menschen zusammenleben, dann sind das Partnerschaften, und das war schon immer so. Diese Partnerschaften wurden nicht im Himmel begründet, sondern auf Erden. Es ging um die Bewirtschaftung von Haus und Hof. Das muß nicht mit Liebe einhergehen, und es bedeutete auch nicht unbedingt, daß die Partner zugleich Freunde wurden. Das ist auch ein Problem heutiger Beziehungen. Die einen sind nur Partner, die anderen auch Freunde. Manche sind nur Freunde, aber

Der Kuß
Auguste Rodin (1886)
(Paris, Musée Rodin)

keine Partner. Da gibt es insbesondere dann Krach, wenn man keinen gemeinsamen Nenner findet.

A.W.: Ist die Ehe ein geeignetes Instrument oder Gefäß für dasjenige, was sich als Liebe zwischen Menschen ereignen kann?

P. Dentler: Dazu ist grundsätzlich zu sagen, daß die Ehe ursprünglich nicht ein Gefäß für die Liebe, sondern der Ort war, der zur Aufzucht der Nachkommen nützlich war. Menschenkinder brauchen länger als andere Nachkommen, um heranzuwachsen. Und damit das zeitliche Kontinuum gewährleistet wurde, die Aufzuchtbedingungen zumindest formalen Bestand hatten, wenn man Kinder wollte, hat man auch die Ehe geschlossen. Auch heute – so würde ich sagen – sollte jeder, der Kinder will, sich diesem Ritual unterziehen, dieser Verpflichtung vor Gott und der Welt. Ansonsten muß man nicht heiraten.

Man kann auch für eine Sache da sein wollen

A.W.: Wie lange existiert die Liebe als Thema in der Geschichte der Menschheit?

P. Dentler: In allen Zeiten, die durch schriftliche Urkunden belegt sind, gab es dieses Thema. – Wir sprachen bereits über Eros und Agape, also die Verbindung von Sexualität und Körperlichkeit einerseits und die innerliche Verbindung, die ich Begrüßung nenne, andererseits. Aristoteles und Plato haben sich damit schon auseinandergesetzt.

A.W.: Sie interpretieren Liebe bisher als etwas, das die Beziehung unter Menschen angeht. Kann man aber auch Sachen lieben, also ein Klavier, eine Landschaft, ein Land? Welche Art von Liebe wäre das?

P. Dentler: Man kann auch beschließen, für eine Sache da sein zu wollen. Das macht auch Sinn. Es gibt Menschen, die für ihr Geld da sind oder für ihren Beruf oder auch für ein Land, für eine Landschaft. In diesem Sinne kann man Sachen lieben.

A.W.: Also kann man auch Tiere lieben?

P. Dentler: Selbstverständlich. Bei manchen Menschen stehen Tiere sogar im Vordergrund ihrer Liebe. – Übrigens scheinen Tiere untereinander sich auch zu lieben. Zumindest gibt es Partnerschaften, die oft sogar sehr lange dauern. Wir sprechen dann auch von Treue.

A.W.: Was ist Treue?

P. Dentler: Im Hinblick auf die Beziehung von Menschen versteht man unter Treue meist nur noch sexuelle Treue. Eine andere Treue kennt man heute eigentlich kaum noch. Ursprünglich ist aber Liebe, die Bestand hat, Treue, und die sexuelle Treue ist allenfalls ein Aspekt. Nach meiner Definition kann man auch treu sein, ohne sexuell treu zu sein. Wenn ich beschließe, für jemanden da sein zu wollen, muß sich das überhaupt nicht auf das Sexuelle beziehen.

A.W.: Was ist Vaterlandsliebe?

P. Dentler: Vaterlandsliebe kann eine gute Sache sein, wenn man sie richtig versteht. Ich habe erst jüngst wieder in den USA wahrnehmen können, was der Unterschied zwischen Nationalismus und Patriotismus ist. Patriotismus ist Vaterlandsliebe. Nationalismus überhebt sich über andere – ganz im Gegensatz zum Patriotismus – und ist damit moralisch zu disqualifizieren. Patriotismus überhebt sich nicht, sondern erzeugt ein Zugehörigkeitsgefühl. Den Deutschen ist dieser Patriotismus durch ihre eigene Geschichte abhanden gekommen. Aber in den USA kann man ihn in den verschiedensten Ritualen erleben, und man sollte sich diesem Phänomen unbefangen nähern können.

Liebe ich diesen Menschen noch?

A.W.: Joseph von Eichendorff schrieb einmal: „Die Liebe ist wie der Mond. Wenn sie nicht zunimmt, nimmt sie ab." Muß man an der Liebe, an der eigenen Liebesfähigkeit arbeiten, oder ist sie etwas Beständiges, das man hat oder eben nicht hat? Kann man etwas dafür, daß man liebt?

P. Dentler: In der Aussage Eichendorffs kann ich meine eigenen Überlegungen wiederfinden. Entscheidungen müssen immer wieder neu fortgeschrieben werden. Man muß etwas dafür tun. Manchmal versinkt es auch in einem Automatismus. Dann fragt man sich plötzlich: Liebe ich diesen Menschen noch? Und dann ist die Liebe vielleicht vergangen wie der Mond. Aber der Mond kehrt ja auch wieder. Es ist ein sehr schönes Bild. Auch in der Ehe muß im Prinzip immer neu entschieden werden. Das geschieht bei den beiden Partnern vielleicht sogar zu verschiedenen Zeiten, d.h. der eine liebt immer noch heftig, während der andere gerade darüber nachdenkt oder sich vielleicht innerlich bereits verabschiedet hat. Ideal ist, wenn beide durch ihr Tun ihre Entscheidung bekräftigen und erneuern.

Egoismus und Narzißmus

A.W.: Ist eine übersteigerte Eigenliebe, ist Narzißmus Liebe? Sind narzißtische Menschen beziehungsfähig?

P. Dentler: Kinder sagen recht früh „ich", sie sagen: „ich will". Das genügt dann erst einmal. Das gibt eine Grundlage an Selbstvertrauen, Urvertrauen in sich selbst, oder ist der Ausdruck eines solchen. Kinder stellen sich häufig massiv selbst dar. Das finden wir Erwachsene zunächst niedlich, bis es dann zu egoistisch wird. Letztlich kann diese Haltung später in Narzißmus übergehen. Für diese übersteigerte Selbstliebe hat Sigmund Freud das Bild des griechischen Jünglings Narziß gewählt, der in sein eigenes Bild verliebt war und der in dem Teich, in dem er sein Bild sah, schließlich ertrank.

Dagegen gibt es einen gesunden Egoismus. Man muß nein sagen können. Das gehört zum Leben dazu. Die Frage ist immer: Wann geht dieser Egoismus in den Narzißmus über? Das wird einmal vom Individuum selbst, aber auch von den Mitmenschen entschieden. Und diese Urteile sind häufig sehr verschieden. Das kann zu erheblichen Problemen führen. Vielleicht denkt man, man habe eine gesunde Selbstliebe. Die anderen finden aber, daß diese schon weit überzogen sei.

Viele Begriffe haben eine positive und eine negative Seite. Es gibt nicht nur den Streß, über den heute alle klagen, sondern es gibt auch eine gesunde Belastung und Herausforderung. Der Übergang ist fließend und individuell verschieden. Ebenso ist es bei der Selbstliebe. Von außen läßt sich das jeweils schwer entscheiden. Auch bei Krankheit ist es so, daß Experten entscheiden, was Krankheit im Sinne einer Norm- und Funktionsabweichung ist. Das Subjekt selbst sieht dies vielleicht ganz anders. Zumindest entscheidet das Subjekt selbst, wie es sich fühlt, ob es sich beeinträchtigt, krank oder gesund fühlt.

Überzogene Selbstliebe in einer Form, die andere schädigt, wird allerdings von der Gemeinschaft sanktioniert. Das muß auch so sein, wenn ein ungehemmter Drang zur Selbstverwirklichung die grundlegenden Gruppenregeln verletzt.

Niemand hat das Recht, anderen Freude zu stehlen

A.W.: Oft kann man hören, daß man andere Menschen nur insoweit lieben kann, wie man sich selbst liebt. Das kann man aber auch bezweifeln, wenn man manche Menschen erlebt. Kann man diesen Satz nicht auch umkehren, also sagen, daß man sich selbst nur insoweit lieben kann, wie man fähig ist, auch andere Menschen zu lieben?

P. Dentler: Im Christentum finden wir den Satz: Liebe deinen Nächsten wie dich selbst.

A.W.: Ich habe auch schon gehört, daß es heißt: Liebe deinen Nächsten als dich selbst, also liebe ihn so, als ob er du wäre.

P. Dentler: Das gibt natürlich auch Sinn. Wenn ich sage: Liebe ist die Entscheidung, für jemanden da sein zu wollen – so kann ich auch sagen: Es ist die Entscheidung, für mich da sein zu wollen. Und wenn wir eine solche Selbstliebe mit Lebensfreude verbinden, als Steigerung von Lebensqualität, dann wird das auch der Umgebung zugute kommen. Ein ewig unzufriedener Mensch erzeugt in seiner Umgebung nicht gerade nur Gutes. Man könnte auch als Biologe sagen, daß es um Selbsterhaltung geht, und Selbsterhaltung gibt es auch im emotionalen Bereich. So sollte Selbstliebe positiv wirken. Niemand hat das Recht, anderen Freude zu stehlen. Selbstliebe darf andere nicht abwerten.

Die vier emotionalen Skalen

A.W.: In welcher Beziehung steht Haß zur Liebe? Es gibt die weitläufige Auffassung, Haß sei das Gegenteil von Liebe. Oder ist das Gegenteil von Liebe Beziehungslosigkeit? Wie kann es sein, daß in einer Liebesbeziehung, die vor kurzem noch von gegenseitigem Verständnis, von dem Entschluß, füreinander da zu sein, getragen wurde, plötzlich hemmungsloser Haß und Vernichtungswille auftreten?

P. Dentler: Ich unterscheide zwischen einer Emotion wie Verliebtheit und einer Entscheidung, selbst wenn diese unbewußt getroffen wurde. Haß ist eindeutig eine Emotion. Es gibt vier Grundemotionen: Freude, Wut, Trauer und Angst. Diese vier möchte ich als Skalen bezeichnen. Haß liegt auf der Wutskala. Verliebtheit liegt auf der Freudeskala. Liebe aber gehört da überhaupt nicht hin. Sie kann einhergehen mit Gefühlen. Liebe ich, dann bin ich in der Lage, mit den emotionalen Skalen umzugehen, nicht nur mit Freude beispielsweise, sondern auch mit Wut, Trauer und Angst, und zwar so lange, wie ich es beschlossen habe.

Wenn nun jemand haßt und wütend ist, dann steckt dahinter auch die Wut darüber, nicht ernstgenommen zu werden. Das tritt in Verbindung mit Angst auf. In der Wut steckt die Angst. Der Mensch fühlt sich verletzt. Wenn er jetzt keine Möglichkeit hat, anders mit seinem Problem fertig zu werden, dann bleibt er innerhalb der Wutskala. Das sollte nicht abgewertet werden, denn die Wut gibt ihm die Kraft, seine Situation auszuhalten.

Solche Situationen können eintreten, wenn eine Verwechslung von Verliebtheit und Liebe vorliegt. Die eine Person verabschiedet sich, die andere aber nicht, sondern sie nimmt die besitzergreifende Haltung ein: Ich liebe dich, also mußt du bei mir bleiben. Der eine hält den anderen fest, was auch ganz unbewußt geschehen kann. Mit Liebe hat das aber nichts zu tun, sondern es bereitet den Boden dafür, daß die Wut ausbrechen kann. Wie gesagt: Liebe hat mit Besitzstandswahrung nichts zu tun. Aber Liebe ist oft eine Einbahnstraße. Und das führt oft dazu, daß der oder die Liebende sich nicht ernstgenommen fühlt. Haß ist dann die Reaktion auf diese Verletzung.

Manche Menschen ziehen ihr ganzes Leben lang ihre Kraft, ihre Identität aus dem Haß. Sie fürchten sich, ihren Haß und ihre Wut aufzugeben, weil sie die anderen Qualitäten nicht kennen bzw. nicht leben können. Haß ist ein Verzweiflungsakt, wenn ich erleben muß, daß der andere mir die Liebe nicht gibt, die ich gerne hätte. Nur insofern hat der Haß mit der Liebe zu tun. Aber wir können hier auch deutlich erkennen, daß Haß nichts mit dem Entschluß zu tun hat, für den anderen da zu sein. Somit hat Haß genaugenommen mit Liebe nichts zu tun.

A.W.: Ist es richtig, aus Liebe zu lügen?

P. Dentler: In meinem Entschluß, den anderen zu lieben, sollte ich in keinem Fall lügen. Hier sollte ich weder den anderen noch mich selbst belügen. – Jede andere Unwahrheit müßte man abwägen. Nehmen wir ein Beispiel: Ein Mann kommt nach Hause und berichtet wahrheitsgemäß, daß er fremdgegangen sei, weil es eine gemeinsame Vereinbarung gibt, dem anderen einen Seitensprung zu erzählen und ihn nicht zu belügen. Gleichermaßen hat dieser Mann aber entschieden, für seine Frau da zu sein, auch weiterhin. Er geht also zu seiner Frau in den Beichtstuhl und bittet um Absolution. Dadurch können nun aber schwierige Probleme entstehen, die eventuell die ganze Beziehung ins Wanken bringen.

Liebe und Gewalt

A.W.: In Beziehungen, in denen emotionale oder körperliche Gewalt existiert oder sogar vorherrscht, kommt es vor, daß der mißhandelte Partner immer wieder in die Beziehung zurückkehrt, aus der er geflüchtet ist, mit der Begründung, den anderen doch zu lieben. Besonders bei Frauen kommt es häufig vor, daß sie auch nach schweren Mißhandlungen zurückkehren, auch wenn sie praktisch in der Gewißheit leben, wieder mißhandelt zu werden. Wie ist das möglich? Was hat das mit Liebe zu tun?

P. Dentler: Nach wie vor steht die Person, die in solche unhaltbaren Zustände zurückkehrt oder gar nicht erst davonläuft, zu dem Beschluß, den anderen zu lieben, also für ihn da zu sein. Und es klingt für Außenstehende paradox, daß sie sich weiter mißhandeln läßt und zu diesem Beschluß steht. Umgekehrt steht möglicherweise auch der prügelnde Mann zu diesem Beschluß. Das will ich nicht ausschließen. Beim gewalttätigen Mann liegt meistens vor, daß er seine Hilflosigkeit, aus der heraus er Gewalt ausübt, ganz woanders erworben hat und diese Hilflosigkeit an ihr ausläßt. Vielleicht meint er sogar, das sei ein Erziehungsmittel. Gewalt ist immer kriminell, das will ich ganz deutlich sagen, damit ich nicht falsch verstanden werde. Die Herkunft der Gewalttätigkeit liegt meist außerhalb der Beziehung. Die Ursachen sind meist viel älter als die Beziehung selbst, und die Neigung zur Gewalttätigkeit ist in die Beziehung hineingetragen worden. – Über emotionale Gewalt spricht man seltener. Diese hinterläßt keine äußerlich sichtbaren Flecken. Dabei können Verletzungen durch emotionale Gewalt unter Umständen tiefer gehen und noch schlimmere Verletzungen hervorrufen.

A.W.: Manche Geschichten klingen geradezu so, daß man bei Täter und Opfer auf Suchtstrukturen schließen könnte. Gibt es eine Sucht nach Gewalt?

P. Dentler: Im allgemeinen ist der Suchtbegriff reduziert auf Sucht nach toxischen Stoffen. Aber selbstverständlich gibt es auch eine Vielzahl von nichtstofflichen Süchten und Abhängigkeiten. Und so findet man auch im Gewaltbereich Suchtstrukturen. Aber man sollte sich davor hüten, solche allgemein vorauszusetzen, sondern jeden Einzelfall sehr genau anschauen, ob und welche Abhängigkeiten bestehen.

Rollenmuster in der Beziehung

A.W.: Viele Beziehungen sind geprägt von Rollenmustern. Diese Rollenmuster werden genauso in die Beziehungen von außen hineingenommen wie die Gewaltbereitschaft. Sie stellen sich als Hindernisse vor die Liebe zweier Partner. Wie kommt man dazu, die Rollenmuster zu erkennen, und wie kommt man aus ihnen heraus?

P. Dentler: Ein Mann kann in einer Beziehung z.B. folgende Rollen übernehmen: Vater, Bruder, Sohn und Geliebter. Eine Frau entsprechend: Mutter, Schwester, Tochter und Geliebte. Nun soll die andere Person möglichst alles haben, was in diesen Rollenbildern ausgedrückt ist. Das wünscht man sich normalerweise. In der Regel lebt jeder aber eine dieser Rollen im Vordergrund. Vater und Mutter sind die Nährenden. Schwester und Bruder sind die, die sich auf derselben Ebene begegnen. Sohn und Tochter sind die, die ich beschützen und fördern will. Der oder die Geliebte deckt den zärtlichen und sexuellen Bereich ab.

Stellt sich jetzt heraus, daß ein Mann in seiner Frau vorwiegend den Tochteraspekt sieht, die Frau in ihrem Mann vorwiegend den Vateraspekt, dann paßt das ganz gut. Gut wäre allerdings auch, wenn die Beteiligten das wüßten.

A.W.: Eine Weile paßt das ganz gut.

P. Dentler: Genau, das kann sich ändern. Nun denken wir einmal, der Mann sieht in seiner Frau vorwiegend die „Schwester", und sie sieht in ihm den „Vater". Daraus kann ein echtes Problem werden, wenn man sich dieser Rollenanteile nicht bewußt wird und sie nicht besprechen kann. Oder nehmen wir noch eine andere Konstellation: Der Mann sieht in seiner Frau vordergründig die Geliebte, was ja häufig der Fall ist. Sie nimmt aber eher die Rolle der „Schwester" oder der „Mutter“ ein. Sex ist dann mehr oder weniger tabu. Folglich kann es dann zu gravierenden Unstimmigkeiten kommen, weil sie sich nicht auf einer Ebene treffen.

Daher sollte man sich gegenseitig fragen: Was siehst du eigentlich in mir? Liebe ist in der Lage, auch eine diesbezüglich komplexe Situation zu tragen. Wenn man aber nicht darüber nachdenkt, warum die Erwartungen nicht zusammenpassen, weiß schließlich keiner mehr, woran er eigentlich ist. Wenn dann auch noch die Liebe falsch definiert wird, kracht es an allen Ecken und Enden. Beratung und Therapie müssen versuchen, hier Begriffe zu entwickeln, damit man weiß, worüber man eigentlich redet.

Ich kann lieben, wen ich will

A.W.: André Gide schreibt einmal sinngemäß: „Wenn ich mich für einen Menschen entscheiden soll, dann sehe ich stets, daß die Menschen, auf die ich verzichte, mir mehr bedeuten als der eine Mensch, für den ich mich entschieden habe.“ Kann man nur einen Menschen lieben?

P. Dentler: Natürlich nicht. Ich kann schließlich selbst beschließen, wen ich lieben will. Entscheidend ist, daß ich die Menschen, die ich liebe, nicht auf einer Horizontalen sehe. Ich empfehle die Vertikale. Wenn es Probleme gibt, muß ich entscheiden können, wer mir wichtiger ist. Das gilt auch für alle Dinge und Sachverhalte, auf die ich meine Liebe richte.

A.W.: Wie sehen Sie Liebe in gleichgeschlechtlichen Partnerschaften?

P. Dentler: Die Liebe ist geschlechtslos. Das macht überhaupt keinen Unterschied. Die Entscheidung, für jemanden da sein zu wollen, kann ich völlig frei von der Frage nach dessen Geschlecht fällen. Ich meine ja nicht Sex.

Hollywood und die Liebe

A.W.: Wieso sind die Begriffe Liebe, Verliebtheit, Sex und Treue derartig in Verwirrung geraten?

P. Dentler: Das ist noch gar nicht so lange der Fall. Um es mit einem Schlagwort zu sagen: seit Hollywood. Damit meine ich alle die Liebesfilme, die suggerieren, daß nur aus Verliebtheit heraus geheiratet wird und diese das ganze Leben anhält. Da Verliebtheit ein Glücksgefühl, ein Gefühl der Freude ist, ist auch die Verblendung möglich zu glauben, daß ein Mensch lebenslang alles am anderen lieben kann. Dadurch kommt es zu solchen Schlagertexten wie etwa: „Du bist die einzige, du bist alles. Ohne dich kann ich nicht leben."

Ich glaube, daß die Menschen früher sehr wohl zwischen den Begriffen der Verliebtheit und der Liebe zu unterscheiden wußten. Erst Hollywood brachte die Gleichsetzung von Verliebtheit, Liebe, Besitzanspruch und Begrüßung. Das dokumentiert sich darin, daß Menschen aus Verliebtheit heiraten und sich konsequenterweise dann auch wieder scheiden lassen, wenn die Verliebtheit aufhört. Die Scheidungsrate liegt jetzt bei etwa 30 %. Wenn noch mehr Menschen nach Hollywood-Regeln leben würden, wäre die Rate noch wesentlich höher. Die Verklärtheit in der Verliebtheit, wie sie durch Hollywood propagiert wird, macht alles kaputt. Wir müssen die Begriffe wieder entwirren

A.W.: Kürzlich lief in den Kinos „der größte Liebesfilm aller Zeiten": „Titanic". Sind Rose und Jack, die beiden Hauptfiguren in dem Film, ineinander verliebt, oder lieben sie sich?

P. Dentler: Zunächst sind sie verliebt und haben die Vorentscheidung getroffen, sich lieben zu wollen. Das kann Hand in Hand gehen. Ich kann mich verlieben und beschließen, mit diesem Menschen länger zusammenleben zu wollen. Das Auf und Ab während der Zeit der Verliebtheit bringt dann die Fragestellung zum Ausdruck: Kann ich das? Ist das jetzt Liebe? Wenn dieser Entschluß dann trägt, auch durch die Katastrophen miteinander, und er immer weiter wächst, dann ist es Liebe. Häufig ist es aber so: Man ist verliebt und glaubt nur zu lieben, aber letzteres läßt sich dann doch nicht aufrechterhalten. Der Film „Titanic" ist ein typisches Beispiel für das, was ich gerade gesagt habe, denn hier wird nur eine kurze Zeit der Verliebtheit gezeigt und idealisiert.

Zur Bedeutung der unkündbaren Beziehungen

A.W.: Wie sehen Sie die Frage von Freiheit und Liebe in der Beziehung? Wie frei sind wir in unserer Entscheidung?

P. Dentler: Das kommt darauf an, ob wir über kündbare oder unkündbare Beziehungen sprechen. Die unkündbaren Beziehungen werden in ihrer Bedeutung häufig unterschätzt. Der Mensch ist in gewisser Hinsicht ein Gruppentier, und ohne unkündbare Beziehungen kann er nicht überleben. Überall auf der Welt überleben die Menschen, weil sie in Familie oder auch noch Großfamilie zusammen sind, weil Menschen da sind, die begreifen, daß es unkündbare Beziehungen gibt. In diesen lebensnotwendigen Beziehungen bestehen Abhängigkeiten, und grundsätzliche Entscheidungen stehen nicht an, wenn die Beziehung erst einmal vorhanden ist.

Je mehr jedoch Familien- und Großfamilienstruktur zerbrechen, und je stärker wir den Individualismus leben, desto häufiger kommt es auch dazu, daß unkündbare Beziehungen verlassen werden, sobald sich die Möglichkeit dazu ergibt. Man kann sogar feststellen, daß ein übertriebener Individualismus die lebensnotwendigen unkündbaren Beziehungen gefährdet. Deshalb müssen wir aufpassen, daß diese Beziehungen, die den Erhalt der Menschheit überhaupt gewährleisten, wieder gestärkt werden. Spätestens, wenn man eigene Kinder hat, begreift man das. Dann kommt man auch auf die Idee, daß unkündbare Beziehungen trotz ihrer Abhängigkeiten keine Einbahnstraßen sind. Allerdings würde ich Abhängigkeiten nicht Liebe nennen. Aber zur Liebe können wir uns immer frei entscheiden. Und auch eine unkündbare Beziehung funktioniert um so besser, je mehr sie die „blessing of love", die Segnung der Liebe, erfahren hat und erfährt. Aber die fällt nicht vom Himmel, sondern dazu müssen Menschen zum Erwachsensein heranreifen und die Liebe entstehen lassen wollen.

Die Liebe kommt manchmal von ganz anderer Seite

A.W.: Woher nehmen wir die Kraft zur Liebe?

P. Dentler: Immer wenn wir bewußte Entscheidungen treffen, brauchen wir Kraft. Denken Sie nur an all die kognitiven und emotionalen Kräfte, die notwendig sind, um überhaupt bewußte Entscheidungen treffen zu können, und die zunächst einmal jeder mitbringt. Die bewußte und aktive Liebe setzt darüber hinaus den immer wieder erneuten Einsatz von Kraft voraus. Und da kennen wir alle das Phänomen, daß wir durch den Einsatz von Kraft auch wieder Kraft gewinnen, wenn wir lieben.

Die Person, die ich liebe, gibt mir Kraft zurück. Dann kommt Kraft auch noch von anderen Menschen, die uns lieben. Die Liebe kommt uns zugute. Manchmal schallt es nicht aus dem gleichen Wald heraus, in den man hineingerufen hat, sondern erstaunlicherweise von ganz anderer Seite. Auf diese Weise werden wir davon entbunden, über Soll und Haben der Liebe buchführen zu müssen. Die Liebe kommt manchmal von ganz anderer Seite.

A.W.: Kennen Sie Erfahrungen, daß die Liebe, die zwischen zwei Menschen existiert, mehr ist als die bloße Summe dessen, was die beiden mitbringen? Anders gesagt: Zwei Menschen können ein Kind zeugen, sie können sich aber auch seelisch-geistig so begegnen, daß sie quasi ein seelisch-geistiges Kind zeugen, sei es eine neue Idee, die sie dann verwirklichen wollen, oder etwas anderes.

P. Dentler: Ein Kind zu zeugen ist normalerweise sehr leicht, wie wir alle wissen. Und ein Kind mit jemandem zu zeugen, stellt nicht einmal unter Beweis, daß man diesen Menschen auch liebt.

Das andere, was Sie meinen, ist für mich eine Art Aufschaukeln. Wir beide können z.B. ein gewisses Maß an Sympathie füreinander besitzen. Jeder findet im anderen etwas von sich selbst. Das hat übrigens etwas mit Selbstliebe zu tun. Wenn das interessant ist, was man am anderen entdeckt, dann wird man das vielleicht mit einem Lächeln zur Kenntnis nehmen. Und aufgrund dieser sympathischen Offenheit kann es sein, daß man aufmerksamer wird, besser zuhört und leichter aufnimmt, was der andere zu sagen hat. Indem man offen ist, Gedanken und Äußerungen des anderen aufzunehmen, die man ohne Sympathie nicht zugelassen hätte, entsteht vielleicht etwas Neues. Und unter Umständen kann man dann auch etwas zusammen auf die Beine stellen. Das wäre dann ein geistiges Kind.

Das ist für mich aber noch nicht Liebe, sondern im Grunde genommen Selbstliebe. Das wäre noch mehr ein Kind unserer Selbstliebe. Liebe wird es erst dann, wenn jeder für sich zu der Entscheidung kommt, die wir jetzt unter verschiedenen Aspekten besprochen haben. Für den anderen da sein, heißt nämlich nicht, nur die Freude zu teilen. Wenn ich beschließe, jemanden zu lieben, dann muß ich wissen, daß ich auch seine Angst, Trauer und Wut mittragen muß. Diese Emotionen müssen mitgetragen, ausgehalten werden, sonst ist es keine Liebe. Wir beide teilen im Moment mehr unsere Selbstliebe. Wir beschäftigen uns mit einem dritten Gegenstand, der Liebe, und freuen uns aneinander.

Zweifel an der Liebe

A.W.: Woher weiß man auf die Dauer, daß man wirklich liebt? Was kann einen daran zweifeln lassen?

P. Dentler: Wenn ich mir der Tatsache bewußt bin, daß Liebe die Entscheidung ist, die Emotionen des anderen mitzutragen, also Freude, Wut, Trauer und Angst, kann ich auch feststellen, ob ich dazu in der Lage bin und ob ich es tue. Ich bemerke ja, ob ich es gut aushalten und mittragen kann, wenn der Partner mir z.B. immer wieder von seiner Trauer spricht.

Zweifel tauchen auf, wenn ich den Eindruck habe, das Objekt meiner schenkenden Liebe ist diese Liebe nicht wert oder nicht mehr wert, z.B. wenn der entsprechende Mensch geringschätzt, was ich investiere.

A.W.: Oder auch, wenn das, was man investiert, mißbraucht wird.

P. Dentler: Genau. Vielleicht kann man es auch so sagen: Zweifel kommen immer dann auf, wenn es zur Besitzstandswahrung kommt. Wenn ich keine Freude mehr habe, diesen Menschen zu beschenken, sein Lächeln mir nicht mehr gefällt bzw. ich das Lächeln nicht einmal mehr bemerke, dann kommen Zweifel auf.

Lassen Sie mich zum Schluß noch eines sagen: Wenn Eltern in den USA abends am Bett ihres Kindes sagen: „I love you“, dann ist das keine schmalzige oder oberflächliche Floskel. Und natürlich hat das auch nichts mit Sex oder Verliebtheit zu tun. Sondern gemeint ist ganz einfach: „Ich bin für dich da. Du kannst dich auf mich verlassen.“

Ihn lieben und ehren – in guten wie in schlechten Zeiten?

Interview mit einer Frauenhausbewohnerin

von Dorte Ketelhut*

Frauenhäuser sind Zufluchtsstätten, in denen Frauen und ihre Kinder zu jeder Zeit Schutz vor körperlicher, psychischer und sexueller Gewalt finden. Sie bieten vorübergehende Unterkunft, Sicherheit vor weiteren Mißhandlungen durch die (Ehe-)Männer, Unterstützung bei der Überwindung von Gewalterfahrungen und Möglichkeiten zur Besinnung und Neuorientierung. Die autonomen Frauenhäuser entstammen der neuen Frauenbewegung. Charakteristisch für ihren feministischen Ansatz ist die parteiliche Arbeit für Frauen sowie die Auffassung, daß männliche Gewalt gegen Frauen ein gesamtgesellschaftliches Problem darstellt und eine wesentliche Ursache hierfür in den bestehenden Familienstrukturen zu sehen ist. Die erlebte Gewalt wird als Unrecht anerkannt und als Mittel zur Unterdrückung bewertet.

Ein Hinweis: Da Frauenhäuser Anonymität zum Schutz der dort lebenden Frauen gewährleisten müssen, können an dieser Stelle keine Informationen zum Lebenslauf der Interviewpartnerin gegeben werden. Was im Folgenden über sie zu erfahren ist, setzte ihr Einverständnis voraus.

Alltägliche Gewalt

Dorte Ketelhut: Nadja [Name geändert], Du bist 33 Jahre alt und lebst seit einem halben Jahr mit Deinen drei Kindern im Frauenhaus. Was war Anlaß dafür, daß Du hier Zuflucht suchen mußtest?

Nadja B.: Ich habe es zu Hause bei meinem Mann eben nicht mehr ausgehalten.

D.K.: Du bist verheiratet?

---

* **Dorte Ketelhut,** geb. 1969. Mitarbeiterin der Flensburger Hefte-Redaktion. Diplom-Kunsttherapeutin, arbeitet hauptberuflich in einem autonomen Frauenhaus.

Nadja B.: Ja, noch, seit zwei Jahren. Zusammen sind wir seit drei Jahren.

D.K.: Was konntest Du nicht mehr aushalten?

Nadja B.: Ich fühlte mich Tag und Nacht beobachtet. Ständig mußte ich darauf aufpassen, was für eine Laune er hatte, was ich sagte. Ich durfte nie zeigen, wenn es mir schlecht ging, da es dann sofort zum Streit kam. Ich hatte Angst und war total unfrei. Es war Scheiße, wie er die Kinder behandelt hat.

D.K.: Gab es neben dem psychischen Druck, den Dein Mann auf Dich ausübte, körperliche Mißhandlungen?

Nadja B.: Ja, die Kleinigkeiten haben sich meistens gehäuft. Irgendwann gab es den großen Knall, und dann hat er getrunken.

D.K.: Er ist Alkoholiker?

Nadja B.: Ich würde sagen, ja. Ich habe es mal geschafft, daß er acht Wochen gar nicht getrunken hat. Das war noch schlimmer, weil die Angst kam, daß er wieder anfängt. Ich wußte genau, wie das endet: mit Gewalt.

D.K.: Hat sich Eure Beziehung von Anfang an so gestaltet?

Nadja B.: Bevor wir heirateten nicht ganz so extrem. Die Wohnung, in der wir zusammen lebten, gehörte mir, und ich konnte ihn jederzeit vor die Tür setzen. Ich habe nur sagen müssen: „Ich rufe die Polizei!" Das ging nachher während der Ehe nicht mehr, da hatten wir den Mietvertrag gemeinsam unterschrieben. Er wäre nie freiwillig gegangen. Vorher mußte er es, weil er wußte, daß ich mehr Rechte hatte.

„Ich konnte den Haß in seinen Augen sehen"

D.K.: War Dein Mann, als Ihr Euch kennenlerntet, anders und veränderte sich erst nach und nach?

Nadja B.: Ich denke, daß er immer so war. Ich habe versucht, ihn zu ändern. Schluß mit dem Alkohol. Sein Umgangston paßte mir auch nicht. Er hat sehr ordinär gesprochen, was ich allerdings erst im Laufe der Zeit festgestellt habe, als er anfing, sich gehenzulassen. Zwischendurch bildete ich mir immer ein, ich hätte es geschafft: „Jetzt hat er sich geändert. Das hat er abgelegt." Das war aber gar nicht so. Ich wünschte es mir und machte mir daher etwas vor, schluckte und verdrängte alles.

D.K.: Deine Gedanken kreisten permanent um ihn, Dich selber hattest Du aufgegeben?

Nadja B.: Ja, total. An mich dachte ich überhaupt nicht mehr, nur noch daran, wie es den Kindern dabei ging und in welcher Verfassung er sich befand. Den ganzen Tag bemühte ich mich darum, daß es nicht zum Streit kam.

D.K.: Der Streit ließ sich trotz Deiner Bemühungen nicht vermeiden, was auch bedeutete, daß es durch ihn zu Handgreiflichkeiten kam.

Nadja B.: Vor allem, wenn er getrunken hatte. Das halbe Jahr vor unserer Trennung war extrem, er wurde immer gewalttätiger, nahm auch keine Rücksicht mehr darauf, ob die Kinder anwesend waren. Ich konnte den Haß in seinen Augen sehen.

D.K.: Wie äußerte sich seine Gewalttätigkeit? Hat er Dich geschlagen?

Nadja B.: Ja, auch geschlagen. Anfänglich schubste er mich, zog mich an den Haaren und schleifte mich durch die Wohnung, wie man es von den Neandertalern kennt. Hauptsächlich schubste er mich, bis ich hinfiel und überall blaue Flecken hatte. Zuletzt versuchte er, mich umzubringen, indem er mich würgte. Ich stand Todesängste aus, zitterte, heulte und bat ihn, mich nicht so umzubringen. Es war mir in dem Moment egal zu sterben, nur nicht auf diese Art und Weise. Ich lag da und konnte mich nicht wehren, kam nicht frei. Er war wie wild, hörte und sah nichts mehr. Es muß furchtbar sein zu ersticken. Ein schlimmer Tod.

D.K.: Kam es zu Krankenhausaufenthalten?

Nadja B.: Nein. Ich hatte hinterher oft starke Schmerzen, aber ich wäre nicht freiwillig ins Krankenhaus oder zum Arzt gegangen. Man gibt sich selbst die Schuld, denkt, daß man es provoziert hat.

„Wenn ich morgen noch lebe"

D.K.: Hast Du Erfahrungen mit Polizeieinsätzen gemacht?

Nadja B.: Ziemlich ernüchternde.

D.K.: Kannst Du ein Beispiel nennen? Schildere mal eine Situation.

Nadja B.: An einem Abend kam es mal wieder zu einem handfesten Streit. Er hatte viel getrunken und angefangen, mich zu schlagen. So schrecklich, daß ich versuchte, mir das Leben zu nehmen. Ich schnitt mir die Pulsadern auf, was ihn nicht daran hinderte, mich weiter zu mißhandeln. Der Wille zum Überleben siegte, worauf ich aus dem Fenster flüchtete, zur Polizeiwache lief, den Notruf drückte und sagte, daß ich nicht wüßte, was ich machen soll. Ich mußte warten, bis die diensthabenden Polizisten der Wache kamen. Das hat ganz schön lange gedauert. Sie fragten mich dann, woher das ganze Blut käme. Nachdem ich ihnen meine Situation erklärt hatte, meinten sie, daß sie auch nicht wüßten, wohin mit mir. Ins Krankenhaus wollte ich nicht.

Letztendlich fuhren sie mit mir nach Hause, um mit meinem Mann zu reden und ihn dazu zu bewegen, die Wohnung freiwillig zu verlassen, damit ich mich erstmal erholen könnte. Einer blieb bei mir im Auto, der andere ging ins Haus. Er kam nach kurzer Zeit zurück und teilte mir mit, daß er meinen Mann als vernünftig und einsichtig einschätze. Einen betrunkenen Eindruck würde er nicht machen. Er frage sich, warum ich überhaupt weggelaufen sei und was das ganze Theater überhaupt solle. Er forderte mich auf, hineinzugehen und eine Nacht über alles zu schlafen. Am nächsten Morgen würde alles wieder ganz anders aussehen. Meinem Mann sagte er, daß er sich mal ein bißchen zusammenreißen solle. Dann fragte er noch, ob das ganze Blut von mir sei, riet uns, uns zu versöhnen, und wiederholte, daß morgen alles besser wäre. Ich sagte: „Wenn ich morgen noch lebe. Wenn nicht, dann sorgen Sie bitte dafür, daß meine Kinder untergebracht werden." Was anderes fiel mir nicht ein. Sie fuhren weg.

D.K.: Und ließen Dich allein bei Deinem Mann zurück. Wie reagierte der darauf, daß Du die Polizei eingeschaltet hast?

Nadja B.: Er bezeichnete mich als bescheuert, rührte mich aber vorläufig nicht an.

D.K.: Hast Du mehrmals versucht zu fliehen?

Nadja B.: Ja, immer aus dem Fenster heraus, Hals über Kopf.

D.K.: Mit den Kindern?

Nadja B.: In solchen Situationen konnte ich dem Ältesten oft nur ein Zeichen geben, damit er mit den beiden anderen hinterherkommt. Er wußte sofort Bescheid. Ich hätte es sonst nicht geschafft. Wir sind dann zu meiner Freundin gegangen und einmal für eine Woche in ein anderes Frauenhaus.

Frauenhaus
Frauenhausbewohnerin (Malprojekt im Frauenhaus, 1997)

D.K.: Damals bist Du wieder zu Deinem Mann zurückgekehrt.

Nadja B.: In meine Wohnung. Die wurde mir rechtlich zugesprochen. Er mußte sie räumen, war allerdings sowieso schon weg, weil er es gar nicht alleine aushielt. Als wir wieder dort wohnten, stand er irgendwann vor der Tür und begann, Terror zu machen. Er drohte damit, die Scheiben einzuschießen und mich umzubringen. Das ging tage- und nächtelang so. Viele Männer reden ja nur, machen aber nichts. Wenn sie allerdings getrunken haben, sind sie unberechenbar, verlieren schnell die Kontrolle. Ich lebte nun zwar alleine, aber die Angst wurde größer. Das Telefon hatte ich ausgestöpselt, und ich mochte kaum noch einkaufen gehen. Das waren unmögliche Zustände.

D.K.: Du hast ihn wieder bei Dir aufgenommen. Warum?

Nadja B.: Ich hatte keine Kraft mehr, war fix und fertig. Als dann auch noch das Jugendamt Druck machte, die Kleine brauche ihren Vater und ich solle Kontakt zu ihm aufnehmen, konnte ich nicht mehr. Zu dieser Zeit versuchte er es auf die Mitleidstour. Einmal rief er mich vom Bahnhof aus an, verzweifelt, und teilte mir mit, daß er sich nun vor den Zug schmeißen würde. Er benutzte jedes Mittel, um mich zurückzubekommen.

D.K.: Hast Du Dich für seine Verzweiflung verantwortlich gefühlt?

Nadja B.: Nein, auch nicht für seinen Selbstmordversuch. Ich dachte nur, wenn er es wirklich macht, kann ich mich erst recht nicht mehr auf die Straße trauen. Es standen so viele Menschen hinter ihm. Seine Familie haßt mich heute noch, und ich wußte nicht, was die mit mir machen würden.

D.K.: Wie verhielt sich Deine Familie?

Nadja B.: Alle waren extrem beleidigt, als ich wieder mit ihm zusammenkam. Sie hatten mir so oft geholfen, mich da herausgeholt.

„So doof kann keine sein"

D.K.: Gab es Menschen – Privatpersonen oder VertreterInnen öffentlicher Institutionen –, die Dich dahingehend berieten, Deinen Mann nicht zu verlassen, und Deine Erlebnisse bagatellisierten? Du erwähntest gerade das Jugendamt.

Nadja B.: Ja, das Jugendamt, die Polizei. Auch eine Bekannte, die ich aber nicht ernst genommen habe, weil sie ihr Leben selber nicht im Griff hatte. Sie sagte, daß wir so ein tolles Paar seien und gut zueinander passen würden. – Die anderen machten mir deutlich, daß ich bei ihnen nicht mehr ankommen bräuchte, wenn ich zu ihm zurückkehrte.

D.K.: Haben die sich dann von Dir losgesagt oder Dich weiterhin unterstützt?

Nadja B.: Ich mochte denen gar nicht erzählen, daß ich wieder eine Beziehung zu ihm hatte. Schlechtes Gewissen. Was sollten sie denn denken? „Du läßt dich schlagen von dem Mann, sagst, daß du nicht mehr zurückgehst, warst beim Anwalt, hast so viel erreicht und bist dann wieder bei ihm." Ich kam mir feige vor. Das kann doch niemand verstehen. Die können sich da nicht hineinversetzen, was ich für Ängste ausgestanden habe. Ich bekam immer nur zu hören: „So doof kann keine sein. Und gerade Du. Du hast das so toll alleine gemacht mit den Kindern. Solch einen Kerl hast Du doch gar nicht nötig!“ Ich kam mir vor wie ein kleines Dummchen, das nicht weiß, wo oben und unten ist.

D.K.: Als Du zu uns kamst, wirktest Du sehr überzeugt davon, daß nun endgültig Schluß sei, was ja auch heute noch der Fall ist. Was war anders als vorher?

Nadja B.: Meine Entscheidung ist eigentlich immer klar gewesen. Ich hatte nur keine Möglichkeiten, das durchzuziehen. Daß ich hierher geflüchtet bin, wußte er nicht, die Entfernung war groß genug, und mein neuer Aufenthaltsort wurde geheimgehalten. Er konnte mich nicht mehr erreichen.

D.K.: Aber Du mußtest alles zurücklassen, was Du Dir aufgebaut hast: die Wohnung, die Stadt, Freunde und Bekannte. Die Kinder haben die Schule gewechselt und wurden aus ihrem gewohnten Umfeld gerissen. Du stehst vor dem Nichts und mußt alles neu aufbauen. Ist das gerecht?

Nadja B.: Natürlich nicht, aber im ersten Moment bist du einfach froh, da weg zu sein. Dafür nimmst du alles in Kauf. Das änderte sich, als ich später darüber nachdachte. Ich hatte ein schönes Zuhause mit ordentlichen Möbeln, und nun suche ich eine Wohnung, die ich mit irgendwelchem Ramsch von der AWO [Arbeiterwohlfahrt] einrichten muß. Dabei ist es so wichtig, sich bei einem Neuanfang wohl zu fühlen. Eigentlich hätte er weit weggehen müssen. Schließlich hat er schon genug Schaden angerichtet, so viel kaputtgemacht in uns allen und uns das Vertrauen genommen. Nicht nur zu Männern, sondern überhaupt zur Menschheit. Er hat alles genommen, dann auch noch das bißchen Hab und Gut, was zum größten Teil mir gehörte. Seitens des Richters hieß es nur: „Tja, sie haben geheiratet. Sie haben keine Gütertrennung, also steht ihm die Hälfte zu.“

Alles nur aus Liebe?

D.K.: Was gab den Ausschlag für Deine letzte Flucht?

Nadja B.: Daß er mich vor der Kleinen mißhandelte. Bis dahin hatte sie so etwas noch nicht miterlebt. Sie sah mich auf dem Boden liegen.

D.K.: Deine Tochter ist mittlerweile zwei Jahre alt und Euer gemeinsames Kind, während Deine beiden Söhne aus erster Ehe stammen. Stimmt es, daß auch Dein erster Mann gewalttätig war?

Nadja B.: Ja, der trank zwar nicht, war aber von Natur aus sehr jähzornig. Es war nicht ganz so kraß wie in der zweiten Ehe. Ich bekam mal eine Ohrfeige und nicht in so kurzen Abständen. Vielleicht habe ich das damals nur nicht so schlimm gefunden, weil ich einfach noch zu jung war. Ich bin sehr altmodisch erzogen worden und dachte: „Den Mann hast du geheiratet, also mußt du das alles auch aushalten. Das gehört dazu. Sag' nichts, benimm dich, sei schön artig." Wie ich es eben von zu Hause her gewohnt war. Mir hat nie jemand gesagt, wie eine Ehefrau zu sein hat. Man hört nur: „... in guten wie in schlechten Zeiten." Heute weiß ich, daß das alles völliger Blödsinn ist. Ich habe mich sehr verändert. Daß, was mir angetan wurde, würde ich mir von keinem Mann mehr gefallen lassen, glaube ich.

D.K.: Könntest Du sagen, daß Du beide Männer geliebt hast?

Nadja B.: Den ersten ja, den zweiten nicht, obwohl es Zeiten gab, in denen ich dachte, ohne ihn nicht leben zu können. Das war aber eher Abhängigkeit als Liebe. Hinzu kam, daß er die Jungs gut im Griff hatte, so daß ich mich entlastet fühlte.

D.K.: Hat er sie auch geschlagen?

Nadja B.: Nicht geschlagen, er ist jedoch sehr grob mit ihnen umgegangen. Er hat sie verbal fertiggemacht, diskriminiert, und das sitzt heute noch. Sie haben kein Selbstvertrauen mehr.

D.K.: Und Dein Selbstvertrauen?

Nadja B.: Das war gleich Null. Erst hier habe ich langsam wieder gelernt, daß ich auch wer bin und was kann. Siehst Du ja! Ich habe erkannt, daß ich ein Recht auf mein eigenes Leben habe. Ich kann kommen und gehen, wann ich will, mit den Kindern umgehen, wie ich will, und ins Bett gehen, wann ich will. Die Freiheit ist für mich das Wichtigste, die gebe ich nicht mehr auf. Ich hatte früher ja sogar Angst, die Kinder in den Arm zu nehmen. Da gab es gleich schiefe Blicke und einen Grund zum Trinken.

D.K.: Wieso? Das klingt, als wäre er auf die Kinder eifersüchtig gewesen.

Nadja B.: War er. Das habe ich ihm auch auf den Kopf zugesagt.

Magie der Liebe
Frauenhausbewohnerin (Malprojekt im Frauenhaus, 1997)

D.K.: Mutig.

Nadja B.: Ja, ich saß ständig zwischen den Stühlen. War ich lieb zu den Kindern, gab's Streit, war ich lieb zu ihm, mußte ich die Kinder alleine lassen. Das war sehr anstrengend. Die Jungs stellten für ihn Konkurrenz dar. Ganz extrem ist das Badewannenbeispiel. Ich habe früher, wenn ich badete, nie die Tür abgeschlossen, so daß die Kinder jederzeit hereinkommen konnten. Irgendwann fragte mein Mann mich, ob mir nicht aufgefallen sei, wie die Jungs mich anstarrten. Sie seien sowieso schon total versaut, und wo solle das noch hinführen. Ich sagte, daß sie es nicht anders kennen würden und daß es doch nichts mit ihm zu tun habe. Das gab wieder Streß. Ich mußte die Tür abschließen oder durfte nur noch mit ihm in die Wanne gehen.

Freundschaft und Sexualität

D.K.: War Dein Mann abhängig von Dir?

Nadja B.: Ja, denn ich war diejenige, die ihn nicht belog und der er vertraute. Er hatte eine ziemlich schlechte Kindheit. Innerhalb seiner Familie sind Vertrauen und Ehrlichkeit Fremdworte, da geht es nur ums Saufen, das verbindet sie. Hinter dem Rücken stechen sie sich die Augen aus und schludern alle, wie sie da sind. Er wußte, daß ich ihn nicht belüge oder betrüge.

D.K.: Wie verhielt es sich mit der Sexualität?

Nadja B.: Ich habe schon immer gesagt, daß es das einzige war, was uns verbunden hat, wo wir uns verstanden haben. Da taucht die Frage auf, was wichtiger ist: der Sex oder das Miteinander-Leben, „Mann und Frau spielen". Bei uns war es nur der Sex, alles andere klappte überhaupt nicht. Vielleicht machte ihm dies genauso zu schaffen wie mir.

D.K.: Glaubst Du, daß beides geht? Lassen sich Sexualität und Freundschaft verbinden?

Nadja B.: Bei uns wäre das nicht gegangen, weil wir völlig unterschiedlich sind. Wir kommen aus ganz verschiedenen Elternhäusern, haben andere Vorstellungen von Kindererziehung und überhaupt vom Leben. Ich bin eigentlich mit wenig zufrieden. Ich brauche keine materiellen Dinge, die Taschen voller Geld, um glücklich zu sein. Man kann auch so schöne Sachen unternehmen, die Spaß bringen. Ich glaube, daß ihn das alles nicht erfüllt hat, daß es ihn langweilte.

Wie eine Marionette

D.K.: Du kannst Dein Leben jetzt gestalten, ohne auf Deinen Mann Rücksicht nehmen zu müssen. Wie geht es Dir damit?

Nadja B.: Zuerst hat es mich ganz schön durcheinandergebracht. Mein Tagesablauf war davon bestimmt, mich nach ihm zu richten, und plötzlich ist alles anders. Ich selbst existierte gar nicht mehr, konnte mich nicht mehr konzentrieren und vergaß ständig wichtige Dinge. Das ist auch hier noch eine Weile so gewesen. Wie ein Programm, das abläuft. Du kannst nicht einfach mal eben umschalten. Ich mußte viel darüber nachdenken, ob meine Entscheidung wirklich richtig gewesen ist. In der ersten Zeit ging es mit den Kindern recht chaotisch zu, so daß Zweifel daran entstanden, daß ich es alleine bewältigen kann. Es gab sehr viel zu erledigen und klappte zum Teil nicht, wie ich mir wünschte, z.B. bei der Wohnungssuche. Manchmal hätte ich am liebsten alles hingeschmissen, ihn einfach angerufen. Dann mußte ich überlegen, welcher Streß schlimmer ist. Ich kam zu dem Ergebnis, daß ich es mit den Kindern alleine auf jeden Fall besser aushalten würde. Im Grunde genommen hatte ich jetzt ein Kind weniger.

D.K.: Interessant, Dein Ehemann war für Dich wie ein viertes Kind?

Nadja B.: Ja, wenn ich genau darüber nachdenke, mußte ich ihn genauso versorgen, umhegen, ihm Aufmerksamkeit schenken, vielleicht sogar noch mehr als den Kindern. Er war ein erwachsenes Kind. Ich mußte allen gerecht werden, mich zerreißen. Am Ende wirst du gar keinem mehr gerecht und kannst überhaupt nichts richtig machen. Ich kam mir vor wie ein Marionette an Fäden. Ich bin gelaufen worden. Die Fäden habe ich nun durchgeschnitten und kann selber laufen.

D.K.: Bestehen zur Zeit Kontakte zu Deinem Mann?

Nadja B.: Ja, wegen der Kleinen. Wir können vernünftig miteinander reden. Ich habe aber immer im Hinterstübchen, daß ich vorsichtig sein muß. Es klingeln schnell die Alarmglocken.

D.K.: Du würdest nicht wieder zurückgehen?

Nadja B.: Auf gar keinen Fall. Jedenfalls nicht zu diesem Zeitpunkt.

Kribbeln im Bauch

D.K.: Während Deines Aufenthaltes im Frauenhaus sind Dir viele Frauen begegnet, die Dein Schicksal teilen. Sind alle Männer gleich?

Nadja B.: Ja, zumindest die, die wir uns ausgesucht haben. Das ist das Merkwürdige an der Geschichte. Die Frauen sagen alle: „Nie wieder. Nie wieder einen wie ihn." Trotzdem kann es sein, daß sie doch bei genauso jemandem landen. Als wenn wir die netten, sensiblen, freilassenden Männer gar nicht wollten. Die sind zwar ganz o.k., man kann mit ihnen ins Kino oder Kaffee trinken gehen, aber das Kribbeln im Bauch fehlt eben. Vielleicht sollte man wirklich mal ausprobieren, ob man mit denen auf Dauer leben kann. Wir haben uns schon oft Gedanken darüber gemacht, was uns mit gewalttätigen Männern verbindet. Eventuell der Sex.

D.K.: Gewalttätiger Sex in Richtung Sado-Maso?

Nadja B.: Absolut nicht, jedenfalls nicht bei mir. Das ist ja das Komische. Für die anderen Frauen möchte ich da nicht sprechen. Ich hatte beim Sex das Gefühl, ich werde geliebt, bekam Zärtlichkeiten. Es wurde dabei nicht nur an den Mann gedacht, sondern auch an die Frau. Was ich im Alltag nicht bekommen habe, erhielt ich dafür in den kurzen Augenblicken im Bett.

D.K.: Fürchtest Du, daß Du wieder an einen Mißhandler gerätst, weil Du Dich von solchen Männern angezogen fühlst?

Nadja B.: Ich fühle mich nicht von Gewalttätern angezogen. Es sieht nur so aus, als würde ich diese Typen magisch anziehen. Man lernt sie ja anders kennen, die haben so eine gewisse Ausstrahlung und können wahnsinnig gut reden. Sie machen dir Komplimente, so daß du dich total begehrenswert fühlst. Das ist das, worauf du letztendlich hereinfällst und was du vermißt, wenn du es nicht mehr bekommst. Nach den ersten Handgreiflichkeiten hörst du dann: „Du bist meine Beste. Ohne Dich kann ich doch gar nicht. Meine Traumfrau." Alles nur Show, auch die Entschuldigungen und Krokodilstränen. Die können auf Kommando auf die Tränendrüse drücken. Sie sagen: „Tut mir leid", und überlegen im nächsten Moment schon, wann sie dich wieder plattmachen können. Du siehst ihnen an, daß es nicht ehrlich gemeint ist. Da ist kein Mitleid oder Mitgefühl in ihren Augen.

D.K.: Klar. Hier geht es ja auch nur um Macht. Warst Du Besitz Deines Mannes, sein Eigentum?

Nadja B.: Ja. Ein blödes Gefühl; wie festgekettet. Er hat mich z.B. einmal mit seinem ziemlich wertvollen Feuerzeug verglichen. Er sagte zu jemandem: „Versuch mir das mal wegzunehmen. Meine Frau ist wie mein Feuerzeug." Ich bekam richtig Gänsehaut, einen Kloß im Hals und dachte: „Um Gottes willen. Ich bin ein Gegenstand und kein lebendiges Wesen. Er kann dich behandeln, wie er will, und du läßt es dir gefallen. Er glaubt auch noch, daß du dabei glücklich bist."

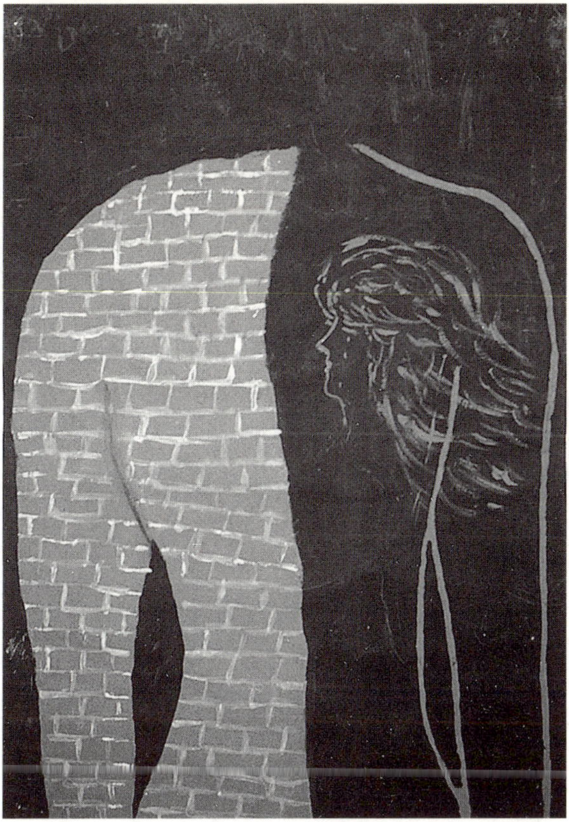

Mauern
Frauenhausbewohnerin (Malprojekt im Frauenhaus, 1997)

D.K.: Stell Dir vor, daß Du einen Mann kennenlernst, der solche Besitzansprüche nicht stellt. Würde Dir etwas fehlen? Hättest Du das Gefühl, daß er Dich nicht wirklich liebt?

Nadja B.: Wahrscheinlich. Wenn ich meine Freiheit und all das, was ich mir erarbeitet habe, mit einem Mann teilen könnte, bliebe vielleicht immer ein Rest, der glauben würde: „Er liebt dich nicht." Es wäre außergewöhnlich, wenn ich abends ausgehen könnte und mein Partner paßt auf die Kinder auf. Damit müßte ich erstmal klarkommen.

D.K.: Wünscht Du Dir eine neue Beziehung?

Herzstück (Ulmenskulptur, Ausschnitt)
Johannes Cornelius Caspersen (1998)
Flensburg, Carlisle-Park. Foto: Bernd Hansen

Nadja B.: Ich möchte keinen unnötigen Streß haben und erstmal zur Ruhe kommen. Da kann ich jetzt so eine Beziehung gar nicht brauchen. Man weiß ja, daß es nicht gut ist, sich gleich wieder in etwas Neues zu stürzen, ohne Luft geholt und das Alte verdaut zu haben.

D.K.: Das hört sich sehr abgeklärt an.

Nadja B.: Ja, ich merke eben einfach, daß ich noch Zeit brauche, um zu sehen, wie es weitergehen soll, und herauszufinden, was ich will. Ich müßte auch bereit dazu sein, wieder Kompromisse einzugehen, was in einer Partnerschaft nun mal nicht anders geht. Da kann man nicht egoistisch sein. Jeder muß sich ein wenig anpassen und einen Teil von sich aufgeben. Nicht alles, aber einen Teil. Das würde ich gut finden: Man ist froh, füreinander da zu sein, hat aber genug Freiräume. Alles wird aufgeteilt, so daß jeder dieselben Rechte und Pflichten hat, auch was die Kinder angeht. Ich weiß aber eigentlich, daß so etwas nicht möglich ist. So einen Mann müßte ich mir erstmal zusammenbasteln.

D.K.: Oder von ihm träumen.

Nadja B.: Genau. Wer weiß, vielleicht läuft er mir ja eines Tages doch noch über den Weg, wenn ich es wirklich will.

Die Träume zerplatzten wie Seifenblasen

D.K.: Kannst Du Dich an die Träume erinnern, die Du als junges Mädchen von der Liebe hattest?

Nadja B.: Ganz tolle. Ich habe damals viele Märchenfilme gesehen, war ganz romantisch veranlagt und dachte: „Deinen ersten Mann lernst du ganz, ganz jung kennen. Am besten schon in der Sandkiste, und dann geht ihr zusammen händchenhaltend zur Schule. Später heiratet ihr in weiß und geht in der Abendsonne am Strand spazieren. Er wird immer für dich und die Kinder da sein." Heile Welt. Als ich meinen ersten Freund kennenlernte, zerplatzte alles wie eine Seifenblase. Die Enttäuschung war groß, und ich fing früh an mit den Selbstzweifeln und -vorwürfen. Liebe wäre für mich gewesen, daß man zusammenhält und vernünftig redet, wenn es mal kriselt, ohne daß geschrien, geschlagen oder gesoffen wird.

D.K.: Existieren diese Wünsche und Sehnsüchte heute noch in Dir?

Nadja B.: Auf jeden Fall. Daran hat sich nicht viel verändert.

D.K.: Glaubst Du, daß sie zu realisieren sind?

Nadja B.: Ja. Ein sehr gutes Beispiel hierfür sind Freunde von mir, die seit 32 Jahren verheiratet sind. Die beiden hängen sehr aneinander. Wenn einer krank ist, macht sich der andere richtige Sorgen. Es gibt Höhen und Tiefen wie überall, aber sie stehen das gemeinsam durch. So eine Beziehung würde ich mir wünschen.

Liebe in den 90ern

Zwischen Sex und der Suche nach dem Wesen des anderen – Ein Schlaglicht

Michael Alberts*

„Amerika hat in Sachen Sex eine Botschaft für uns, und diese Botschaft kommt massiv. Wer sich einen Kinofilm ansieht, eine Zeitschrift liest oder auch nur den Fernseher einschaltet, wird mit ihr konfrontiert. Die Botschaft lautet, daß fast jeder, man selbst ausgenommen, am laufenden Band aufregenden, abwechslungsreichen Sex erlebt." (Michael u.a., S.9)

Liebe in den 90ern – sexueller Streß? Ganz sicher gilt das wohl für die Jugendlichen in den 90ern. Ein Streifzug durch die Ratgeberliteratur in Sachen Liebe für Jugendliche läßt nur einen Rückschluß zu: Liebe ist Sex! Auf alle Fragen bezüglich des Sexuellen im menschlichen Zusammenleben werden Antworten und ausführliche Darstellungen gegeben, die Frage nach dem Wesen der Liebe und der Partnerschaft bleiben am Rande, die Aussagen dünn. Schließt man von den Büchern auf die Jugendlichen, so scheint deren einzige Frage zu sein: Wie finde ich einen Partner, wie gehe ich mit ihm ins Bett, und zwar richtig, und, wenn es schiefgeht, wie verarbeite ich das? Was und wie mache ich es mit dem nächsten Partner besser?

Die Botschaft – siehe oben – ist klar, die Wirklichkeit des Lebens, so empirische Untersuchungen, eine andere. Eine wissenschaftliche Untersuchung in den USA hat ergeben, daß über 60 % der Männer und über 70 % der Frauen in einem Jahr sexuelle Begegnungen nur mit einem Partner hatten. Ein möglicher Rückschluß: Im Grunde genommen sind die Menschen auf der Suche nach erfüllter Partnerschaft. Die in erster Linie durch die Medien und Ratgeberliteratur vermittelten Bilder lassen Jugendliche in Konflikt geraten zwischen sexuellem Leistungsdruck als

---

* **Michael Alberts,** geb. 1961. Mitarbeiter der FLENSBURGER HEFTE-Redaktion. Arbeitet hauptberuflich als Geschäftsführer der Freien Waldorfschule Neumünster.

Scheinbild von Liebe und der Suche nach Liebe, nach umfassenderen Formen des Zusammenlebens mit anderen Menschen.

Auf „technische“ Fragen der sexuellen Begegnung sind leichter Antworten zu geben als auf dasjenige, was nach dem „Verliebtsein“ kommt, was eigentlich die Liebe ist.

Zugegeben, das Leben ist schwieriger geworden. Tradierte Formen des Zusammenlebens verlieren an Bedeutung, die Ehe als „Geschäft“, als Sicherung familiären Einflusses und ökonomischen Auskommens, ist in den Hintergrund getreten. Überkommene gesellschaftliche und konfessionelle Gründe spielen immer seltener eine Rolle bei der Frage, ob eine Partnerschaft Bestand hat oder nicht.

Was aber ist es, was Partnerschaft ausmacht, was Ehen zusammenhält oder auseinanderlaufen läßt? Antworten auf diese Fragen finden die Jugendlichen heute weder bei den Erwachsenen noch bei einer Vielzahl der Ratgeberliteratur. Die Zahl von Kindern, welche entweder bei nur einem Elternteil oder in sogenannten Patchworkfamilien aufwachsen, nimmt ständig zu. Dauerhafte Partnerschaft erleben die Jugendlichen bei den Erwachsenen immer seltener. Bereits in den 70er Jahren nimmt Erich Fromm zum häufigeren Partnerwechsel Stellung:

„Die Menschen sind nüchterner und realistischer geworden, und viele verwechseln sexuelle Anziehung nicht mehr mit Liebe, noch halten sie eine freundschaftliche, aber distanzierte Teambeziehung für ein Äquivalent von Liebe. Diese neue Einstellung hat zu größerer Ehrlichkeit – und zu häufigerem Partnerwechsel geführt. Sie hat nicht unbedingt dazu geführt, daß man nun häufiger auf Menschen trifft, die sich lieben, die neuen Partner lieben sich möglicherweise genauso wenig wie die alten.“ (Fromm [b], S.53)

Die von Fromm analysierte Situation des gesellschaftlichen Umgangs mit dem Thema Liebe hat sich einerseits bestätigt, andererseits aber auch verändert. Die von ihm seinerzeit angenommene Klarheit der Menschen in bezug auf die Unterscheidung zwischen sexueller Anziehung und Liebe hat sich nicht bestätigt, eher ist das Gegenteil der Fall. Wir sind – folgen wir Fromm – in gewisser Hinsicht in die Zeit nach dem Ersten Weltkrieg zurückgefallen:

„In den Jahren nach dem Ersten Weltkrieg hatte man eine andere Auffassung von der Liebe. Damals hielt man die gegenseitige sexuelle

Befriedigung für die Grundlage einer befriedigenden Liebesbeziehung. [...] Die zugrunde liegende Idee war, daß die Liebe das Kind der sexuellen Lust sei und daß zwei Menschen sich lieben würden, wenn sie erst gelernt hätten, sich gegenseitig sexuell zu befriedigen." (Fromm [a], S.100)

Eindeutig zugenommen hat der „Warencharakter" der Liebe, wie er ihn in den Büchern „Haben oder Sein" und „Die Kunst des Liebens" beschreibt. Liebe wird weniger als „Kunst" und „Kultur", weniger als eigene „Bemühung" und „Arbeit" betrachtet, denn als naturgegebener Bestandteil des zwischenmenschlichen Zusammenlebens. Scheitern oder Nichtscheitern von Beziehungen scheinen einzig und allein von Gefühlen und Situationen abzuhängen, auf deren Entwicklung vom Individuum oder beiden Partnern wenig Einfluß genommen werden kann.

Die Gefahr im Warencharakter der Liebe ist schnell umrissen. Gedacht und gehandelt wird vom egoistischen Standpunkt des Individuums aus: Was bringt mir eine Beziehung? Geht es mir gut? Brauche ich den anderen? Berechtigte Fragen, deren Gefahr aber in ihrer Ausschließlichkeit liegt. Gehe ich nur von mir aus, so wird der andere schnell zum Objekt, zur Ware, welche nur in Beziehung auf mich definiert ist. Entscheidend ist dann nicht, daß ich liebe, sondern daß ich geliebt werde. Entscheidend ist mein Wohlergehen, nicht das des Partners. So wird Liebe doch wieder zum Geschäft, das dann von demjenigen beendet wird, der schlechter abschneidet.

So können Liebe und Partnerschaft nicht gelingen. Denn dem Liebenden – so Fromm in seinem Vorwort zu „Die Kunst des Liebens" – muß klar sein, „daß alle seine Versuche zu lieben fehlschlagen müssen, sofern er nicht aktiv versucht, seine ganze Persönlichkeit zu entwickeln, und es ihm so gelingt, produktiv zu werden; ich möchte zeigen, daß es in der Liebe zu einem anderen Menschen überhaupt keine Erfüllung ohne die Liebe zum Nächsten, ohne wahre Demut, ohne Mut, Glaube und Disziplin geben kann. In einer Kultur, in der diese Eigenschaften rar geworden sind, wird die Fähigkeit zu lieben nur selten voll entwikkelt." (Fromm [a], S.9)

Was hier im Vorwort bereits angedeutet und später im Buch ausgearbeitet wird, steht im Gegensatz zu dem, was heute vielfach erwartet wird. Liebe ist nicht nur Gefühl, und Liebe erhält sich ganz offensichtlich nicht von allein, wenn die Zeit der Verliebtheit vorbei ist. Liebe ist vielmehr Fähigkeit, die man erlernen kann und – das zeigt die Wirklichkeit in den 90er Jahren – auch muß. Die Frage, die sich daran anschließt ist: Wie und wo kann man Liebe lernen?

Eine Vielzahl der gängigen Ratgeberbücher geben genau auf diese Frage keine Antwort. Auch Talkshows und Illustrierte nehmen sich aus den verschiedensten Blickwinkeln des Themas Liebe und Partnerschaft an, doch häufig scheint die Beschäftigung genau die Kernfragen auszusparen: Was muß ich, was kann ich tun, um Liebe zu geben und zu finden, um eine Partnerschaft aktiv zu gestalten und zu erhalten? Diese Antworten zu finden und zu geben verlangt sehr viel mehr als oft plakativ angebotene Problemlösungen, die inhaltlich an die oben erwähnte Haltung nach dem Ersten Weltkrieg erinnern.

Liebe setzt eine immerwährende Bereitschaft voraus, aktiv an sich selbst zu arbeiten und sich mit dem Partner zusammen zu entwickeln. Liebe kann man nicht haben, Liebe muß entwickelt, gestaltet und geführt werden. Einer Umgebung des immer Neuen, des Konsums und der ständigen Ablenkung, wie wir sie heute zunehmend vorfinden, steht die Liebe mit den ihr innewohnenden Forderungen nach Beständigkeit, nach Zeit und Konzentration gegenüber. Liebe ist nicht easy und bequem, und – ob bewußt oder unbewußt – die Jugendlichen scheinen ein Gespür dafür zu haben. Sie scheinen zu spüren – trotz aller einseitigen Fixierungen in manchen Medien und Ratgebern –, daß Liebe auch eine Erkenntnisfrage ist. Wer bin ich, wer ist der andere? Was bedeutet es, Mann oder Frau zu sein? Was ist überhaupt das Wesen des Menschen? Dies ist die andere Seite der Liebe in den 90ern: die Suche nach dem Wesen des anderen als Voraussetzung für die Liebe.

Literatur:

Fromm, Erich [a]: Die Kunst des Liebens. [1956] Frankfurt a.M./Berlin [45]1993.

Fromm, Erich [b]: Haben oder Sein. Die seelischen Grundlagen einer neuen Gesellschaft. [1976] Stuttgart [10]1981.

Michael, Robert T./Gagnon, John H./Laumann, Edward O./Kolata, Gina: Sexwende. München 1994.

Anfänge

Befragung einer siebten Klasse

von Ute Hallaschka

Wer sollte besser über die Liebe Bescheid wissen, als die, die sie zum ersten Mal bewußt erleben und erleiden? Mit 14 Jahren ist man Spezialist in solchen Fragen. Eine Umfrage bei den Fachleuten in der siebten Klasse einer Waldorfschule zeigt erstaunliche Übereinstimmung, was das Grundsätzliche angeht. Die Anything-goes-Generation, die einander in Kleidung, Haartracht und Habitus eine schier unendliche Palette des Möglichen einräumt, die gewohnt ist, die unterschiedlichsten Lebensweisen hinzunehmen und zu tolerieren, offenbart hier ein Bedürfnis nach sicherer Eindeutigkeit und Verläßlichkeit. Das große Zauberwort heißt: Vertrauen. Sieben Fragen, die das Geheimnis einkreisen sollen, die sie je nach Temperamentslage scheu, flapsig oder sehr ernsthaft beantwortet haben – eher ein Stimmungsbarometer als eine gewichtige Erhebung:

1. Was heißt schon Liebe – Liebe bedeutet für dich?

Vertrauen. – Immer füreinander da zu sein. – Mit jemandem zusammenzusein und immer an ihn zu denken. – Das schönste Gefühl der Welt. – Sich zu verstehen und Gemeinsamkeiten zu haben. – Liebe heißt Liebe, kann man nicht genau beschreiben. – Viel Verständnis muß da sein. – Ein starkes Gefühl für einen anderen Menschen. – Für jemanden da zu sein und ihm zu vertrauen.

2. Wie sähe die Welt ohne Liebe aus – würde sich etwas ändern?

Wenn keiner den andern mag, gäbe es viel Streit und lauter Einzelkämpfer. – Alles würde sich ändern; die Menschen würden es ohne Liebe gar nicht aushalten. – Es gäbe mehr Haß auf der Welt. – Natürlich würde sich die Welt ändern: Sie wäre böse und häßlich! – Einige würden es nicht zeigen, aber man könnte niemandem mehr vertrauen. – Ja, die Welt wäre kalt und gefühllos. – Man würde Krieg führen, und es gäbe nichts Gutes mehr. – Alles bliebe gleich, es gäbe nur keine Kinder mehr. – Jeder würde dem andern mißtrauen und keiner einem andern helfen. – Alle Menschen würden nur noch Haß füreinander empfinden.

3. Woher kommt die Liebe?

Keine Ahnung, jedenfalls war sie schon immer da. – Von den ersten Menschen und Tieren. – Aus Vertrauen und Gedanken. – Vielleicht aus dem Herzen ... – Aus dem Gefühl. – Aus dem Verhalten. – Liebe war schon immer da; das sieht man daran, daß Kleinkinder sie genauso empfinden wie Erwachsene.

4. Kann Liebe sterben, und woran?

Wenn man sich auseinanderlebt, immer öfter streitet und im Streit auseinandergeht. – Wenn man sich nicht mehr vertrauen kann, stirbt die Liebe. – Nein, Liebe kann nicht sterben! – Sie kann durch Haß sterben. – Aus Eifersucht kann Liebe sterben. – Liebe kann nicht sterben, weil man immer irgend jemanden oder etwas liebt.

5. Was hält die Liebe lebendig?

Gedanken und Bilder. – Sich nicht zu streiten. – Verliebte Menschen. – Vertrauen und Gefühle. – Verständnis. – Keine Ahnung, vielleicht Viagra oder Claudia Schiffer. – Menschen halten Liebe lebendig. – Daß man sich selbst auch mal vergessen kann. – Lebewesen untereinander halten Liebe lebendig.

6. Was ist stärker: Liebe oder Haß?

Hier trat das Phänomen auf, daß sämtliche Mädchen ihrer festen Überzeugung, daß die Liebe stärker sei, Ausdruck verliehen, mit entsprechendem Nachdruck wie: Natürlich die Liebe – auf jeden Fall! Dagegen plädierten die Jungen für ein gleichstarkes Kräfteverhältnis von Liebe und Haß.

7. Worin kommt Liebe eher zum Ausdruck: im Gefühl, im Gedanken oder in den Taten für andere?

Wiederum das gleiche Phänomen: Sämtliche Mädchen plädierten für das Gefühl, die Jungen für alle drei.

Die Liebe ist die Sonne der Welt

Über den Ätherleib als Liebeleib und das Problem der Liebe und Selbstliebe

Frank Linde*

Im folgenden Beitrag möchte ich einige Inhalte der Anthroposophie vorstellen, von denen ich glaube, daß sie bei der Beschäftigung mit dem Thema Liebe von Wert sein können. Wie der Titel schon sagt, werden wir uns dabei besonders mit dem Ätherleib des Menschen und seiner besonderen Beziehung zur Liebe beschäftigen. Entsprechende Aussagen Rudolf Steiners waren der Ausgangspunkt, von dem aus ich versucht habe, die damit aufgezeigte Spur weiterzuverfolgen. Es geht dabei immer um das Verhältnis dessen, was wir als Liebe im Seelischen erleben, zu den tieferen Lebenskräften des Menschen. Vieles, was uns im Leben berührt, was aber oftmals so eintritt, daß wir kein Bewußtsein davon haben, *warum* es so eintritt, kann vor diesem Hintergrund verständlicher werden. Wer weiß schon, warum sich in einem Fall Sympathie und Liebe einstellt, in einem anderen aber nicht? Und woran liegt es, daß sie nach einiger Zeit unter Umständen wieder erlöschen? Was unterscheidet schließlich seelische Liebe von der sogenannten vergeistigten Liebe, und warum haben wir es heute offenbar so schwer, sie zu finden? Um solche Fragen wird es u.a. gehen.

Daß wir es hier mit einem komplexen Thema zu tun haben und es nicht darum gehen kann, es erschöpfend zu behandeln, versteht sich von selbst. Denn lieben kann man vieles und auf ganz verschiedene Weise. Natürlich denkt jeder dabei zunächst an die Liebe zu Menschen, sie betrifft uns am meisten und macht uns wohl auch am meisten zu schaffen. Lieben kann man aber auch ein Gedicht, ein Musikstück oder eine Idee. Es gibt die Liebe zu Gott ebenso wie die Liebe zur Natur.

---

* **Frank Linde,** geb. 1956. Nach mehrjähriger Tätigkeit als Waldorfschullehrer in Rendsburg und Tübingen ab 1990 Dozent am Waldorfkindergarten-Seminar Hannover. Seit 1994 freiberufliche Seminar- und Vortragstätigkeit mit den Schwerpunkten Pädagogik, Medienwirkung und allgemeine Anthroposophie.

Und wer alledem nichts abgewinnen kann, liebt vielleicht seinen Garten, sein Auto oder wenigstens noch das Geld. So lieben wir in der Regel das, was einen besonderen Wert für uns hat.

Ein erstes Merkmal der Liebe besteht nun darin, daß sie immer das Wesen der Dinge meint. Selten stellt sie sich auf den ersten Blick ein, obwohl es das natürlich auch gibt. Aber in den meisten Fällen lernen wir etwas um so mehr lieben, je besser wir es kennengelernt haben. Eine liebgewonnene Landschaft schließen wir als Ganzes in unser Herz. Wir lieben sie um so mehr, je mehr wir ihre Reichtümer und Besonderheiten entdeckt haben, ihre verborgenen Seitenwege, Schluchten und Täler usw. Auch ein Musikstück lieben wir als Ganzes, aber doch um so mehr, je vertrauter uns die Melodien und Harmonien werden, je mehr sich die Gesetzmäßigkeiten ihrer Komposition erschließen. So bleiben wir in der Liebe nicht an der Oberfläche der Erscheinungen stehen, sondern dringen verstehend in das Innere ein. Liebe sucht immer das Wesen der Dinge, das sich in aller Erscheinung offenbart. Dazu sind immer neue Begegnungen mit dem jeweiligen Gegenstand der Liebe nötig. Wir schauen immer wieder hin, entdecken immer Neues, und so reift die Fähigkeit, die Dinge so zu lieben, wie sie sind. Im Inneren bildet sich die Liebessubstanz, die wir als einen bleibenden Besitz in uns tragen, auch wenn wir den Gegenstand der Liebe nicht mehr vor Augen haben.

Ein weiteres Merkmal der Liebe ist ihre Fähigkeit, sich immer ursprünglich und neu zu entzünden. Wird sie zur Gewohnheit, ist sie eigentlich schon tot: Wir lieben einen Menschen, und nach einer Weile ist er für uns nicht mehr interessant. Wir lieben eine Stadt, doch irgendwann hat sie ihren Reiz für uns verloren. Erfahrungen dieser Art bedeuten letzten Endes nichts anderes, als daß wir das Wesen, dem doch unsere Liebe galt, aus den Augen verloren haben. Es liegt meistens nicht an dem Gegenstand, wenn die Liebe zu ihm erlischt, sondern an uns. Der Grund liegt darin, daß der Wert, den er für uns hat, und das, was er uns zu geben vermag, mehr bedeuten als das, was er seinem eigenen Sein nach ist. In Redewendungen wie „Das bringt mir nichts mehr", „Ich kann dem nichts mehr abgewinnen", „Ich habe nichts mehr davon", kommt diese selbstbezogene Gebärde zum Ausdruck.

Doch selbst ein altbekanntes Musikstück rührt uns wieder an, wenn wir es neu entdecken, wenn wir es unbefangen auf uns wirken lassen und Herz und Sinne öffnen. Wir lernen es neu lieben, nicht, weil wir uns an Vertrautes erinnern, sondern weil wir seine Gegenwart unmittelbar neu erleben. So gesehen hat Liebe sehr viel mit Geistes-Gegenwart zu tun. Und wir können sicher sein, daß dieses Geistige, wenn wir es vielleicht auch aus den Augen verloren haben, immer noch gegenwärtig ist und still darauf wartet, wieder neu entdeckt, geliebt zu werden. Das können wir wollen. Wenn wir lernen, von eigenen Bedürfnissen abzusehen, um die Dinge um ihrer selbst willen zu lieben, wird Liebe zu der freiesten Tat des Ich. Wir vergeben uns nichts dabei, im Gegenteil, nicht nur die Welt, auch wir selbst werden liebend reicher. Steiner greift in bezug auf die Liebe gern zu einem Bild: Kippt man aus einem mit Wasser gefüllten Glas mehr und mehr Wasser in ein zweites, leeres Glas, wird das anfangs leere Glas allmählich voller, das volle aber immer leerer. Bei der Liebe sei es anders. Je mehr Liebe wir verschenken, desto reicher wird die Welt und desto voller das eigene Herz. Damit kommen wir zu einem dritten Aspekt.

Liebe ist immer ein ganzheitliches Geschehen. Alle Seelenkräfte des Menschen sind beteiligt, wenn sie sich realisiert. Die sonst oft so eigene Wege gehenden Kräfte des Denkens, Fühlens und Wollens schließen sich in der Liebe wie selbstverständlich zu einem einheitlichen Wirken zusammen, das im Herzen des Menschen seinen Mittelpunkt findet. Am deutlichsten wird das vielleicht an der Liebe zum eigenen Kind. Sie ist ganz und gar auf das Wohl des Kindes ausgerichtet. Ganz selbstverständlich denkt man an das, was das Kind braucht, und nicht an das, was man selbst davon hat. Aus gelebter Fürsorge und Verantwortung handelt man, ohne erst zu fragen, warum. Immer ist man darauf bedacht, daß es dem Kind gut geht, und nimmt notfalls eigene Entbehrungen selbstlos in Kauf. Diese Liebe ist immer bereit zu verstehen, zu verzeihen, Schutz zu geben, selbst dann, wenn das Kind später einmal ein Unrecht begeht. Das Ideal der Kindesliebe besteht darin, sich selbst so zu verhalten, daß das Kind entwickeln kann, was in seinem eigenen Wesen begründet liegt.

Nun ist die Liebe zum Kind in gewisser Weise ein geschenktes Gut. Vielleicht aber haben wir schon einmal die Bekanntschaft mit einem älteren Menschen gemacht, der die Liebe so weit mit seinem Sein verbunden hat, daß sie zum Bestandteil seines Wesens geworden ist. Wärme, Güte, Liebe strömen aus dem ganzen Wesen eines solchen Menschen aus. Von ihm wird nichts Schädigendes ausgehen, er verurteilt nicht, sondern gibt Verständnis. Tritt man ihm gegenüber, fühlt man sich aufgenommen und innerlich verstanden. Ist die Liebekraft so weit verinnerlicht, richtet sie sich nicht mehr nur auf einzelnes, sondern auf die ganze Welt. Sie richtet sich wie eine belebende Kraft auf alle Erscheinungen des Lebens. Dadurch wird die Liebe sonnenhaft. Denn so, wie die Sonne alles äußere Leben erhält, so wächst und gedeiht das Innere durch die Kraft der Liebe:

„Die Liebe ist die moralische Sonne der Welt." (GA 143/1983/17.12.1912/S.206)

1. Der Ätherleib als Liebeleib

Im Jahr 1911 hielt Rudolf Steiner mehrere Vorträge über „Glaube, Liebe, Hoffnung", die er als drei Grundkräfte der Seele charakterisiert. Der Mensch könne nicht ohne sie leben. Denn sie stünden in einer unmittelbaren Beziehung zu den tieferen Kräften der menschlichen Organisation, die ohne die Kräfte des Glaubens, der Liebe und der Hoffnung nicht aufrechterhalten werden könne. Diese Organisation, die den eigentlichen Wesenskern des Menschen, das Ich, trägt und gewissermaßen umhüllt, gliedert sich in den physischen, ätherischen und astralischen Leib.

Die wichtigsten Kräfte des astralischen Leibes – so Steiner – seien die Glaubenskräfte. Es hänge daher gar nicht vom Menschen ab, den Glauben abzulegen oder nicht, „denn der Glaube stellt in der Menschenseele eine Anzahl von Kräften dar, eine Summe von Kräften, die zu den Lebenskräften der Seele gehören. Es kommt gar nicht darauf an, ob wir glauben wollen oder nicht, sondern darauf, daß wir die Kräfte, die das Wort ‚Glaube' ausdrückt, als Lebenskräfte der Seele haben müssen, daß die Seele verdorrt, verödet und vereinsamt, wenn sie nichts glauben kann." (GA 130/1977/02.12.1911/S.173) Steiner bezeichnet den Astralleib daher auch als „Glaubensseele" oder „Glaubensleib".

Entsprechend könne der Ätherleib der „Liebeleib" genannt werden und der physische Leib der „Hoffnungsleib". Letzteres verdeutlicht

Rudolf Steiner an ganz elementaren Erfahrungen, die jeder täglich macht, ohne sich der darin enthaltenen Hoffnungskraft immer bewußt zu sein: Niemand würde einen Tisch bauen, wenn er nicht darauf vertrauen könne, daß er über Nacht nicht zerstört würde, und niemand Pflanzensamen aussäen, ohne zu wissen, was im nächsten Jahr daraus hervorgehe. So gesehen erweist sich die Hoffnung als die Kraft der Zuversicht für das Zukünftige. Sie halte alles physische Leben aufrecht und zusammen. Drei Hüllen umgeben damit das Ich: der Glaubens- oder Astralleib, der Liebe- oder Ätherleib und der „Hoffnungsleib", der physische Leib.

Wie verhält es sich nun mit dem Ätherleib als „Liebeleib"? Liebe ist nicht nur etwas, was unser Leben erhebt, durchwärmt und erhellt, sie ist „eine Lebenskraft, die etwas, was noch tiefer in unserem Wesen ruht, entfacht und wach und lebendig erhält, eine noch tiefere Kraft als selbst der Glaube". (ebd./S.174) Der Mensch braucht die Liebe zum Leben, aber nicht nur subjektiv, sondern objektiv: Der ätherische Leib wird von den Liebekräften „unterhalten", und wenn der Mensch sie ganz und gar aus seinem Wesen entfernen könne – so Steiner hypothetisch –, „würde diese Hülle, welche von den Liebekräften unterhalten wird, wenn gar nichts von Liebe in dem Menschen wäre, ganz zusammenschrumpfen, und der Mensch würde tatsächlich an Liebeleerheit sterben müssen. Wirklich physisch sterben würde der Mensch an Liebeleerheit. Das Zusammenschrumpfen der Liebekräfte ist dasselbe, was wir nennen können das Zusammenschrumpfen der Kräfte des Ätherleibes, denn der Ätherleib ist zugleich der Liebeleib." (ebd./S.175)

Spricht man von der Liebe, denkt man dabei zunächst wohl an den seelischen Aspekt. Für jeden ist sofort klar, und so wird es ja zumeist auch verstanden, daß die Liebe zu den tiefsten Kräfte der *Seele* gehört. Unter „Ätherleib" verstehen wir aber nicht die Seele, sondern das *Leben.* So wird er in den einführenden Schriften der Anthroposophie auch als Lebensleib oder Bildekräfteleib beschrieben:

„Er bewirkt, daß die Stoffe und Kräfte des physischen Leibes sich zu den Erscheinungen des Wachstums, der Fortpflanzung, der inneren Bewegung der Säfte usw. gestalten. Er ist also der Erbauer und Bildner des physischen Leibes, dessen Bewohner und Architekt." (GA 34/1987/S.315)

Als solcher stellt er einen übersinnlichen Kräfteorganismus dar, eine „lebenerfüllte Geistgestalt“ (GA 9/1987/S.37), die den physischen Leib überall durchsetzt und auch annähernd die Form der menschlichen Gestalt aufweist:

„Alle Organe werden in ihrer Form und Gestalt durch die Strömungen und Bewegungen des Ätherleibes gehalten. Dem physischen Herzen liegt ein ‚Ätherherz‘ zugrunde, dem physischen Gehirn ein ‚Äthergehirn‘ usw. Es ist eben der Ätherleib in sich gegliedert wie der physische, nur komplizierter, und es ist in ihm alles in lebendigem Durcheinanderfließen, wo im physischen Leibe abgesonderte Teile vorhanden sind.“ (GA 13/Tb. 1972/S.45)

Dem Hellseher zeige sich der Ätherleib in einer „rötlich-bläulichen Lichtform“ (GA 95/1978/22.08.1906/S.13), die etwas dunkler als junge Pfirsichblüten erscheint. „Es glänzt und glitzert alles an ihm in der eigentümlichen Nuance, in Rosenrot, Dunklem und Hellem bis zum Weiß-Leuchtenden.“ (GA 109/1979/05.06.1909/S.178)

Damit haben wir ein erstes Bild des Ätherleibes gewonnen. Als Lebensleib ist er für alle Lebensvorgänge verantwortlich. Seelisches kommt dabei zunächst gar nicht in Betracht.

Sobald man aber über die Wirkung der Liebe nachdenkt, wird schnell klar, daß auch sie ein *Lebensvorgang* ist. Jeder hat schon die Erfahrung gemacht, daß er innerlich wächst, wenn er lieben kann oder selbst geliebt wird. In der Liebe *blüht* man auf und *wächst* über sich hinaus. Das ganze Daseinsgefühl wird innerlich durchkraftet und gestärkt. Auch andere Menschen der näheren Umgebung nehmen die lebensstärkende Wirkung der Liebe an einem deutlich wahr. Es geht eine lebensbejahende, positive Ausstrahlung von ihr aus, es wird warm und hell in der Umgebung liebevoller Menschen. Liebesentzug dagegen führt zu einer Schwächung der Lebenskraft. Jeder weiß, was es bedeutet, einem Menschen Liebe schenken zu wollen, der sie zurückweist, Liebe zu ersehnen und sie nicht zu erhalten. Erfahrungen dieser Art sind nicht allein mit seelischen Schmerzen verbunden, sie rauben Lebenskräfte, machen kraftlos und schwach und können unter Umständen bis zu Gesundheitsbeeinträchtigungen führen. Insofern ist die Wirkung der Liebeskraft auf die Lebenskräfte eine Erfahrungstatsache.

So einleuchtend dies auch sein mag, bietet es aber noch keine hinreichende Erklärung für den „Liebeleib“. Viel naheliegender wäre es doch, nicht den Ätherleib, sondern den Astral- oder Seelenleib als Träger der Liebe anzusehen, wie Rudolf Steiner es an einer Stelle auch tut. (GA 169/1963/27.06.1916/S.87) Schließlich tritt die Liebe ganz zweifellos als eine Leidenschaft auf, sie kann sich bis zum innigen Gefühl vertiefen, bleibt als solches aber Angelegenheit der Seele. – Wir können aber auch die reine Form der schenkenden Liebe entwickeln, die nichts mehr für sich selbst fordert. Dann könnte man eher annehmen, daß das höchste Wesensglied des Menschen, sein geistiger Wesenskern, also das Ich der Träger der Liebe wäre. Auch in diesem Sinne hat Steiner sich ausgesprochen. (GA 103/1975/20.05.1908/S.50)

Um an dieser Stelle weiterzukommen, müssen wir uns darüber im klaren sein, daß alles, was wir begrifflich trennen, in der Wirklichkeit auf vielfältige Weise zusammenhängt. Will man konkrete Beziehungen aufzeigen, müssen diese inhaltlich näher bestimmt werden, denn anderenfalls hätte man außer abstrakten Zuordnungen nichts gewonnen.

Wenn wir uns z.B. mit einem Stampfer auf den Fuß stoßen – so einen schweren Eisenstampfer benutzt man, um aufgeworfene Erde festzustampfen –, so ist das eine durchdringende Erfahrung. Der ganze Mensch ist daran beteiligt: Der physische Leib, der Fuß, wird gequetscht. Man sieht es ihm auch an: Er schwillt an, wird blutunterlaufen, Knochen, Muskeln und Sehnen sind betroffen. Und der Ätherleib hat einiges zu tun, um die gestörten Lebensfunktionen zu regenerieren. Auch der Astralleib kann bei dem Geschehen nicht ruhig bleiben. Die Schmerzen versetzen ihn in stürmische Bewegung. Das Ich schließlich wird sich sagen, daß so etwas nicht wieder passieren sollte. Es wird die Erfahrung nutzen, um beim nächsten Mal vorsichtiger zu sein. – Wo nun wirkt der Schlag sich aus: im physischen, ätherischen, astralischen Leib oder auch im Ich?! – Immer ist der ganze Mensch in seine Erlebnisse und Äußerungen eingebunden. Und so ist es auch in bezug auf die Liebe.

Die Wechselwirkung zwischen Leib und Seele

Verfolgen wir nun die Frage nach der Beziehung der Liebe zum Ätherleib weiter, dann gewinnen wir einen Schlüssel zum Verständnis des immer wieder diskutierten Problems von der Wechselwirkung zwischen Leib und Seele. – Leib und Seele sind zwei extrem unterschiedliche Daseinsformen des Menschen, und im allgemeinen denken wir viel zu wenig darüber nach, *wie* verschieden beide voneinander sind. Der Körper besteht aus materieller Substanz, er ist fest gefügt, starr, unbeweglich in seinen Formen und als solcher eine *äußere* Wirklichkeit. Die Seele dagegen wird als *innere* Qualität erlebt. Sie ist in fortwährender Bewegung und nimmt die verschiedensten Seelenstimmungen an. Sie trägt einen ungeheuren Reichtum in sich und scheint zu grenzenlosem Wachstum fähig, und doch ist alles an ihr unsichtbar. Vermittler Ä

Verschiedener können zwei Daseinsbereiche kaum sein, und es wird sofort klar, daß zwischen beiden eine Vermittlung erfolgen *muß*, damit Leib und Seele einen in sich geschlossenen, aufeinander bezogenen Gesamtorganismus Mensch bilden können. Diese Vermittlung geschieht durch den Ätherleib. Sie vollzieht sich in beiden Richtungen: vom Seelischen ins Leibliche und umgekehrt vom Leib zur Seele. Wahrnehmungen des Äußeren gewinnen wir durch die Sinnesorgane des Leibes. Damit sie zum inneren Erlebnis werden können, muß der Ätherleib diese an die Seele vermitteln. Was wiederum die Seele in sich trägt, führt auch kein vom Leib abgesondertes Dasein. Sie äußert sich durch den Leib, bedarf dazu aber wiederum der Vermittlung des Ätherischen.

Nur am Rande sei erwähnt, daß der Ätherleib keineswegs von durch und durch gleicher „Substanz" ist. Vielmehr unterscheidet Steiner vier verschiedene Bereiche des Ätherischen, die sogenannten vier Ätherarten, die sich an die vier Elemente des Physischen – Erde, Wasser, Luft und Feuer – im Übersinnlichen anschließen: den Wärme- oder Feueräther, den Lichtäther, den Ton- oder Klangäther und schließlich den Lebensäther, auch chemischer Äther genannt, der dem eigentlichen Leben zugrunde liegt.[1] Alles Seelische drückt sich nun auf differenzierte Weise in diesen verschiedenen Gebieten des Ätherischen aus:

„Wie nun der heutige physische Mensch ist, so prägt sich alles, was sein Seelenhaftes ist, in seiner physischen Leiblichkeit und in seiner

1. Die Wärme bildet gewissermaßen ein Übergangsfeld vom Physischen ins Ätherische. An einer Stelle führt Steiner auch aus, daß der Wärmeäther eigentlich aus zwei Teilen besteht: einer irdischen Wärmeschicht und einer kosmischen Wärmeschicht, die beide fortwährend ineinanderspielen. (vgl. GA 230/1978/27.10.1923/S.81) Die Doppelwirkung der Wärme kennen wir auch aus dem eigenen Erleben: Wir unterscheiden deutlich die äußere Wärme an einem Gegenstand und innerliche Wärme als eine seelische Qualität.

ätherischen Leiblichkeit aus. Aber alles Seelische ist sozusagen gewissen Substanzen des Ätherischen zugeteilt. Was wir den Willen nennen, drückt sich ätherisch aus in dem, was wir das Feuer nennen. Wer nur ein wenig empfänglich ist für gewisse empfindungsgemäße Zusammenhänge, der wird fühlen, daß man ein gewisses Recht hat, so von dem Willen zu sprechen, daß dieser Wille, der sich physisch im Blute ausdrückt, in dem Feuerelement des Ätherischen lebt [...]. Was wir Gefühl nennen, drückt sich aus in dem Teile des Ätherleibes, der dem Lichtäther entspricht. Weil das so ist, deshalb sieht auch der Hellseher die Willensimpulse des Menschen wie Feuerflammen, die seinen Ätherleib durchzucken und in den Astralleib hineinstrahlen, und die Gefühle sieht er als Lichtformen. [...] Die Worte haben ihr Organ in dem Tonäther. [...] Das aber, was das Innerliche aller unserer Gedanken ist, was unseren Gedanken Sinn gibt, das gehört seinem ätherischen Zustande nach dem eigentlichen Lebensäther an.“ (GA 114/1977/21.09.1009/ S.147 f.)

Ob wir die Liebe als Ideal gedanklich fassen, sie als Gefühl oder Leidenschaft erleben oder in liebevolle Taten umsetzen – alles drückt sich im Ätherleib aus, der zwischen dem Seelischen und Physischen vermittelt.

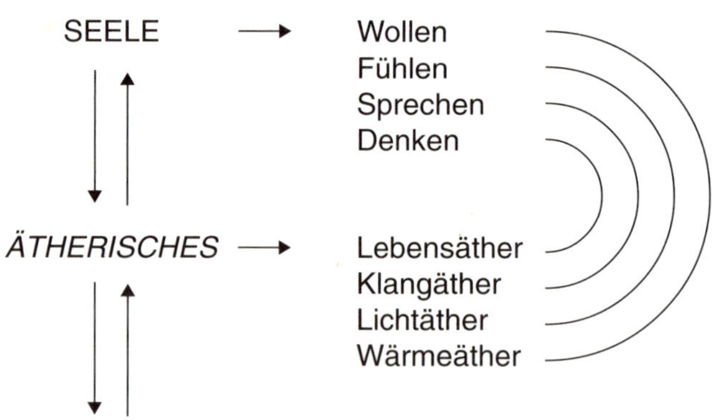

Licht ist Liebe

Bevor wir diesen Gedanken weiter nachgehen, sei noch ein Wortlaut über den „Liebeleib“ angefügt:

„Eine zweite Grundkraft ist die Liebe. Niemandem fehlt sie, immer ist sie da, sie kann nicht ausgerottet werden. Wer glauben würde, daß der größte Hasser, der größte Egoist keine Liebe habe, ist im Irrtum. Das zu denken ist durchaus falsch. Die Liebessehnsucht ist immer und immer hier vorhanden. Mag es sich um Geschlechtsliebe handeln oder um Liebe zum Kinde, oder zum Freunde, oder um Liebe zu irgend etwas, zu einem Werke, immer ist sie da. Sie kann nicht aus der Seele herausgerissen werden, weil sie eine Grundkraft der Seele ist. Aber so wie der Mensch die Luft zum Atmen braucht, so braucht er das Liebeswerk, die Liebesbetätigung für seine Seele. Ihr Gegner, ihre Behinderung, ist der Egoismus. Was tut aber der Egoismus? Er läßt die Liebe nicht hinauswirken, er preßt sie in die Seele hinein, immer und immer. Und wie beim Atmen die Luft ausströmen muß, damit der Mensch nicht ersticke, so muß die Liebe ausströmen, damit die Seele nicht ersticke an dem, was gewaltsam in sie hineingepreßt wird. Besser gesagt: die Seele verbrennt an dem eigenen Liebesfeuer in sich selbst und geht zugrunde.

Erinnern wir uns nun, daß der Mensch auf der alten Sonne den Ätherkörper in der Anlage bekommen hat, daß dieses Feurige, Lichtvolle, Glänzende der Sonne Anlage ist des Ätherleibes. Darin ist nur eine andere Seite der Liebe gegeben, das, was die Liebe im Geiste ist: Licht ist Liebe. Im Ätherkörper ist uns also die Liebe und die Liebessehnsucht gegeben, und wir können den Ätherkörper mit Fug und Recht nennen den Liebesleib: Licht und Liebe.“ (GA 127/1975/14.06.1911/S.188)

Den evolutionären Aspekt möchte ich hier nicht im einzelnen verfolgen.[2] Ich muß auch gestehen, daß sich die Beziehung des Ätherleibes zur Liebe dem Verständnis keineswegs so leicht erschließt. Ein Hinweis

---

2. Ich verweise dazu auf die Darstellung der Sonnenentwicklung in Steiners Grundschrift „Die Geheimwissenschaft im Umriß“ (GA 13) sowie auf den Vortrag vom 20.05.1908 in dem Band über „Das Johannes-Evangelium“ (GA 103) mit seinen eindrucksvollen Schilderungen über die geistige Seite des Sonnenlichts in Zusammenhang mit der Liebe, den sieben Elohim und der Christuswesenheit. Siehe auch meinen Beitrag über „Christus und die Liebe“ in diesem FLENSBURGER HEFT.

Steiners aus dem sogenannten „Volksseelenzyklus“ hat an dieser Stelle weitergeholfen, denn dort heißt es:

„Von der Mission des Sonnenzustandes bekommen Sie einen Begriff, wenn Sie das, was man menschlichen Ätherleib nennt, betrachten und daran anknüpfen das Fühlen. Daß der Ätherleib bis auf die alte Sonne zurückgeht, wurde Ihnen schon gesagt. Die Nachwirkung wirkt aber so, daß der Mensch die inneren Kräfte des Fühlens später entwickeln konnte.“ (GA 121/Tb. 1983/11.06.1910/S.97)

Keime der Liebe

Liebe hat zweifellos etwas mit dem Fühlen, mit Sympathie, zu tun. Liest man, diesen Hinweisen nachgehend, die Schilderung der Sonnenentwicklung in der „Geheimwissenschaft im Umriß“ nach, erfährt man, daß der Mensch schon auf der alten Sonne erste „Erscheinungen innerer Regsamkeit“ (GA 13/Tb. 1972/S.131) entfalten konnte, die ihn zu einem Wahrnehmen der außer ihm befindlichen Umgebung verhalf, so daß er schließlich fähig wurde, „die ersten Spuren von Sympathie und Antipathie mit seiner Umgebung zu empfinden“. (ebd./S.138)

Ferner heißt es dort, daß in der Mitte der Sonnenentwicklung bestimmte geistige Wesenheiten, die „Geister der Persönlichkeit“, eine Wirksamkeit auf der Sonne entfalten, die es ihnen ermöglicht, ein Bewußtsein von den Vorgängen auf der Sonne zu erhalten:

„Sie schauen übersinnlich an, was auf der Sonne vorgeht. Und dieses Anschauen ist keineswegs ein bloßes Beobachten. Es ist, als ob in den Bildern, die von der Sonne ausströmen, etwas von der Kraft sich geltend machte, die der Erdenmensch als Liebe bezeichnet. Und sieht man seelisch genauer zu, so findet man den Grund dieser Erscheinung. Es haben sich in das von der Sonne ausstrahlende Licht erhabene Wesenheiten mit ihrer Tätigkeit gemischt. Es sind die [...] ‚Geister der Liebe‘ (christlich: ‚Seraphim‘). Sie wirken von jetzt ab am menschlichen Äther- oder Lebensleibe zusammen mit den Geistern der Persönlichkeit. Durch diese Tätigkeit schreitet dieser Lebensleib selbst um eine Stufe auf seiner Entwickelungsbahn fort. Er erlangt die Fähigkeit, [...] daß die ersten Andeutungen einer Fortpflanzung der lebenden Menschenwesen sich zeigen.“ (ebd./S.134)

So ist in der Schilderung des Sonnenzustandes in der „Geheimwissenschaft“ tatsächlich vieles enthalten, was auf die Beziehung des Ätherleibes zur Liebe hinweist. Aufschlußreich ist besonders die Erwähnung der Seraphim. Diese Geister der Liebe sind nach der Anthroposophie die höchsten geistigen Wesen der höheren Hierarchien. Sie leben im unmittelbaren Angesicht der Gottheit, der Trinität, von der sie die Impulse ihres Wirkens empfangen. In dieser knappen Andeutung Steiners schimmert bereits etwas vom kosmisch-göttlichen Ursprung der Liebe durch, der in besonderer Weise mit der Sonne verbunden ist.

Doch wenden wir uns wieder naheliegenderen Dingen zu. Auf der alten Sonne, so hieß es, wurden die Keime zur Liebe gelegt, zu Sympathie und Antipathie, und damit zu den heute in der Seele auftretenden Kräften des Fühlens. Denn Fühlen besteht in einer inneren Bewegung der Seele. In den einzelnen Gefühlen drückt sich diese Bewegung in konkreter Gestalt aus. So dehnt sich die Seele in der Freude aus, während sie sich im Schmerz zusammenzieht. Alles Fühlen setzt sich „aus einem Wechselspiel zwischen Sympathie und Antipathie“ zusammen. (GA 293/Tb. 1975/21.08.1919/S.35) Sympathie und Antipathie sind die beiden Grundkräfte des Fühlens. Oftmals verbinden wir mit diesen Ausdrücken wertende Urteile im Sinne von angenehm oder abstoßend. Das ist hier aber nicht gemeint. In der *Sympathie* müssen wir im Sinne Steiners vielmehr eine Kraft sehen, „mit der ein Seelengebilde andere anzieht, sich mit ihnen zu verschmelzen sucht, seine Verwandtschaft mit ihnen geltend macht. *Antipathie* ist dagegen die Kraft, mit der sich Seelengebilde abstoßen, ausschließen, mit der sie ihre Eigenheit behaupten.“ (GA 9/1987/S.100) In jedem Gefühl sind immer beide Kräfte wirksam, jedoch in jeweils unterschiedlicher Intensität. In einem Gefühl überwiegt die Kraft der Sympathie, in einem anderen die der Antipathie.

Eine Schicht tiefer als das Seelenleben liegt das Ätherische. In seinen Tiefen laufen offensichtlich die Prozesse ab, die sich im Seelischen als Fühlen äußern. Denn das Fühlen beginnt mit der einfachen Sinnesempfindung. Erst wird in der Außenwelt etwas wahrgenommen, es wird wie ertastet, „gefühlt“, macht dann auf uns einen Eindruck, der im Innern zunächst als Empfindung auflebt. Dadurch leben die wahrgenommenen Qualitäten der Welt, was auch immer es sei, wirklich im

Innern des Menschen auf. Gefühle entstehen dann daraus, wenn die Seele auf diese Eindrücke durch Äußerungen der Neigung oder Abneigung, der Sympathie und Antipathie antwortet. Zwischen der Wahrnehmungswelt und dem Seelischen der Empfindung und des Gefühls muß wiederum der Ätherleib vermitteln. In der „Theosophie" hat Steiner darauf hingewiesen, daß die inneren Erlebnisse der Seele durch die Empfindungsseele aus dem Wirken des Ätherleibes „hervorgelockt" würden:

„Die Empfindungsseele hängt in bezug auf ihre Wirkung vom Ätherleib ab. Denn aus ihm holt sie ja das hervor, was sie als Empfindung aufglänzen lassen soll." (GA 9/1987/S.41)

Um mit einem Bild zu sprechen, könnte man sagen: In der Seele erleben wir Empfindungen und Gefühle. Im Ätherleib aber wirken die Kräfte, die unsere Sympathien und Antipathien heraufbringen, ähnlich wie die in den Tiefen wirkenden Meereskräfte die Wellen an die Oberfläche spülen. Sympathien und Antipathien sind die Wellenschläge des in den Tiefen wogenden Äthermeeres.

Imaginationen im Ätherleib: Sympathien, Antipathien, Liebe

Im normalen Tagesbewußtsein erleben wir uns in einem Körper, der gegenüber der Umwelt ein relativ abgesondertes Dasein führt. Die Seele erlebt den physischen Leib als von der übrigen Außenwelt getrennt. In bezug auf den Ätherleib ist diese Abgrenzung nicht so klar gegeben. Aber auch für ihn gibt es eine Art Außenwelt. Es ist die ätherische Welt, die nächste, die gewissermaßen „hinter" der Welt der sinnlichen Wahrnehmungen liegt. Sie ist überall in unserer Umgebung vorhanden und als Weltenäther auch im Kosmos ausgebreitet. Wie der physische Leib aus den Stoffen der Erdenwelt besteht, so ist der Ätherleib des Menschen aus der Substanz des Weltenäthers gebildet. Für die physischen Sinne ist diese Welt unsichtbar. Faßt man sie aber in ihrem ganzen Umkreis auf, erhält man ein Bild für die kosmisch ätherische Welt im Himmelsblau:

„Die Wahrnehmung der Bläue des Himmels ist richtig die Wahrnehmung des Äthers. [...] Der Äther ist zwar nicht wahrnehmbar, aber er erhebt sich zur Wahrnehmbarkeit wegen der großen Majestät, mit der er sich im Weltenall hinstellt, indem er sich kundgibt, offenbart in der Himmelsbläue.“ (GA 236/1973/04.06.1924/S.239)

Wahrnehmungen innerhalb der ätherischen Welt sind nur dem übersinnlichen Bewußtsein möglich. Dazu müsse der Mensch – wie Steiner es beschreibt – in der Lage sein, den Ätherleib, der normalerweise alle Organe des physischen Leibes, alle Muskeln, Knochen usw. bis in die feinsten Poren durchdringt, ein Stückweit aus dem physischen Leib herauszuheben. Die ätherische Welt werde dann außerhalb des Körpers durch den Ätherleib wahrgenommen. Da die Wahrnehmungen in Form von Bildern, Imaginationen, auftreten, wird die ätherische Welt auch imaginative Welt genannt.

Durch unseren Ätherleib hängen wir nun – wie Steiner beschreibt – auf hundertfältige Weise mit den Vorgängen und Wesenheiten der ätherischen Welt zusammen. Im Unterbewußtsein spielen sich dadurch fortwährend auch solche Prozesse ab, die auf einer Wechselwirkung des eigenen Ätherleibes mit den Ätherleibern anderer Menschen beruhen. Sie rufen Eindrücke im Ätherleib hervor, die als unbewußte „Imaginationen“ in uns aufleben. Unablässig fluten ätherische Imaginationen in uns auf und ab, von denen wir nichts wissen, die aber der tiefere Grund dafür sind, daß wir Sympathien und Antipathien, Neigungen und Abneigungen und die verschiedenen Grade der Liebe zu anderen Menschen entwickeln. Diesen Sachverhalt schildert Steiner folgendermaßen:

„In unserem Ätherorganismus verlaufen fortwährend diese, wir können sie nennen unbewußten, nur für das geschulte okkulte Erkennen zum Bewußtsein kommenden Imaginationen.

Wenn diese Imaginationen auch nicht direkt, nicht unmittelbar in unser Bewußtsein hereintreten im alltäglichen Leben, so sind sie deshalb für uns nicht etwa bedeutungslos, sondern sie sind eigentlich für unser gesamtes Leben viel bedeutender als die sinnlichen Wahrnehmungen; denn wir sind mit unseren Imaginationen viel intensiver, viel intimer verbunden als mit den sinnlichen Wahrnehmungen. Von dem Reiche des Mineralischen bekommen wir als physische Menschen wenig Imaginationen. Schon mehr Imaginationen bekommen wird durch dasjenige, was wir entwickeln im Zusammenleben mit der Pflanzenwelt, der tierischen Welt; aber der weitaus größte Teil desjenigen, was in unserem Ätherleib als Imaginationen lebt, kommt aus unserem Verhältnisse zu unseren Mitmenschen und aus alledem, was für unser Leben folgt aus dem Verhältnisse zu unseren Mitmenschen. Ja, es beruht im Grunde genommen unser ganzes Verhältnis zu unseren Mitmenschen, die ganze Art, wie wir zu unseren Mitmenschen stehen, auf Imaginationen, welche sich immer ergeben aus der Art und Weise, wie wir einem anderen Menschen entgegentreten. Das macht sich allerdings als Imaginationen, wie ich schon andeutete, für das gewöhnliche Bewußtsein gar nicht geltend; aber es macht sich geltend in den in unserem Leben eine so große, eine so umfassende Rolle spielenden Sympathien und Antipathien, die wir entwickeln in minderem oder in höherem Grade zu demjenigen, was uns als Mensch in der Welt nahetritt, in unbestimmten Gefühlen, in nur angedeuteten Neigungen oder Abneigungen, in alldem, was sich dann heranentwickelt zu Freundschaft, zu Liebe, was sich steigern kann so, daß wir ohne diesen oder jenen Menschen glauben gar nicht leben zu können.

All das beruht auf den Imaginationen, die immer hervorgerufen werden in unserem ätherischen Leibe durch das Zusammenleben mit unseren Mitmenschen.“ (GA 168/1984/09.11.1916/S.178 f.)

Würden wir dieses unbewußte imaginative Leben nicht entwickeln, könnten wir nur kalt an unserer Mitwelt vorübergehen. Insofern haben wir hier den inneren Grund dafür zu suchen, daß der Mensch überhaupt ein Interesse für die Dinge seiner Umwelt finden kann:

„Das, was sich da geltend macht, und was man besonders beachten muß als der elementarischen Welt und unserem ätherischen Leben ganz besonders zugehörig, ist dasjenige, was wir das Interesse unserer Seele an der Umwelt nennen. Das, was vorzugsweise in den Kräften unseres Ätherleibes liegt, macht sich geltend dadurch, daß wir in bestimmten Fällen sogleich durch ein Interesse für einen Menschen gefangengenommen werden. Solch ein Interesse, wie es sich anspinnt zwischen einem Menschen und dem anderen Menschen, beruht auf ganz bestimmten Beziehungen, welche zwischen dem einen ätherischen Menschen und dem anderen ätherischen Menschen auftreten, und welche das Herüber- und Hinüberspielen der Imaginationen bewirken.“ (ebd./S.179)

Daß es möglich ist, vom anderen Menschen überhaupt ätherische Eindrücke zu erhalten, die uns etwas vom Wesen des anderen vermitteln, beruht darauf, daß sich alles Geistig-Seelische – wie oben beschreiben – immer im Ätherleib ausdrückt. Das erinnert an den Hinweis Steiners, daß der Ätherleib auch der Träger des Charakters und des Temperaments, der bleibenden Neigungen und Gewohnheiten sowie des Gedächtnisses sei. (vgl. GA 34/1987/S.317 ff.) So drückt sich die gesamte Persönlichkeitsstruktur und Wesensart eines Menschen in seinem Ätherleib aus. Wir fühlen uns zu ihm hingezogen, finden ihn anziehend oder aber auch abstoßend und bemerken nicht, daß unser Seelenleben von unterbewußten Imaginationen geleitet ist. Sympathie, Zuneigungen, Liebe – sie alle finden ihren tieferen Grund in den ätherischen Prozessen, die sich unbewußt zwischen uns und anderen Menschen abspielen und die sogleich ins Seelische hinaufwirken, wenn wir einem Menschen gegenübertreten. Der Ätherleib ist in dieser Beziehung in der Tat ein „Liebeleib".

„Die Liebe ist ein Erleben des andern in der eigenen Seele"

Alles, was auf die geschilderte Weise erlebt wird, kann aber noch nicht im tieferen Sinne Liebe genannt werden. Von wahrer Liebe können wir erst sprechen, wenn wir von allem, was uns selbst betrifft, absehen und in uns lebendig werden lassen, was der andere Mensch seinem eigenen Wesen nach ist. Diesbezüglich steht uns immer der eigene Egoismus im Wege. Dadurch öffnen sich zahlreiche Quellen der Selbsttäuschung.

In der Liebe wendet sich die Seele einem Gegenüber zu, im Egoismus dagegen sich selbst. Andererseits lebt im Egoismus eine Seelenkraft, ohne die es keine Liebe geben würden: Es ist die Kraft des Selbstgefühls, das uns das Ich-Erlebnis vermittelt. Nur ein Ich, das sich dem anderen Ich bzw. dem Gegenstand der Hinwendung als selbständiges, unabhängiges Wesen gegenüberzustellen vermag, ist zur Liebe fähig. So ist das ausgebildete Selbstgefühl eine notwendige Voraussetzung zur Entwicklung der Liebe. Drängt es sich aber in den Vordergrund, verschafft es sich im Egoismus Geltung. Dann wird einem das eigene Erleben wichtiger als das des anderen, bis man im Extrem schließlich nichts mehr liebt außer sich selbst. Ist das Selbstgefühl dagegen zu wenig ausgebildet, besteht die Gefahr, sich zu verlieren.

In der Wesensbegegnung liegt ja ein wesentliches Moment der Liebe. Oftmals verbindet sich damit das Bedürfnis nach Wesensvereinigung, nach Einssein. Leicht übersieht man dabei die selbstbezogene Komponente, die darin zum Vorschein kommt, daß man diese Begegnung *sucht*, daß man sie genießt oder auch vermißt, wenn sie fehlt. In Erlebnisse dieser Art mischen sich unvermittelt die eigenen Sehnsüchte, Bedürfnisse und Wünsche hinein, und inwieweit dabei das Wesen des anderen im Mittelpunkt steht und nicht das eigene Verlangen, müßte sich erst der prüfenden Selbstbeobachtung zeigen.

Die Liebe in ihrer reinen Gestalt lebt also nur da, wo das Ich sich im Gleichgewicht zwischen Selbsterleben und Erleben des anderen befindet. Eine Hilfe zur Unterscheidung auf diesem Gebiet kann wiederum von einer Kenntnis der Grundkräfte des Ätherleibes ausgehen, wie Rudolf Steiner sie in seiner Schrift „Die Schwelle der geistigen Welt" (GA 17) unter einem anderen Gesichtspunkt dargestellt hat. Es findet sich dort ein Kapitel über das „Ich-Gefühl" und die „Liebefähigkeit" im Verhältnis zur ätherischen Welt, dessen Thematik auch in den folgenden Kapiteln des Buches aufgegriffen wird. Ich werde im folgenden wesentliche Gesichtspunkte der nicht ganz einfachen Texte, die auch zur meditativen Vertiefung gedacht sind, zusammenfassen.

Dort erfahren wir, daß innerhalb des ätherischen Leibes, hier oft auch elementarischer Leib genannt, zwei gegensätzliche Kräfte vorhanden sind, die Steiner als die Kräfte der „Verwandlungsfähigkeit in andere Wesenheiten" und das „starke Ich- oder Selbstgefühl" charakterisiert. Die Schilderung ist so gegeben, wie die Sachverhalte sich der okkulten Forschung ergeben. Es wird jedoch darauf hingewiesen, daß die dem übersinnlichen Schauen zugänglichen Erfahrungen prinzipiell für *jeden* Menschen *immer* vorhanden seien. Sie seien dem Wesen der Menschenseele eigen, nur treten sie im gewöhnlichen Leben nicht ins Bewußtsein.

Die Verwandlungsfähigkeit wird als ein Trieb der Hingabe beschrieben, der sich in einem „Einfühlen in andere Wesenheiten" äußert. Durch seine Wirksamkeit werden die Wesen und Vorgänge der ätherischen Welt überhaupt erst erfahrbar. Hätte die Seele nicht die Möglichkeit, sich in andere Wesen einzufühlen, könnte sie in der übersinnlichen Welt nichts wahrnehmen. Die Hingabekraft wird folgendermaßen beschrieben:

„Es ist der Trieb der *Hingabe* an dasjenige, was man erlebt. Man muß in dem Erlebnis untertauchen, man muß *eins* mit ihm werden können; man muß dies bis zu einem solchen Grade können, daß man sich außerhalb seiner eigenen Wesenheit erschaut und in der anderen Wesenheit drinnen fühlt. Es findet eine *Verwandlung* der eigenen Wesenheit in die andere statt, mit welcher man das Erlebnis hat. [...] Man bemerkt auf diese Art, wie man mit der einen Wesenheit in dieser oder jener Art verwandt ist, wie man einer anderen durch seine eigene Natur ferner steht." (GA 17/Tb. 1972/S.108)

Die so gewonnenen Erlebnisse innerhalb der ätherischen Welt charakterisiert Steiner auch in diesem Zusammenhang als auf Sympathien und Antipathien beruhend. Ähnlich wie in dem oben zitierten Text über die ätherischen Imaginationen heißt es auch hier, daß jeder Mensch in jedem Augenblick seines Lebens mit Sympathien und Antipathien der einen oder anderen Art in die ätherische Welt hineinverwoben sei. Einmal fühlt man sich angezogen, ein andermal weicht man zurück.

Durch die zweite Kraft vermag die Seele sich aller Sympathien und Antipathien der ätherischen Welt zu entziehen. Sie ist vergleichbar mit einem Willensakt, durch den die Seele sich von den anderen Wesen der ätherischen Welt löst. Sie will „in sich selbst nur *sich* erleben, nur ihr eigenes Sein beachten, erfühlen". (ebd./S.110) Dieser Zustand sei nur mit dem starken, reinen Ich- oder Selbstgefühl vergleichbar, das der Mensch in der Sinneswelt entwickelt. Steiner betont dabei, daß das starke Ich-Gefühl „*nicht* durch den ätherischen Leib als solchen vorhanden" sei, „sondern durch die Seele, welche sich in dem physisch-sinnlichen Leib erlebt". (ebd./S.111) Nur in der Sinneswelt kann der Mensch das Ich-Gefühl ausbilden. Bringe die Seele es von dort aus aber nicht in den hellsichtigen Zustand mit hinein, sei sie nicht zureichend gerüstet, sie würde beim Eintritt in die ätherische Welt von dem Gefühl befallen, den festen Boden zu verlieren.

Für unseren Zusammenhang ist nun vor allem von Bedeutung, daß diese beiden Kräfte des Ätherleibes, die Verwandlungsfähigkeit und das starke Ich-Gefühl, für das gewöhnliche Erleben in der Sinneswelt nur in abgedämpfter Form in Erscheinung treten. Durch das Leben in einem physischen Körper gewinnt das Seelenleben eine feste Prägung, die der Mensch zur Aufrechterhaltung seiner Persönlichkeit braucht. Es ist dem

Menschen gar nicht gemäß, die Verwandlungsfähigkeit innerhalb der Sinneswelt voll zu entwickeln, denn anderenfalls würde er die Geschlossenheit seiner Persönlichkeit verlieren, und der Mensch geriete in Widerspruch mit sich selbst. Auch das starke Ich-Gefühl tritt für das gewöhnliche Leben nur in abgeschwächter Form auf. Würde es zu stark in die Seele hineinragen, sofern diese in der Sinneswelt lebt, verwandelte es sich in die Triebe des Egoismus. Sie wirkten dann der Liebekraft entgegen. Steiner erkennt hier den „Ursprung des ‚Bösen' im menschlichen Handeln". (ebd./S.116) Was also in der ätherischen Welt notwendig ist – das starke Selbstgefühl –, wird zum Quell des Bösen, wenn es in unberechtigter Weise, sozusagen am falschen Ort, innerhalb der Sinneswelt zur Geltung kommt.

In der Abschwächung der beiden genannten Kräfte liegt nun die wichtigste Voraussetzung dafür, daß der Mensch zur Liebe fähig wird. Nur weil das in den Tiefen der Seele vorhandene Selbstgefühl abgedämpft ist, ist der Mensch in der Lage, anderes in sich aufleben zu lassen. Damit zeigt sich zugleich ein grundlegender Unterschied zwischen der Liebe in der Sinneswelt und der Hingabekraft in der ätherischen Welt. Hingabe heißt, sich einem anderen hinzugeben, sich in ihm zu erleben. Liebe dagegen – und das ist vielleicht ihre zutreffendste und schönste Definition – beruht auf einem „Erleben des andern in der eigenen Seele":

„Es ist dem menschlichen Bewußtsein innerhalb der Sinneswelt wesentlich, daß das Selbstgefühl der Seele (ihr Ich-Erleben), trotzdem es vorhanden sein muß, abgedämpft ist. Dadurch hat die Seele die Möglichkeit, innerhalb der Sinneswelt die Schulung für die edelste sittliche Kraft, für das *Mitgefühl* zu erleben. Ragte das starke Ich-Gefühl in die bewußten Erlebnisse der Seele innerhalb der Sinneswelt hinein, so könnten sich die sittlichen Triebe und Vorstellungen nicht in der richtigen Weise entwickeln. Sie könnten nicht die Frucht der *Liebe* hervorbringen. Die Hingabe, dieser naturgemäße Trieb der elementarischen Welt, ist nicht dem gleich zu achten, was man im menschlichen Erleben als Liebe bezeichnet. Die elementarische Hingabe beruht auf einem *Sich*-Erleben in dem anderen Wesen oder Vorgang; die *Liebe* ist ein Erleben des andern in der eigenen Seele. Um dies Erleben zur Entfaltung zu bringen, muß in der Seele über das in ihren Tiefen vorhandene Selbstgefühl (Ich-Erlebnis) gewissermaßen ein Schleier gezogen sein; und in der Seele, welche in bezug auf ihre eigenen Kräfte abgedämpft ist, ersteht dadurch das In-sich-Fühlen der Leiden und Freuden des anderen Wesens; es erkeimt die Liebe, aus der echte Sittlichkeit im Menschenleben erwächst. Die Liebe ist für den Menschen die bedeutsamste Frucht des Erlebens in der Sinneswelt. Durchdringt man das Wesen der Liebe, des Mitgefühls, so findet man in diesen die Art, wie das Geistige in der Sinneswelt sich in seiner Wahrheit auslebt. [...] Man kann sagen, daß mit dem übersinnlichen Bewußtsein die Menschenseele in der geistigen Welt aufwacht; man muß ebenso sagen, *daß in der Liebe das Geistige innerhalb der Sinneswelt aufwacht.* Wo Liebe, wo Mitgefühl sich regen im Leben, vernimmt man den Zauberhauch des die Sinneswelt durchdringenden Geistes." (ebd./S.111 f.)

2. Das Ätherherz

In der Liebe lebt das andere Wesen in uns auf, seine Freuden, seine Leiden. Dadurch ist sie die moralische Sonne der Welt, denn sie macht sichtbar, was der in sich verschlossenen Seele verborgen bleibt. Und so wie das äußere Licht im Zentralorgan der Sonne seinen Mittelpunkt hat, so die innere Sonne im menschlichen Herzen, dem Zentralorgan der Liebe. Von jeher gilt das Herz als Sinnbild der Liebe. Zahlreiche Dokumente der Dichtung, Religionsgeschichte und Kulturphilosophie sprechen davon. Auch in etlichen Redewendungen kommt die Verbindung des Herzens mit der Liebe zum Ausdruck. Niemand liebt mit dem Kopf, wir lieben „von ganzem Herzen", die Liebe kommt „von Herzen" und „spricht zum Herzen". Im Herzen ist der Mensch „am meisten in seines Wesens tiefstem Quell". (GA 40/1975/S.268)

Dieses Mittelpunktsorgan zeigt sich auch in der okkulten Forschung Steiners von einzigartiger, herausragender Bedeutung. Im Herzen konzentriert sich ein übersinnliches Geschehen, wie es offensichtlich sonst an keiner anderen Stelle des Organismus der Fall ist. Daher möchte ich diese Betrachtungen über den „Liebeleib" mit einem Ausblick auf das geistige Herz, das Ätherherz, abrunden, bevor ich auf die Hindernisse eingehe, die der Liebefähigkeit heute im Wege stehen.

Es geht dabei um das Beziehungsgeflecht „Liebe – Ich – Herz – Sonne". Ein erster Gesichtspunkt ergibt sich aus Darstellungen Steiners über den Zusammenhang der übersinnlichen Wesensglieder des Menschen mit einzelnen Organen des physischen Leibes. Ätherleib, Astralleib und Ich sind im tagwachen Leben natürlich mit dem physischen Leib als Ganzem verbunden, aber nicht an jeder Stelle in gleicher Weise. Auch ohne detaillierte Fachkenntnis leuchtet es z.B. ein, daß der Zusammenhang der Wesensglieder in einem so vitalen Organ wie der Leber ein anderer sein muß wie im vergleichsweise wenig durchbluteten Gehirn. In der Leber sind nach Steiner vor allem die Kräfte des Ätherleibes vorherrschend, während der Astralleib an der Bildung und inneren Konfiguration der Leber kaum einen Anteil hat. Gerade umgekehrt verhält es sich beim Gehirn. Hier tritt der Ätherleib mit seiner Wirksamkeit zurück, während der Astralleib gerade besonders tätig ist. Charakteristisch ist sodann die enge Beziehung des Ich zum Blutkreislauf und damit zum Herzen – oftmals findet man auch die Formulierung, das Blut sei der physische Träger des Ich. Der Anteil des Ich am körperlichen Geschehen erstreckt sich dabei „bis in den Bau des Herzens". (GA 136/1974/10.04.1912/S.124)

An anderer Stelle hat Steiner auf den okkulten Zusammenhang des Herzens mit der Sonne hingewiesen, indem er ausführt, daß alle Kräfte, die die Erde direkt von der Sonne empfängt, „mit den inneren Kräften, die auf das menschliche Herz vom Blutkreislauf aus wirken" in Verbindung stehen. (GA 145/1976/21.03.1913/S.38 f.)

Das Herz wird zum ätherischen Sinnesorgan

Eine wesentliche Erweiterung und Vertiefung dieser Hinweise bringen die Vorträge vom 06. und 26.05.1922 (in GA 212). Im erstgenannten Vortrag wird geschildert, wie wir durch das Herz unser „ewiges Wesen" finden, im zweiten erfahren wir vom dem „Organismus der Karmabildung", der sich im Ätherherzen konzentriert.

Wenn sich der Geistesforscher mit imaginativer und inspirierter Erkenntnis dem Herzen zuwendet, erlebt er zunächst die elementare Wirklichkeit der aus dem Inneren des Menschen aufsteigenden Emotionen, Gefühle, Triebe usw. Dann aber wird das Herz wie zu einem großen

Sinnesorgan, durch das er mächtige Bilder wahrnimmt, die aus dem Inneren aufsteigen. Diese Bilder sprechen aus, was der Mensch als geistiges Wesen vor der Geburt war. Für die okkulte Anschauung wird dabei das Herz „so groß wie der ganze Blutorganismus", es wird „ein großes ätherisches Sinnesorgan". (GA 212/1978/06.05.1922/S.73) Durch dieses Sinnesorgan lernt sich der Mensch in seinem geistigen Wesen kennen, wie es vor der Geburt und Empfängnis in der geistigen Welt gelebt hat. So wird das Herz zum inneren Auge, das sichtbar werden läßt, „was unser ewiges Wesen ist". (ebd./S.74)

„Uns selbst fassen wir, wenn wir durch das Herz tiefer in uns hineinschauen. Das gewöhnliche Leben schlägt uns bloß die Emotionswogen herauf. Lernen wir aber durch höhere Erkenntnis mehr davon kennen, so schlägt uns da unser ewiges Dasein herauf. Jetzt lernt die Seele verbunden sein mit dem Geiste, der wir selbst sind. Die äußere Welt, die wir betrachten als geistige Umgebung, die sind wir nicht. Das, was wir da drinnen durch unser Herz, das Sinnesorgan wird, erblicken, das sind wir selbst. Der Weg, der sonst nur in das Seelische führt, indem das Seelische seine Außenseite, die Triebe, die Begierden, zeigt, dieser selbe Weg führt uns hinein in das ewige Seelische, das in uns ist und das vom Geistigen durchdrungen ist, das ebenso geistig ist wie die geistige Umwelt. Jetzt kommen wir hinein in das Gebiet, wo die Seele mit dem Geiste eins ist." (ebd./S.75)

Die geschilderten Eindrücke sind Erlebnistatsachen, die sich dem okkulten Blick ergeben. Jeder aber, der sich auf sein Herz besinnt und innerlich horcht, was ihm von dort entgegenkommt, fühlt sich im Herzen im innersten seines Wesens berührt. Das Herz kann sich verschließen, es kann sich aber auch öffnen, sich weiten und vertiefen. Hier ist der Ort, an dem wir wahrhaft zu uns selbst finden, in den wir jenen Einlaß gewähren, die wir wahrhaft lieben. Dieser Ort schenkt tiefstes Vertrauen. Hier ereignet sich Wesensbegegnung, hier finden sich die Seelen und dürfen sein, wie und was sie sind – geistig, ichhaft, ewig. Unser Herz wird zur Liebessonne, wenn wir es wollen.

Erfahrungen dieser Art sind nicht alltäglich. Sie gehören zu den seltenen Geschenken des Lebens und zu den wertvollsten, die unserem Dasein Sinn verleihen. Damit sind zugleich die wichtigsten Schicksalsfragen verknüpft. Denn nur mit unserem Verstand kommen wir an die tieferen Lebenszusammenhänge nicht heran. Da müssen wir auch das Herz befragen. Nur im tiefsten Herzen spricht sich der Sinn dessen aus, was uns schicksalsmäßig nahekommt und was sich höchstens in Ahnungen und innere Gewißheiten kleidet. Indem wir derartigen Erfahrungen nachgehen, ist der Weg nicht mehr weit, der zum Verständnis des Ätherherzens als „Organismus der Karmabildung“ führt, wie Steiner ihn am 26.05.1922 schildert.

Ein Abbild des Kosmos

Steiner beginnt seine Ausführungen mit einem eindrucksvollen Bild über die Beschaffenheit des Ätherleibes zum Zeitpunkt der Geburt bzw. Konzeption, wie man es in dieser Form an anderer Stelle nicht findet (siehe auch jeweils die Abbildungen):

„Dieser ätherische Leib, der sich da im Menschen heranbildet, ist gewissermaßen eine Welt für sich. Allerdings, man möchte sagen, eine Welt für sich im Bilde. Es ist so, daß dieser ätherische Leib zum Beispiel an seiner Umgebung Sternhaftes zeigt (gelbe Sterne), und daß er in seinem unteren Teile etwas zeigt, was sich mehr oder weniger wie ein Abbild der Erde selber ausnimmt. Ja, er hat sogar eine Art von Abbild des Sonnen- und Mondenhaften in sich.

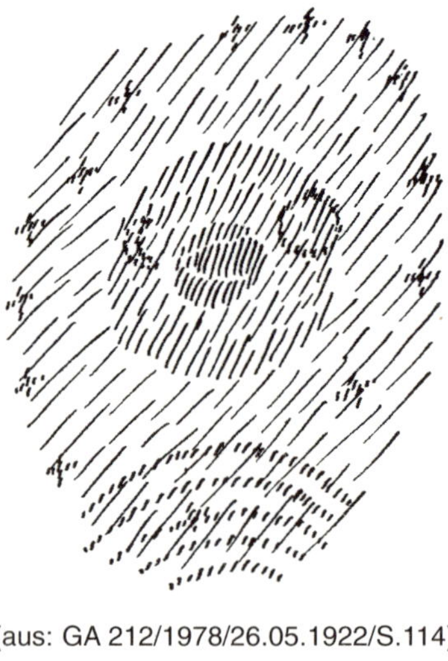

(aus: GA 212/1978/26.05.1922/S.114)

Das ist außerordentlich bedeutsam, daß, wenn wir so aus der allgemeinen Ätherwelt beim Heruntersteig in die irdische Welt die Ätherkräfte heranziehen, wir in unseren Ätherleib eine Art Abbild des Kosmos mitnehmen. Wenn wir den Ätherleib des Menschen in dem Momente herausnehmen könnten, wo der Mensch sich mit dem physischen Leib verbindet, so würden wir, viel schöner als das jemals mechanisch geformt worden ist, eine Sphäre haben mit den Sternen, mit dem Tierkreis, mit Sonne und Mond." (ebd./26.05.1922/S.114 f.)

Während der Embryonalzeit und in den ersten sieben Jahren nach der Geburt wächst der Ätherleib immer mehr mit dem physischen Leib zusammen und tritt damit an die Stelle der vererbten Ätherhülle. Die geschilderte Konfiguration des Ätherleibes bleibt in dieser Zeit noch bestehen, sie blaßt nur etwas ab. Erst etwa zur Zeit des Zahnwechsels vollzieht sich eine erste grundlegende Veränderung: Die sternigen Gebilde lösen sich auf und werden strahlig. Die Sterne werden zu Strahlen, die sich im Inneren wie in einem Mittelpunkt treffen. Diese Entwicklung vollzieht sich vom Zahnwechsel bis zur Geschlechtsreife. Und indem sich der „Stern-Ätherleib" nach innen zieht, bildet sich das Ätherherz:

„Bei der Geschlechtsreife ist es dann so weit, daß, indem diese Strahlen hier zusammengewachsen sind, sie innerlich eine Art eigenes Gebil-

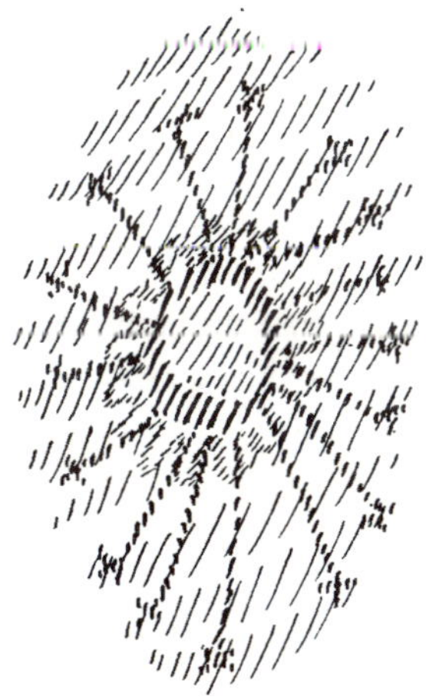

(aus: GA 212/1978/26.05.1922/S.115)

de, ein ätherisches Gebilde formen (rot). Man möchte sagen: Dasjenige, was die Umfangssterne waren, das strahlt zuerst nach innen; dann hört es später auf, da werden diese Sterne vollständig blaß. Es bleibt natürlich immer etwas vorhanden, aber es wird ganz blaß. Es werden auch diese Strahlen blaß. Dagegen wird das, was sich in der Mitte gewissermaßen zusammengeballt hat, besonders lebendig. Und in dem, was sich da in der Mitte zusammengeballt hat, in dem hängt in der Zeit, in der auch die Geschlechtsreife eintritt, das physische Herz darinnen. Das ist also an der Stelle des menschlichen Organismus, wo das physische Herz darinnenhängt mit den Adern (blau)." (ebd./S.116)

Dieses ätherische Gebilde ist das Ätherherz. Es zeigt sich dabei als eine „Zusammenballung der ganzen Weltensphäre", es ist „wirklich ein Bild des Kosmos". (ebd./S.117)

Parallel zu dem ätherischen Geschehen vollzieht sich die Entwicklung des Astralleibes.[3] Diesen bringt die Seele aus dem vorgeburtlichen Dasein mit. Er enthält in bildhafter Form alles, was der Mensch in der Zeit zwischen Tod und neuer Geburt in der geistigen Welt erlebt hat. Der Astralleib des kleinen Kindes ist aus diesem Grunde sehr differenziert und individuell gestaltet, es sind in ihm „außerordentlich viel einzelne Organe zu unterscheiden". (ebd.) Nun arbeitet sich der Astralleib bis zur Geschlechtsreife in den physischen Leib hinein. Das geschieht dadurch, daß die einzelnen Gebilde, die er aus einer ganz anderen Welt mitbringt, in die physischen Organe hineinschlüpfen – wie Steiner es ausdrückt –, allerdings nur in die Organe, die oberhalb des Zwerchfells liegen. Dadurch wird der Astralleib selbst immer unbestimmter und erscheint schließlich wie eine „bloße Nebelwolke". (ebd./S.119) Mit der Geschlechtsreife ist dieser Prozeß abgeschlossen.

Die Geschlechtsreifung geht bekanntlich mit einer starken Stimmungsschwankung, Verinnerlichung und aufwogenden Gefühlserlebnissen einher, die auf grundlegende Wandlungen nicht nur des körperlichen, sondern vor allem auch des seelischen Wesensgefüges hindeuten.

3. Die dabei in Betracht kommenden Veränderungen sind ohne entsprechende Kenntnisse der Anthroposophie schwer nachvollziehbar. Ich verweise hierzu insbesondere auf die Vorträge vom 16.–19.05.1923 in GA 226: „Menschenwesen, Menschenschicksal und Weltentwicklung". Es geht insbesondere um die geistige Tätigkeit der Seele beim Aufbau des Geistkeims der menschlichen Gestalt, der zur Grundlage des physischen Leibes für die nächste Erdenverkörperung wird.

(aus: GA 212/1978/26.05.1922/S.119)

Auch die Liebefähigkeit tritt jetzt zum ersten Mal in individualisierter Gestalt auf. Dies alles können wir als Hinweise auf die eigentliche Geburt des Astralleibes verstehen, der bis dahin im Zusammenwirken mit der vererbten Astralhülle in anderer Weise am Leib tätig war. Sie erfolgt bemerkenswerter Weise zum selben Zeitpunkt, an dem auch das eigene Ätherherz erscheint.

Beide Prozesse müssen wir dabei in ihrer Gleichzeitigkeit denken: Der Stern-Ätherleib wird strahlig und bildet das ätherische Herz. Der astralische Leib entläßt seine Organgebilde in den physischen Leib und öffnet sich damit gewissermaßen für Neues. Das Herz bildet bei diesem ganzen Geschehen eine Ausnahme. Denn im Herzen verbindet sich – wie wir noch sehen werden – das astralische Geschehen in besonderer Weise mit dem ätherischen.

Von der Geschlechtsreife an – vorher ist das nur andeutungsweise der Fall – werden alle Taten des Menschen in seinen Astralleib eingeschrieben. Dadurch treten in diesem unbestimmten Nebelgebilde nun andere Differenzierungen auf als vorher:

„In dieses undifferenzierte Gebilde schreibt sich jetzt alles das ein, was wir an Bewegungen der Arme und der Beine ausführen. Aber es schreibt sich auch ein, was wir durch Arme und Beine tun: Wenn wir zum Beispiel eine Feder führen, alles, was wir da in der Außenwelt vollführt haben, schreibt sich ein. Wenn wir Holz hacken, wenn wir jemandem eine Ohrfeige geben, so schreibt sich das ein. Sogar wenn wir nicht etwas selber tun, sondern einem Diener einen Auftrag geben und der es dann ausführt, so schreibt sich durch das Verhältnis unseres Wortinhaltes zu dem, was der Diener tut, das auch ein. Kurz, es schreibt sich die gesamte Tätigkeit eines Menschen, die einen Ausdruck in der Außenwelt findet, jetzt in diesen astralischen Leib ein [...]. So konfiguriert sich der astralische Leib also in der mannigfaltigsten Weise durch das, was menschliches Tun ist.“ (ebd./S.120 f.)

Alles, was auf diese Weise in den Astralleib eingeschrieben wird, hat wiederum die Tendenz, sich im Innern zu treffen, und zwar an derselben Stelle, wo sich auch die Strahlungen des Ätherleibes im Ätherherzen treffen. Dadurch bildet sich um die Geschlechtsreife dort, wo sich das Ätherherz befindet, auch ein astralischer Mittelpunkt. Es entsteht ein ätherisch-astralisches Herzorgan, das alles in sich aufnimmt, was schließlich zur Grundlage für das Schicksal wird:

„So daß wir – und wiederum in der Zeit der Geschlechtsreife, da ist das sehr deutlich ausgebildet – an derselben Stelle, wo sich dieses Ätherherz, das nun unser eigenes ist, gebildet hat, auch ein astralisches Gebilde haben, das unser gesamtes Tun zentralisiert. Und dadurch, daß das von der Zeit der Geschlechtsreife an so ist, dadurch ist ein Mittelpunktsorgan geschaffen, in dem sich unser gesamtes Tun, unsere gesamte menschliche Tätigkeit zentralisiert. Es ist so, daß in derselben Gegend, wo der Mensch das Herz hat, sich nun weder physisch noch ätherisch, aber astralisch seine gesamte Tätigkeit zentralisiert. Und das Wichtige ist, daß in der Zeit, wo die Geschlechtsreife eintritt [...], dieses Ätherherz so weit vorgebildet ist, daß es die Kräfte aufnehmen kann, die sich hier aus der Tätigkeit der äußeren Welt entwickeln. Man kann also sagen, und man trifft damit durchaus ein wirkliches Ereignis im Inneren des Menschen: Von der Geschlechtsreife an schaltet sich auf dem Umwege durch den Astralleib die gesamte menschliche Tätigkeit in das Ätherherz ein, in dasjenige Organ, das aus den Abbildern der Sterne, aus den Abbildern des Kosmos geworden ist. Da schaltet sich das alles ein.

Das ist eine außerordentlich bedeutsame Erscheinung, denn wenn Sie dieses alles betrachten, dann haben Sie den Zusammenschluß dessen, was der Mensch in der Welt tut, mit dem Kosmischen. Im Herzen haben Sie, sofern die ätherische Welt in Betracht kommt, einen zusammengezogenen Kosmos; aber zugleich auch, insofern die astralische Welt in Betracht kommt, eine Zusammenziehung desjenigen, was der Mensch tut. Hier schließt sich der Kosmos mit seinem Geschehen und das Karma des Menschen zusammen. Es ist eine so innige Korrespondenz des astralischen Leibes und des ätherischen Leibes mit dem ganzen menschlichen Organismus nur in der Gegend des Herzens vorhanden. Da ist es in der Tat so, daß die ganze Welt, von der sich der Mensch durch die Geburt in seinem Ätherleib ein Abbild hereingebracht hat, daß diese ganze Welt, die da wie in einer Essenz darinnen ist, alles das, was der Mensch tut, in sich aufnimmt, sich damit durchdringt. Und nun ist Gelegenheit durch diese Zusammenschlüsse, durch diese Zusammenschaltung, daß während des ganzen menschlichen Lebens fortwährend das menschliche Tun in die Essenz der Abbilder des Kosmos eingeschaltet wird." (ebd./S.123 f.)

Am Schluß des Vortrags faßt Steiner zusammen:

„Das richtige Bilden des Karmas geschieht eben erst von dem Momente an, wo das astralische Herz in das ätherische Herz voll eingreift, wo sich diese zusammenschalten. Aber es ist das auch, wenn ich so sagen darf, der Organismus der Karmabildung." (ebd./S.127)

Alles, was wir im Menschenleben tun, tragen wir im wahrsten Sinne des Wortes in unserem Herzen, dort schreiben wir es ein. So führt uns das Thema der Liebe in ihrer Beziehung zum Ätherleib schließlich zur inneren Sonne, dem Ätherherzen, in dessen Tiefen wir das ewige Wesen des Menschen und sein Schicksal finden. Im Herzen liegt die Zukunft der Welt.

3. Warum haben wir es heute mit der Liebe so schwer?

Verlieben ist leicht, lieben dagegen schwer. Solange das Gefühl der Verliebtheit trägt, geht scheinbar alles wie von selbst. Man interessiert sich für den anderen, geht auf ihn ein, hört ihm zu und hat praktisch nichts an ihm auszusetzen. Nach einer Weile ändert sich aber das Verhältnis zueinander mehr oder weniger schlagartig. Jetzt muß sich im

Leben erweisen, ob wir zur Liebe fähig sind. Das bereitet Probleme. Viele Menschen, die sich einst in Liebe verbunden haben, wissen inzwischen nicht mehr, wie sie miteinander auskommen sollen. Was einstmals Liebe war, ist längst zur alltäglichen Gewohnheit geworden, und so lebt man mehr oder weniger gleichgültig nebeneinander her. Verletzungen und Enttäuschungen sind an der Tagesordnung, die Zahl der Ehescheidungen spricht für sich. Selbst willensstarken Idealisten fällt es heute oft schon schwer, an den geliebten Idealen festzuhalten. Den Enttäuschungen folgen Verbitterung, Ohnmacht, Leere und vielleicht auch Haß, und irgendwann stellt sich die ernüchternde Frage: „Wozu noch das Ganze?“

Diese Erscheinungen sind nicht zuletzt Begleiterscheinungen der zunehmenden Individualisierung. Daher können wir nicht umhin, etwas genauer auf die Hindernisse zu schauen, die sich der Entwicklung der Liebe in den Weg stellen. Zwei Faktoren scheinen für die Krisensituation zwischenmenschlicher Beziehungen im wesentlichen verantwortlich zu sein: Der eine Faktor ergibt sich aus den Entwicklungsbedingungen der Bewußtseinsseele, der andere aus der Vielschichtigkeit der karmischen Beziehungen der Menschen untereinander.

Individualisierung und Bewußtseinsseele

Durch die Entwicklung der Bewußtseinsseele in der heutigen Zeit wird der Mensch auf die Spitze seiner Persönlichkeit gestellt. Dadurch führt der Mensch ein innerlich sehr isoliertes, von den anderen Menschen abgesondertes Leben, und es fällt ihm sehr schwer, tragende Lebensbeziehungen aufzubauen. Das war – so Steiner – in früheren Zeiten ganz anders. Als die Menschen sich noch durch die Verstandes- und Gemütsseele gegenübertraten – sie entwickelte sich während der griechisch-römischen Kulturepoche –, wirkte das Gemüt des einen Menschen noch viel spiritueller in das Gemüt des anderen hinüber. Man lernte sich viel schneller kennen und konnte tragfähige soziale Beziehungen darauf stützen.

Jetzt ist es so, daß der Mensch durch die Bewußtseinsseele „etwas viel Abgesonderteres, Individuelleres, mehr auf den Egoismus hin, auf die menschliche Einsamkeit im eigenen Leibe hin Organisiertes mitbekommt, als Verstandes- oder Gemütsseele es waren. Durch die Bewußtseinsseele ist der Mensch viel mehr ein einzelnes Individuum, ein Einsiedler, der durch die Welt wandelt, als er es war durch die Verstandes- oder Gemütsseele. Und das ist auch das wichtigste Charakteristikum schon geworden für unsere Zeit und wird es immer mehr und mehr werden, daß sich die Menschen in sich abschließen werden. Die Bewußtseinsseele gibt den Charakter des Sich-Abschließens von der übrigen Menschheit, des mehr Isoliert-Lebens. Daher macht es größere Schwierigkeit, mit dem anderen bekannt und namentlich vertraut zu werden; es bedarf erst der Verhältnisse eines umständlichen Kennenlernens, um mit dem anderen vertraut zu werden." (GA 168/1984/10.10.1916/S.94 f.)

Nun sind Toleranz und gegenseitige Achtung der individuellen Persönlichkeit des anderen heute längst zum allgemein anerkannten Gemeingut des sozialen Lebens geworden – wenn auch oft nur abstrakt. Denn wie schwer ist es, konkret damit zu leben. Ständig begegnen wir Menschen, die uns in unserem Sosein „stören". Ein Rückzug in das eigene Innere läßt das Leben nicht zu. Die Menschen begegnen sich ja nicht wie Automaten, sondern sie treten sich innerlich nahe und machen dabei oft die Erfahrung, daß sie innerlich viel mehr miteinander zu tun haben, als es auf den ersten Blick scheint.

Liebe auf den ersten Blick

Nehmen wir an dieser Stelle den Gedanken der Wiederverkörperung ernst, müssen wir uns vorstellen, daß wir schon oftmals auf der Erde verkörpert waren. Mit jeder Erfahrung und jeder Begegnung wird der Mensch in seinem Inneren reicher, aber eben auch komplizierter. Und ebenso kompliziert werden die Schicksalsbeziehungen untereinander. Denn in jeder Verkörperung haben sich neue Lebensbeziehungen zu anderen Menschen entwickelt, mit denen wir dadurch schicksalsmäßig verbunden sind. Alle diese Menschen müssen wir nach dem Schicksalsgesetz wiedertreffen. Die Konsequenzen für unsere Zeit beschreibt Steiner so:

„So wie wir Menschen überhaupt im Leben heute zusammenkommen, so ist das nicht zufällig, wahrhaftig nicht zufällig. Die Lebensbahnen führen uns mit gewissen Menschen zusammen, mit anderen führen sie uns nicht zusammen. Das aber beruht heute durchaus auf den Wirkungen des Karma der einzelnen Menschen. Denn wir sind in eine Entwickelungsperiode der Menschheit eingetreten, die in gewisser Beziehung zu einer Höhe gebracht hat die früheren karmischen Entwickelungen, die die Menschen durchgemacht haben. Denken Sie doch, wieviel weniger die Menschen Karma angesammelt hatten, als die ersten Zeiten der Erdenentwickelung da waren! [...] Aber wir sind allmählich dadurch, daß wir oft und oft auf der Welt inkarniert waren, in solche Verhältnisse eingetreten, daß wir eigentlich in der Regel keinem Menschen entgegentreten, mit dem wir nicht dieses oder jenes in früheren Inkarnationen durchgemacht haben.“ (ebd./S.95)

Liegt hier ein Grund, warum sich Menschen ineinander verlieben? Ist die Liebe, die sich zwischen zwei Menschen entzündet, ein Reflex auf gemeinsame Erlebnisse in früheren Inkarnationen? Man stelle sich das vor: Zwei Menschen lernen sich kennen, teilen gemeinsam das Leben. Dann trennen sich die Wege, sie sterben. In der nächsten Inkarnation geht jeder zunächst eigene Wege. Doch irgendwann kommt es zu einem Wiedersehen. Unwillkürlich spürt man, daß man etwas miteinander zu tun hat, es ist wie ein unbewußtes Erkennen, man fühlt sich hingezogen, und – verliebt sich. Aber nicht nur das! Nach einer Weile, ehe man sich's versieht, begegnet man einem weiteren Menschen, zu dem ebenfalls Beziehungen aus einem früheren Erdenleben vorliegen. Man erkennt sich wieder, verliebt sich erneut, und es folgt vielleicht ein dritter, ein vierter usw. Möglicherweise erklärt sich das heute weitverbreitete Phänomen wechselnder Partnerschaften, man spricht bereits von „Lebensabschnittsgefährten“, dadurch, daß jeder einzelne karmische Verbindungen zu vielen Menschen aus der Vergangenheit hat.

Wenn das so ist, folgt daraus natürlich keineswegs, daß man jeden Menschen, den man in dieser Weise trifft, gleich heiraten muß. Ebensowenig wie eine neue, karmisch bedingte Begegnung ein Grund für eine Trennung zu sein braucht. Vielmehr stellt uns diese karmische Situation vor die Aufgabe, unsere Beziehungen zu anderen Menschen in einer viel tieferen und innerlicheren Weise zu befragen, als wir es gewohnt sind:

„Ein Mensch trifft den anderen; da soll mehr wirksam werden das, was in dem einen oder in dem anderen Menschen auftaucht als Ergebnis früherer Inkarnationen. Das braucht länger als das unmittelbare Kennenlernen, ich möchte sagen, auf den Augenschein hin; das braucht, daß die Menschen erst nach und nach, gefühlsmäßig, instinktmäßig heraufkommen lassen dasjenige, was sie mit dem anderen Menschen durchlebt haben. Das ist eben das, was wir heute fordern: daß wir einander kennenlernen, daß sich die Individualitäten erst abschleifen. Denn in diesem Kennenlernen, Abschleifen der Individualitäten, darin liegt es, daß aufsteigen noch unbewußt, instinktiv die Reminiszenzen, die Nachwirkungen der früheren Inkarnationen. Und nur, wenn so der Mensch mehr aus seinem Inneren heraus auch in ein Verhältnis zu anderen Menschen tritt, kann die Bewußtseinsseele sich ausbilden [...]." (ebd./S.96)

Meistens sind wir dafür nicht gerüstet, und es ist daher kein Wunder, wenn wir an den komplizierter gewordenen Schicksalsverhältnissen oftmals scheitern. Jede Krise aber hat – um mit Viktor Frankl zu sprechen[4] – ihren tieferen Sinn, auch wenn wir ihn vielleicht erst nach Jahren erkennen.

Mit diesen Ausführungen ist eine Grundproblematik unserer Zeit charakterisiert. Sie liegt in den Entwicklungsbedingungen des Bewußtseinsseelenzeitalters begründet. Steiner war sich daher im klaren, daß sich die Schwierigkeiten unter den Menschen in der nächsten Zukunft noch deutlich verschärfen werden:

„Immer schwieriger und schwieriger werden es die Menschen haben, indem dieser fünfte nachatlantische Zeitraum abläuft, sich in ein rechtes Verhältnis zueinander zu bringen, weil dieses Sich-in-ein-rechtes-Verhältnis-Bringen eben Aufwendung innerer Entwickelung, innerer Betätigung fordert. Es hat schon begonnen; aber das, was begonnen hat, wird immer weiter und weiter sich verbreiten, intensiver und intensiver werden. Wie ist es heute schon für Menschen, die durch das Karma zusammengeführt werden, schwierig geworden, sich unmittelbar zu verstehen, weil sie vielleicht wiederum durch andere karmische Verhältnisse nicht die Kraft finden, alle Beziehungen sich instinktiv zu vergegenwärtigen, die aus früheren Inkarnationen bestehen! Menschen wer-

4. Viktor E. Frankl: Das Leiden am sinnlosen Leben. Psychotherapie für heute. Freiburg 1977, [7]1983. Siehe auch: Bijan Adl-Amini: Nachtstunden des Lebens. Krisen verstehen Krisen bestehen. Freiburg 1992.

den zusammengeführt, lieben sich; das rührt her von gewissen Wirkungen aus früheren Inkarnationen. Aber andere Kräfte wirken dem entgegen, wenn solch eine Reminiszenz aufsteigt; sie kommen wieder auseinander. Und nicht nur Menschen, die sich so im Leben getroffen haben, müssen probieren, ob das, was in ihnen aufsteigt, wirklich ausreicht, um ein dauerndes Verhältnis zu begründen, sondern immer schwieriger wird es, daß die Söhne, die Töchter die Väter und Mütter verstehen, immer schwieriger und schwieriger wird es, daß die Eltern ihre Kinder verstehen, immer schwieriger wird es, daß die Geschwister einander verstehen. Das gegenseitige Verständnis wird immer schwieriger und schwieriger, weil immer mehr und mehr es notwendig wird, daß die Menschen dasjenige, was karmisch in ihnen sitzt, erst wirklich aus dem Inneren aufsteigen lassen." (ebd./S.96 f.)

Richtet man sich in seinem Verhalten anderen gegenüber aber nur nach Sympathien und Antipathien, werde dadurch „sehr häufig ein karmisches Verhältnis ganz und gar ausgelöscht, ganz und gar auf eine falsche Fährte geführt". (ebd./S.100) Steiner bezeichnet Sympathien und Antipathien daher als „die größten Feinde des wirklichen sozialen Interesses". (ebd.)

In dieser Entwicklungstendenz der Bewußtseinsseele äußert sich eine düstere Perspektive für die Zukunft. Steiner betont allerdings mit Nachdruck, daß diese Entwicklung notwendig sei, weil sich nur dadurch das Individuelle der Bewußtseinsseele entwickeln könne:

„Die Menschen müssen die Dinge alle durch Prüfungen durchmachen, indem sich ihnen gewissermaßen die Gegenkräfte in den Weg stellen. So werden die Sympathie- und Antipathiegefühle wirklich sich ausbreiten, und nur im Bekämpfen, im bewußten Bekämpfen der oberflächlichen Sympathie- und Antipathiegefühle wird die Bewußtseinsseele richtig geboren werden können." (ebd./S.101)

Und angesichts der inneren Konflikte, die damit verbunden sind, heißt es etwas später:

„Denn aus dem Herzblut heraus müssen bewußt die Impulse für dies neue Weltenwirken gewonnen werden. Was von selbst entstehen wird, wird Entfremdung der einzelnen untereinander sein. Was aus dem menschlichen Herzen wird herausquellen, das wird bewußt anzustreben sein. Schwierigkeiten geht jede einzelne Seele im fünften nachatlantischen Zeitraum entgegen. Denn nur in der Überwindung dieser Schwierigkeiten werden sich die Prüfungen ergeben, unter denen die Bewußtseinsseele entwickelt werden kann.“ (ebd./S.107)

Immer wieder hat Steiner mit Nachdruck auf diese zwei Seiten der Bewußtseinsseele hingewiesen: Die trennenden und antisozial wirkenden Kräfte äußern sich von selbst. Sie sind sozusagen naturgemäß schon da. Die sozial verbindenden dagegen müssen bewußt errungen werden. Und als Grundbedingung auf dem Gebiet des menschlichen Zusammenlebens formuliert er immer wieder die Forderung nach sozialem Interesse, sozialem Verständnis. Wie sieht es in dieser Hinsicht im Konkreten mit den Seelenkräften des Menschen aus?

Antisoziale Kräfte im Denken und das neue Gedankenlesen

Im Vortrag vom 06.12.1918 aus dem Band „Die soziale Grundforderung unserer Zeit. In geänderter Zeitlage“ (GA 186) geht Steiner konkret auf antisoziale Kräfte der Seele ein, insofern sie sich im Denken, Fühlen und Wollen des Menschen äußern. Darin sind auch wichtige Fragen in bezug auf die Liebe angesprochen.

Zunächst aber geht es um das antisoziale Element im Denken. Es macht sich dadurch geltend, daß jedesmal, wenn wir einem anderen Menschen denkend gegenübertreten, im Unterbewußtsein das Bestreben vorliege, „durch den anderen Menschen eingeschläfert zu werden. Sie werden geradezu durch den anderen Menschen in ihrem Unterbewußtsein eingeschläfert.“ (GA 186/1979/06.12.1918/S.91) Nicht das Wollen und Fühlen, aber das Denken werde eingeschläfert. Und: „Jetzt müssen Sie, wenn Sie ein denkender Mensch bleiben wollen, sich innerlich dagegen wehren. Sie müssen Ihr Denken aktivieren. Sie müssen zur Abwehr übergehen gegen das Einschlafen. Das Einem-andern-Menschen-Gegenüberstehen bedeutet immer: sich erwachen machen, sich aufwecken, sich losmachen von dem, was er mit einem will.“ (ebd./S.91 f.) Jeder Mensch trete einem dadurch als „ein Feind unseres Vorstellens“ gegenüber.

Wir können uns leicht von der Richtigkeit dieser Gedanken überzeugen, wenn wir z.B. beobachten, was in uns vorgeht, während wir ein Gespräch führen. Zunächst sind uns ja die eigenen Überzeugungen,

Meinungen und Standpunkte immer wichtiger als die des anderen, und so verhalten wir uns in der Regel auch. Wir hören einem Menschen zu. Während er spricht und wir seinen Gedanken folgen, treten unsere eigenen ganz in den Hintergrund. Die eigenen Gedanken schweigen, sie sind nicht im Bewußtsein vorhanden. Das halten wir aber nicht lange aus, und nach kurzer Zeit rufen wir wieder eigene Gedanken auf den Plan: „Stimmt denn das?", „Ich sehe das ganz anders", „So ein Unsinn!" usw. In diesem Augenblick aber haben wir uns schon von dem anderen entfernt, wir hören nicht mehr aufmerksam zu, wenn auf diese Weise die eigenen Gedankenabläufe im Bewußtsein auftreten. Es erfordert eine erneute Konzentration, dem anderen weiter zu folgen. Wir hören wieder zu, stellen unser eigenes Denken in den Dienst des anderen, folgen dessen Gedankenbewegungen und nehmen mitdenkend den fremden Gedankeninhalt auf. Unsere eigenen Vorstellungen tauchen ins Unbewußte, werden eingeschläfert, und wieder müssen wir uns dagegen wehren. Diese zwei Zustände wechseln ständig in kürzester Zeit ab.

Genaugenommen wird nicht das eigene Denken eingeschläfert, sondern die eigenen Gedankeninhalte, die eigenen Vorstellungen. Denken ist eine Willensaktivität, eine im Denkprozeß verlaufende innere Tätigkeit, die im Zuhören zwar fremde Gedankeninhalte mitvollzieht, daran aber nicht zum Selbstbewußtsein kommen kann. Denn bewußt leben wir nur im eigenen Vorstellungsleben, während das Bewußtsein im Willen schläft. Nun ist es immer das Ich, das im Willen wirkt. Unser Ich bringt willenshaft tätig die Vorstellungen hervor, durch die wir wachen, die fremden Vorstellungen aber sind ein Produkt eines anderen Ich. Nehmen wir sie willenshaft mitdenkend auf, spüren wir unbewußt, daß ein anderes Ich in ihnen wirkt und denkt, daß dieses andere Ich mit uns etwas macht, und dagegen müssen wir uns wehren, wollten wir nicht tatsächlich das Bewußtsein verlieren. Also wendet sich unser Ich nach innen, aktiviert die eigenen Vorstellungen, die wir uns, an ihnen erwachend, zum Bewußtsein bringen.

Ein Weiteres kommt hinzu. Gedanken äußern sich durch die Sprache. Wir benutzen Worte und Begriffe, mit denen wir ganz bestimmte Gedankeninhalte verbinden. Wie oft geschieht es nun, daß ein Mensch seine Gedanken äußert, der andere aber etwas ganz anderes darunter versteht. Zahllose Mißverständnisse entstehen auf diese Weise, und so reden die Menschen aneinander vorbei, obwohl sie dieselbe Sprache benutzen, bis sich schließlich keiner mehr verstanden fühlt. Die eigenen Gedanken sind einem immer näher als die des anderen.

Lieben lernen heißt auf diesem Gebiet, eine ganz neue Qualität des Zuhörens zu entwickeln. Wir müßten – so Steiner – dazu kommen, durch die Worte der Sprache die Gedanken selbst wahrzunehmen, die sich darin ausdrücken, d.h. ein „Gedankenlesen" entwickeln, das uns in die Lage versetzt, nicht die eigenen Gedanken, sondern die des anderen wirklich wahrzunehmen. Dieses Gedankenlesen wird sich aber nur ausbilden, wenn die Menschen lernen, „durch ihre Ätherleiber" sozial in Beziehung zu treten. Auch in dieser Beziehung ist der Ätherleib der „Liebeleib". Denn er ist – wie ich an anderer Stelle ausgeführt habe – der eigentliche Träger der Gedanken. (vgl. Frank Linde: Die Impulse des Bösen am Jahrtausendende. FLENSBURGER HEFTE 60, 1998, S.35 ff.) Anknüpfend an die Besonderheit der englischen Sprache führt Steiner einmal aus, daß die Sprache in eine Entwicklung eingetreten sei, durch die ihr „inneres Durchdrungensein mit dem Seelischen" absterbe. Dann heißt es:

„Man wird sich in der Zukunft englisch nicht verständigen können, wenn man nicht zu gleicher Zeit ein gar nicht in der Sprache lebendes, unmittelbar elementarisches, empfindendes Verstehen von Mensch zu Mensch entwickelt, das dann erst der Sprache ihr Leben gibt. Das heißt aber nichts Geringeres, als daß der übersinnliche Mensch, der erste übersinnliche Mensch in das geschichtliche Dasein der Menschheit eintreten muß. Bisher haben die Menschen nur gesprochen aus ihren physischen Leibern heraus. Das, was sie als Sprache zusammengebracht hat aus ihren physischen Leibern heraus, das stirbt mit der englischen Sprache ab. Sie wird natürlich da sein, aber sie wird immer mehr und mehr ein abstraktes Geklingel werden. Und die Menschen müssen durch ihre Ätherleiber sozial in Beziehung treten, so daß, während sie sprechen, sie ein Verständnis von Gedanke zu Gedanke, ein wirkliches, nicht ein abergläubisches Gedankenlesen zustande bringen. Gedankenlesen, das ist eine Forderung über die nächsten Jahrhunderte hinüber. Sich unmittelbar verständigen von Gedanke zu Gedanke und bewußt sein, daß die Sprache nur immer mehr und mehr etwas sein wird, wodurch man den anderen aufmerksam macht, daß er auf die eigenen Gedanken achtgeben soll. Wenn die Sprache noch vollseelisch ist, so kann ich unter Umständen, wenn im Saale hier alles surrt, wo man sich geistreich unterhält und alles durcheinandertönt, ich kann klingeln, nicht wahr, dann wird es still werden. Ich habe angekündigt, daß ich jetzt reden will, dann versteht man dadurch dasjenige, was ich rede. So wird in der Zukunft das Sprechen selber sein. Es wird allerdings begleiten müssen die Gedankenentwickelung, aber es wird ein fortwährendes Anklingeln des andern sein, und das Verständnis von Mensch zu Mensch, das wird aus einem viel tieferen Seelenelement hervorgehen müssen." (GA 192/1964/13.07.1919/S.290)

Antisoziale Kräfte im Fühlen: das gefälschte Bild vom Mitmenschen

Im Gefühlsleben werden wir – wie oben dargestellt – von unbewußten Imaginationen geleitet, die aus den Tiefen des Ätherleibes aufsteigen. Da wirkt etwas ganz Unbewußtes, das aber unser Verhalten zu anderen Menschen wesentlich bestimmt. Und nicht nur das, es wirkt vor allem etwas ganz Subjektives, das gerade daran hindert, den anderen Menschen in seiner Eigenart zu sehen. Bestimmte Eigenschaften sprechen uns an, andere blenden wir einfach aus, und eines Tages wundern wir uns, wenn der andere plötzlich Wesenszüge zeigt, die bis dahin gar nicht in Erscheinung traten. Schließlich muß man sich eingestehen, daß man sich *ein ganz falsches Bild* vom anderen gemacht hat. In dieser Eigentümlichkeit des menschlichen Gefühlslebens, liegt – so Steiner – ein eminent antisoziales Element:

„Das Fühlen von Mensch zu Mensch hat nämlich eine paradoxe Eigentümlichkeit. Das Fühlen hat die Eigentümlichkeit, daß es zunächst geneigt ist, uns eine gefälschte Empfindung von dem anderen Menschen zu geben. Die erste Neigung im Unterbewußtsein des Menschen im Verkehr von Mensch zu Mensch besteht immer darin, daß uns von dem anderen Menschen im Unterbewußtsein eine gefälschte Empfindung auftaucht, und wir müssen im Leben immer erst diese gefälschte Empfindung bekämpfen. Der Lebenskenner wird sehr leicht bemerken, daß Menschen, die nicht geneigt sind, interessevoll auf andere Menschen einzugehen, eigentlich fast über alle Menschen schimpfen, wenigstens nach einiger Zeit. Das ist ja eine Eigentümlichkeit einer großen Anzahl von Menschen. Man liebt den einen oder den anderen Menschen eine Zeitlang; aber wenn diese Zeit vergangen ist, dann regt sich so etwas in der menschlichen Natur, und man fängt an, auf den anderen irgendwie zu schimpfen, irgend etwas gegen ihn zu haben. Man weiß oftmals selbst nicht, was man gegen ihn hat, denn diese Dinge spielen sich ja sehr im Unterbewußtsein ab. Das rührt einfach davon her, daß das Unterbewußtsein die Tendenz hat, das Bild, das wir uns von dem anderen Menschen machen, eigentlich zu verfälschen. Wir müssen den anderen Menschen erst genauer kennenlernen, dann werden wir sehen, daß wir in dem Bilde, das wir zunächst gewonnen haben, Fälschungen ausradieren müssen. So paradox das klingt, es würde eine gute Lebensmaxime sein – wenn auch Ausnahmen dabei in Betracht kommen –, wenn wir uns immer vornehmen würden, das Bild des Menschen, das sich uns im Unterbewußtsein fixiert, zu korrigieren, unter allen Umständen irgendwie zu korrigieren. Denn dieses Unterbewußte, das hat die Tendenz, nach Sympathien und Antipathien die Menschen zu beurteilen. Das Leben fordert uns ja selbst dazu auf. [...] Jedes Urteil aber, das nach Sympathien und Antipathien gefällt ist, ist gefälscht. Es gibt kein wahres, kein richtiges Urteil, wenn es nach Sympathien und Antipathien gefällt ist. Und deshalb, weil immer das Unterbewußte im Fühlen nach Sympathie und Antipathie geht, entwirft es immer ein gefälschtes Bild des Nebenmenschen." (GA 186/1979/06.12.1918/S.96 f.)

Sympathien und Antipathien sind eben – wie oben schon erwähnt – „die größten Feinde des wirklichen sozialen Interesses". (GA 168/1984/10.10.1916/S.100) Da es jedoch in der Natur des Fühlens liegt, sich durch Kräfte der Sympathie und Antipathie zu äußern, läßt sich das antisoziale Element des Gefühlslebens nicht einfach aus der Welt schaffen. Vielmehr gehe es darum, ein „erwartendes Leben" zu führen, d.h. im Bewußtsein dieser Problematik das Gefühlsleben so lebendig zu halten, daß es wie zu einem Wahrnehmungsorgan für alles wird, was uns entgegenkommt. Dazu gehört auch die Bereitschaft, sich immer erneut dem anderen zu öffnen, um ihn neu zu erleben und damit ein zu gutes Bild des Mitmenschen ebenso zu korrigieren wie ein zu negatives:

„Wir können gar nicht in unserem Unterbewußten ein richtiges Bild des Nebenmenschen haben. Gewiß, wir haben manchmal auch ein zu gutes, aber es ist immer nach Sympathien und Antipathien gebildet, und es bleibt nichts anderes übrig, als sich eine solche Tatsache einfach zu gestehen, sich zu gestehen, daß man auch da als Mensch nicht etwas sein kann, sondern etwas werden soll. Man muß sich sagen, daß man namentlich mit Bezug auf den Gefühlsverkehr mit anderen Menschen ein erwartendes Leben führen muß. Man darf nicht auf das Bild gehen, das sich einem zunächst von dem Menschen aus dem Unterbewußten in das Bewußtsein heraufdrängt, sondern man muß versuchen, mit Menschen zu leben. Man wird sehen, wenn man versucht, mit den Menschen zu leben, daß sich aus der antisozialen Stimmung, die man eigentlich immer zunächst hat, die soziale Stimmung herausentwikkelt." (GA 186/1979/06.12.1918/S.97)

An anderer Stelle gibt Steiner einmal den Rat, daß es in dieser Beziehung eine gute Übung sei, sich besonders für die Fehler der anderen Menschen zu interessieren. In Zukunft sei es im höchsten Grade antisozial, in unmittelbarer Sympathie und Antipathie an den anderen Menschen heranzutreten:

„Dagegen wird es die schönste, bedeutendste soziale Eigenschaft für die Zukunftsentwickelung sein, wenn man gerade ein naturwissenschaftliches, objektives Interesse für Fehler anderer Menschen entwickelt, wenn einen die Fehler anderer Menschen viel mehr interessieren, als daß man sie versucht zu kritisieren." (GA 185/1982/25.10.1918/S.96 f.)

Die große Illusion: Liebe oder Selbstliebe?

Antisoziale Impulse leben auch im Wollen. Insofern wir Liebe als eine Willensangelegenheit verstehen – es geht ja schließlich darum, sie in unseren Taten zu realisieren und nicht nur im Gefühl zu tragen –, müssen wir besonders auch auf dem Gebiet des Wollens mit diesen antisozialen Kräften rechnen. Sie äußern sich als ein „maskierter Egoismus", der uns in einer furchtbaren Illusion gefangennimmt. Die Illusion besteht darin, Liebe mit Selbstliebe zu verwechseln, ohne es sich einzugestehen. Ich bringe diese zentrale Schilderung Steiners ungekürzt, sie spricht für sich:

„Mit Bezug auf das Wollen, das sich von Mensch zu Mensch abspielt, da zeigt es sich ganz besonders auffällig und paradox, was für ein kompliziertes Wesen der Mensch ist. Sie wissen ja, mit Bezug auf das Wollen zwischen Mensch und Mensch spielen nicht nur Sympathien und Antipathien eine Rolle – die spielen ja eine Rolle, insofern wir fühlende Wesen sind –, sondern da spielen Neigungen und Abneigungen, die in Aktion übergehen, also Sympathien und Antipathien in Aktion, in ihrer Äußerung, in ihrer Offenbarung eine ganz besondere Rolle. Der Mensch verhält sich zu dem anderen Menschen so, wie es ihm seine besondere Sympathie zu diesem Menschen, der besondere Grad von Liebe, den er ihm entgegenbringt, eingibt. Da spielt eine unterbewußte Inspiration eine merkwürdige Rolle. Denn dasjenige, was ja ausgegossen ist über allen Willensverkehr von Mensch zu Mensch, müssen wir in dem Lichte des Impulses betrachten, dem dieser Willensverkehr unterliegt, in dem Lichte der mehr oder weniger vorhandenen Liebe, die zwischen den Menschen spielt. Von dieser Liebe, die zwischen den Menschen spielt, lassen ja die Menschen ihre Willensimpulse getragen sein, die so hinüberspielen von Mensch zu Mensch.

Mit Bezug auf die Liebe unterliegt der Mensch im allereminentesten Sinne einer großen Täuschung und bedarf noch mehr der Korrektur, als mit Bezug auf die gewöhnlichen Gefühlssympathien und -antipathien. Denn, so sonderbar das klingt für das gewöhnliche Bewußtsein, es ist durchaus wahr, daß die Liebe, die sich von einem Menschen zum anderen geltend macht, wenn sie nicht vergeistigt ist – im gewöhnlichen Leben ist ja die Liebe nur im seltensten Maße vergeistigt, und ich rede jetzt nicht etwa bloß von geschlechtlicher oder auf geschlechtlicher Unterlage ruhender Liebe, sondern überhaupt von der Liebe von Mensch zu Mensch –, daß diese nichtvergeistigte Liebe eigentlich nicht die Liebe als solche, sondern das Bild ist, das man sich von ihr macht, daß sie zumeist nichts weiter ist als eine furchtbare Illusion. Denn die Liebe, die ein Mensch zum andern zu entwickeln glaubt, ist – so wie die Menschen einmal sind im Leben – zumeist nichts anderes als Selbstliebe. Der Mensch glaubt, den andern zu lieben, liebt sich aber eigentlich in der Liebe nur selbst. Sie sehen hier einen Quell von antisozialem Wesen, der noch dazu die Quelle einer furchtbaren Selbsttäuschung sein muß. Man kann nämlich in überströmender Liebe zu einem Menschen aufzugehen meinen, aber man liebt nicht in Wirklichkeit diesen anderen Menschen, sondern man liebt das Verbundensein mit dem anderen Menschen in der eigenen Seele. Was man da als Beseligung in der eigenen Seele empfindet am andern Menschen, was man in sich empfindet dadurch, daß man mit dem andern Menschen zusammen ist, daß man dem andern Menschen meinetwillen Liebeserklärungen macht, das ist es, was man eigentlich liebt. Man liebt im ganzen sich selber, indem man diese Selbstliebe in dem Verkehre mit dem andern entzündet.

Dies ist ein wichtiges Lebensgeheimnis. Das ist von ganz immenser Wichtigkeit. Denn in der Täuschung über diese Liebe, von der man glaubt, daß sie Liebe sei, die aber eigentlich nur Selbstliebe, Selbstsucht, Egoismus, maskierter Egoismus ist – und die weitaus meiste Liebe, die von Mensch zu Mensch spielt und Liebe genannt wird, ist nur maskierter Egoismus –, in dieser Täuschung ist die Quelle der denkbar größten und weitesten antisozialen Impulse. Durch diese Selbstliebe, die sich in Liebe maskiert, wird der Mensch im eminentesten Sinne zu einem antisozialen Wesen." (GA 186/1979/06.12.1918/S.98 f.)

Luzifer und die Liebe

Liebe und Selbstliebe liegen eng beieinander. Das kann nicht anders sein, denn immer erlebt man beides: den anderen und sich selbst und schließlich noch die eigenen Empfindungen und Gefühle, die durch die Begegnung mit dem anderen in der eigenen Seele ausgelöst werden. Dies zu unterscheiden fällt nicht immer leicht, zumal wir es überhaupt nicht gewohnt sind, auf solche Unterscheidungen zu achten. Darum ist es gut, nach dem Grund zu fragen, warum wir meinen, einen Menschen zu lieben. Lieben wir ihn deshalb, weil er in uns bestimmte Seiten anspricht, die wir selbst in uns tragen, weil er vielleicht bestimmte Eigenschaften hat, zu denen wir uns aufgrund eigener Vorlieben hingezogen fühlen? Dann liegt der Grund der Liebe nicht im anderen, sondern in uns selbst. Diese Art der „Liebe" ist nach Steiner eine luziferische. Oder aber lieben wir den anderen, weil er so ist, wie er ist, weil er Seiten und Eigenschaften an sich trägt, die wir um ihrer selbst willen lieben? In diesem Fall liegt der Grund der Liebe im anderen, und erst dann können wir von Liebe im eigentlichen Sinne sprechen.

Vom luziferischen Wesen heißt es, daß es die Sinneswelt – und auch die ätherische – zum Schauplatz seines Wirkens gemacht hat. Von der Sinneswelt aus erspäht es alles, was in der fühlenden Seele des Menschen lebt, um es dem eigenen Weltgebiet einzuverleiben. (vgl. GA 17/ Tb. 1972/S.95) Luzifer kann deshalb vor allem in dem von Sympathie- und Antipathiekräften bestimmten Leben des Menschen Einfluß gewinnen, der sich dann „gegen die allgemeine Weltordnung auflehnt". (ebd./S.120)

„Es ist dieser Einfluß überall da vorhanden, wo in den Sympathien und Antipathien der Sinneswelt etwas anderes wirkt als jene Liebe, welche auf dem Mitfühlen des Lebens eines anderen in der Sinneswelt vorhandenen Wesens beruht. Ein solches Wesen kann geliebt werden, weil es dem Liebenden mit diesen oder jenen Eigenschaften entgegentritt, dann wird in die Liebe sich nichts von luziferischem Elemente einmischen können. Liebe, die ihren Grund in den im Sinnensein zutage tretenden Eigenschaften des geliebten Wesens hat, hält sich von luziferischem Einschlage fern. Liebe, die ihren Grund nicht in dieser Art in dem geliebten Wesen hat, sondern in dem, welches liebt, neigt zu dem luziferischen Einfluß hin. Ein Wesen, das man liebt, weil es Eigenschaften hat, zu denen man als Liebender seiner Natur nach neigt, liebt man mit dem Teil der Seele, welcher dem luziferischen Elemente zugänglich ist." (ebd./S.120 f.)

4. Auf dem Weg zur vergeistigten Liebe

Liebe sucht immer das Wesen des anderen, man könnte sagen das geistig-seelische Wesen des Ich. So wie uns das Ich im Alltag erscheint, verbirgt es aber fortwährend seine wahre Natur. Es ist immer in das Denken, Fühlen und Wollen eingebunden, in Seelenkräfte, die den Blick auf das wahre Wesen des Ich verstellen. Für jeden Menschen ist es aber eine Gewißheit, daß er im Innern etwas in sich trägt, das sich nicht mit dem Alltagsmenschen erschöpft. Sein wahres Selbst empfindet der Mensch in einer Region, die viel tiefer liegt als die alltägliche. In diesen Tiefen erst findet der Mensch sich in seinem wahren Wesen. Und dieses wahre Wesen des anderen Menschen ist es, dem die wirkliche Liebe gilt.

Im Alltag kommt es kaum zum Vorschein, doch wenn man sagt, daß man den Menschen liebt, so wie er ist, schaut man nicht allein seine Vorzüge, Fehler und Schwächen, sondern sein ganzes Wesen, im Wissen darum, daß im Innern etwas lebt, das über alles Alltägliche hinausgeht. Die vergeistigte Liebe sucht diese Dimension des Menschen.

Nun ist es in der Tat sehr schwer, das wahre Ich des Menschen zu erfassen. In der „Theosophie" schreibt Steiner, daß es selbst dem „Sehenden", dem Eingeweihten, nicht möglich ist, das Ich wahrzunehmen:

„Die Wirkung des Ich auf die Aura kann der ‚Sehende' schauen. Das ‚Ich' selbst ist auch ihm unsichtbar: dieses ist wirklich in dem ‚verhangenen Allerheiligsten des Menschen'." (GA 9/1987/S.50)

Dieses wahre Ich des Menschen gehört – so Steiner – einer „übergeistigen Welt" an. In der Sinneswelt sei es „wie verdeckt durch die Erlebnisse des Denkens, Fühlens und Wollens". (GA 17/Tb. 1972/S.136) Steiner war sich der Schwierigkeit wohl bewußt, die seine Zuhörer hatten, wenn von ihnen verlangt wurde, den reinen Gedanken des Ich zu fassen:

„Unsere anthroposophischen Freunde, die keuchen fast unter der Anstrengung, den reinen Gedanken des Ich zu fassen [...]. Es ist ein förmliches Die-Puste-Verlieren, wie man in Norddeutschland sagt." (GA 134/1979/29.12.1911/S.58)

Zur Verdeutlichung greift Steiner daher zu einem drastischen Bild, der „Drei-Säcke-Theorie":

„Da gehe ich durch die Welt und nun führe ich auch noch immer so einen zweiten Gesellen mit mir, der mir anhängt, weil ich mit ihm verwachsen bin, aber der mir wie eine Art Doppelgänger erscheint. Da denkt's, fühlt's, will's neben mir. *Ich* bin doch ein anderer, ich bin das, was ich in meinem Ich bin; ich gehe nebenher neben dem, was ich wie eine Dreiheit, wie drei Säcke mit mir herumtrage, von denen der eine ausgefüllt ist mit meinem Denken, der andere mit meinem Fühlen und der dritte mit meinem Wollen." (ebd./S.58 f.)

Dieses wahre Ich als der eigentliche Wesenskern des Menschen verbindet sich durch die Empfängnis und Geburt mit dem physischen Dasein auf der Erde. Beim kleinen Kind ist es noch unmittelbar anwesend, jeder, der unbefangen das Kind betrachtet, kann es spüren. Vielleicht liegt darin auch der Grund, warum sich in die Liebe zum Kind nicht so leicht etwas Störendes hineinmischen kann. Das Ich des Kindes arbeitet in den ersten Lebensjahren wie von außen an seiner Leiblichkeit, um die Inkarnation im Leib mehr und mehr zu vollziehen. Je mehr aber das Ich-Bewußtsein erwacht, desto mehr zieht sich das höhere Ich zurück. Während die Psychologie und Philosophie üblicherweise die Ich-Entwicklung an die Ausbildung des Ich-Bewußtseins knüpfen, spricht die Anthroposophie auch von diesem geistigen Wesen des Ich, das im Kind wirksam ist, lange bevor es ein Bewußtsein von sich selbst erlangt:

„Dann weiß man nämlich, daß das wahre Ich des Menschen nach und nach, indem er physisch heranwächst in dem physischen Leib, aus dem Leib gerade herausverschwindet, daß es immer weniger und weniger deutlich wird, und daß dasjenige, was sich entwickelt hier in der physischen Welt zwischen Geburt und Tod, nur ein Spiegelbild geistiger Ereignisse ist, ein totes Spiegelbild eines höheren Lebens. Das ist die richtige Ausdrucksweise, daß man sagt: In den Leib hinein verschwindet nach und nach die ganze Fülle des menschlichen Wesen; sie wird immer unsichtbarer und unsichtbarer. Der Mensch lebt sein physisches Leben hier auf der Erde, indem er sich nach und nach an den Leib verliert, um sich im Tode im Geiste wiederzufinden." (GA 187/1979/22.12.1918/S.14)

Wir müssen uns also ein geistiges Wesen denken, das die Entwicklung des Menschen in der Sinneswelt im Grunde gar nicht mitvollzieht:

„Nun werden Sie sagen: Aber wir haben doch unser Ich. Unser Ich ist mit uns alt geworden. Unser astralischer Leib, unser Denken, Fühlen und Wollen sind auch mit uns alt geworden. Wenn einer sechzig Jahre alt geworden ist, so ist doch sein Ich auch sechzig Jahre alt geworden. – Wenn wir in dem Ich, von dem wir täglich reden, unser wahres, unser wirkliches Ich vor uns hätten, dann wäre der Einwand berechtigt. Aber wir haben in dem Ich, von dem wir täglich reden, gar nicht unser wirkliches Ich vor uns, sondern unser wirkliches Ich steht am Ausgangspunkte unseres Erdenlebens. Unser physischer Leib wird, sagen wir, sechzig Jahre alt. Er spiegelt zurück, indem durch den Ätherleib die Spiegelung vermittelt wird, immer von dem betreffenden Zeitpunkt, in dem der physische Leib lebt, das Spiegelbild des wahren Ichs. Dieses

Spiegelbild des wahren Ichs, das wir in jedem Augenblicke von unserem physischen Leibe zurückbekommen, das in Wahrheit von etwas herrührt, das gar nicht ins Erdendasein mitgegangen ist, sehen wir. Und dieses Spiegelbild nennen wir unser Ich." (GA 226/1978/16.05.1923/ S.14 f.)

Es würde den Rahmen dieser Arbeit sprengen, dem Rätsel des Ich weiter nachzugehen. Hier mag es genügen, darauf hinzuweisen, daß im Menschen etwas lebt, das einer „übergeistigen Welt" angehört,[5] und daß wir das Wesen des Menschen in geistiger Beziehung nur vollständig erfassen, wenn wir diese Dimensionen seines Wesens einbeziehen. Dabei sollten wir nicht in den Fehler verfallen, das Ich in unerreichbarer Ferne zu denken. Die geistige und seelische Welt sind von der physischen räumlich nicht getrennt, und wenn sich unserer Wahrnehmung auch nicht das ganze Wesen des Menschen erschließt, so ist es deshalb doch vorhanden:

„Das Wesen ist nicht hinter seiner Offenbarung; es kommt vielmehr durch die Offenbarung zum Vorschein. Nur ist dies Wesen vielfach so *reich*, daß es sich andern Sinnen in noch anderen Gestalten offenbaren kann. *Was* sich offenbart, ist zum Wesen gehörig, nur ist es wegen der Beschränktheit der Sinne nicht das *ganze* Wesen." (GA 9/1987/S.92)

Die Übung der selbstlosen Rückschau zum Erfassen einer übersinnlichen Bildgestalt des Menschen

Im Anschluß an das bisher Dargestellte über die vergeistigte Liebe möchte ich jetzt eine okkulte Übung vorstellen, die im Vortrag vom 07.12.1918 enthalten ist, der auf die Betrachtungen über die antisozialen Kräfte im Menschen folgt. Es ist die Übung der „selbstlosen Rückschau".

Während die Bewußtseinsseele auf der einen Seite danach strebe, „antisozial zur vollen Geltung zu kommen", strebe auf der anderen Seite aus dem Inneren des Menschen die Fähigkeit hervor, „sich Bilder zu machen von den Menschen, mit denen wir leben". (GA 186/1979/

---

5. In meinem folgenden Beitrag über „Christus und die Liebe" in diesem FLENSBURGER HEFT sind einige Gesichtspunkte gegeben, die das Ich des Menschen seinem Ursprung und Wesen nach aus dem höchsten Göttlichen hervorgehend verstehen lassen.

07.12.1918/S.125) Damit sind jetzt nicht die gewöhnlichen Bilder gemeint, die wir uns auch sonst von den Menschen machen, sondern lebendige, übersinnliche Bilder, die auf eine geistige Wirklichkeit deuten. (vgl. auch GA 182/1986/09.10.1918/S.145) Jedoch entwickelt sich diese Fähigkeit nicht von selbst, sie muß erst im Leben angeeignet werden. Das kann – so Steiner – durch diese okkulte Übung erreicht werden. Das Frappierende dabei ist, daß man sich bei dieser Übung zunächst mit der eigenen Vergangenheit beschäftigt. In ihrer Wirkung aber können dadurch die imaginativen Kräfte entwickelt werden, durch die es möglich wird, den Menschen in seiner übersinnlichen Bildgestalt wahrzunehmen:

„Was aus dem Innersten des Menschen herausstrahlt, was sich verwirklichen will, ist, daß, wenn ein Mensch dem andern gegenübertritt, gewissermaßen aus dem andern Menschen ein Bild herausquillt, ein Bild jener besonderen Art des Gleichgewichtszustandes, den individuell jeder Mensch ausdrückt [das Gleichgewicht zwischen dem Luziferischen, Christlichen und Ahrimanischen im Menschen; F.L.]. Dazu gehört allerdings jenes erhöhte Interesse, welches ich Ihnen als die Grundlage des sozialen Lebens öfter geschildert habe, jenes erhöhte Interesse, das der Mensch am andern Menschen nehmen soll. [...]

Diese Fähigkeit, daß wir gewissermaßen mystisch angeregt werden, indem wir dem andern Menschen gegenübertreten, diese Fähigkeit will sich verwirklichen. Und sie wird als ein besonderer sozialer Trieb in das Leben eintreten. [...]

Nun kann Ihnen die Frage auftauchen: Wodurch gewinnen wir allmählich die Fähigkeit, daß uns das Bild des Menschen entgegenspringt? Wir müssen uns diese Fähigkeit im Leben aneignen. [...] In die Erziehung müssen viel konkretere, viel bestimmtere Maximen eintreten als diejenigen, die heute so verworren in der Pädagogik geltend gemacht werden. Vor allen Dingen muß der Trieb in den Menschen eingepflanzt werden, öfter in seinem Leben zurückzuschauen, aber in der rechten Weise. Was der Mensch als Erinnerungen früherer Erlebnisse oftmals entwickelt, hat ja heute meistens noch einen sehr selbstischen Charakter. Sieht man mehr selbstlos zurück auf das, was man in Kindheit, Jugendzeit und so weiter erlebt hat, je nach dem Alter, das man erreicht hat, dann tauchen wie aus grauer Geistestiefe verschiedene Menschen auf, die nach den verschiedensten Verhältnissen hin an unserem Leben Anteil gehabt haben. Schauen Sie zurück, meine lieben Freunde, in den Verlauf Ihres Lebens, weniger in sich selbst verschlossen und auf das hin, was Sie gerade an Ihrer eigenen werten Person interessiert, sondern vielmehr nach denjenigen Gestalten, die an Sie herangetreten sind, Sie erziehend, sich mit Ihnen befreundend, Sie fördernd, Ihnen vielleicht auch schadend, manchmal in sehr nützlicher Weise schadend. An dem, was da aus grauer Geistestiefe aufsteigt, was zu uns herankommt, wird Ihnen eines aufgehen: wie wenig der Mensch im Grunde genommen dazu Veranlassung hat, sich selber zuzuschreiben, was er geworden ist. [...] In umfassendem Sinne setzt sich eine wirklich selbstlos getriebene Rückschau auf das Leben aus allem möglichen zusammen, was uns nicht veranlaßt, uns selbstisch in uns selbst zu vertiefen, über uns selber selbstisch zu brüten, sondern den Blick über diejenigen Gestalten auszudehnen, die an uns herangetreten sind. Vertiefen wir uns recht liebevoll in das, was an uns herangetreten ist. Wir werden oftmals sehen, daß dasjenige, was uns antipathisch in einem bestimmten Zeitraume berührt hat, wenn nur genügend Zeit hinterher vergangen ist, uns nicht mehr so antipathisch berührt, weil wir einen inneren Zusammenhang sehen. Daß wir auch einmal von diesem oder jenem Menschen antipathisch berührt werden mußten, konnte uns vielleicht ganz nützlich sein. Wir gewinnen manchmal mehr von dem, was uns ein Mensch antut, als von dem, worinnen uns ein Mensch fördert. Es würde dem Menschen viel nützen, wenn er solche selbstlose Rückschau auf das Leben öfter hielte, wenn er das Leben durchtränken würde von der aus dieser Selbstschau quellenden Überzeugung: Wie wenig habe ich eigentlich Veranlassung, mich mit mir selbst zu beschäftigen! Wie unendlich reicher wird mein Leben, wenn ich den Blick hinschweifen lasse über diese und jene Gestalten, die in dieses mein Leben getreten sind. – Dann lösen wir uns gewissermaßen von uns selber los, wenn wir solche selbstlose Rückschau halten. Dann kommen wir von dem furchtbaren Übel unserer Zeit, das so viele Menschen befällt, von dem Brüten über uns selbst hinweg. Und das ist so unendlich notwendig, daß wir von dem Brüten über uns selber loskommen. Wer nur einmal ergriffen ist von solcher Selbstschau, wie ich sie jetzt geschildert habe, der wird sich selber viel zu uninteressant, als daß er über sein eigenes Leben allzuviel brüten möchte. Unendliches Licht breitet sich über dieses unser Leben aus, wenn wir es bestrahlt sehen von demjenigen, was aus grauer Geistestiefe in dieses Leben eintritt." (GA 186/1979/07.12.1918/ S.125 ff.)

Und dann schildert Rudolf Steiner die Wirkung der Übung. Es werden die tieferen Kräfte erweckt, welche das bildhafte Vorstellen des anderen Menschen anregen:

„Das aber befruchtet uns so, daß wir wirklich die imaginativen Kräfte erhalten, dann auch dem gegenwärtigen Menschen so gegenüberzutreten, daß uns in ihm dasjenige erscheinen kann, was uns sonst erst nach Jahren in der Rückschau von den Gestalten erscheint, mit denen wir zusammengelebt haben. Wir erwerben uns dadurch die Fähigkeit, daß uns wirklich Bilder aus dem Menschen entgegentreten, dem wir begegnen. [...] Sonst werden wir immer antisoziale Wesen bleiben, welche sich nur nach Sympathien und Antipathien dem Menschen, mit dem sie zusammen leben sollen, nähern können, und sich ihm nicht nähern können nach dem Bilde, das aus jedem hervorquillen kann, wenn wir nur selbst die Bilderkräfte im Verkehr mit den Menschen entwickeln. Gerade im sozialen Menschenleben muß die Maxime auftreten: Du sollst dir ein Bild von deinem Mitmenschen machen. Dann aber, wenn wir uns ein Bild von unserm Mitmenschen machen, dann bereichern wir unser Seelenleben; dann übergeben wir mit jeder menschlichen Bekanntschaft unserem inneren Seelenleben einen Schatz. Dann leben wir nicht mehr, der A da, der B da, der C da, sondern dann lebt der A, B und C in dem D, der A, B, D in dem C, der C, D, E in dem A, und so weiter. Wir gewinnen die Möglichkeit, daß in uns die anderen Menschen leben. Aber das muß erworben werden; das ist etwas, was uns nicht angeboren wird." (ebd./S.127 f.)

Durch diese Übung werde das Ideal der menschlichen Brüderlichkeit erst Realität, denn diese Brüderlichkeit sei erst gegeben, „wenn wir den andern Menschen in uns tragen wie uns selber. Wenn wir uns ein Bild von dem andern machen, das als Schatz unserer Seele eingepflanzt wird, dann tragen wir auf seelischem Gebiete etwas von ihm herum, wie wir von dem leiblichen Bruder etwas herumtragen durch das Blut. An die Stelle der bloßen Blutsverwandtschaft muß auf diese konkrete Weise die Wahlverwandtschaft treten als die Grundlage des sozialen Lebens. Das ist etwas, was sich wirklich entwickeln muß. Von dem menschlichen Willen muß es abhängen, wie die Brüderlichkeit unter den Menschen erwacht.“ (ebd./S.128)

Mit dieser Übung ist ein Weg zur vergeistigten Liebe gewiesen, die sich dann nicht mehr auf einen einzelnen Menschen allein richtet, sondern auf alle Menschen unseres Lebensumkreises, bis sie sich schließlich zur umfassenden Brüderlichkeit aller Menschen, zur allgemeinem Menschenliebe erweitert.

Die Erde als Planet der Liebe

Die Ausbildung des Ich ist die Aufgabe des Menschen während der Erdenentwicklung. Heute entwickelt es sich innerhalb der Bewußtseinsseele, mit all den Schwierigkeiten und Möglichkeiten, die das mit sich bringt. Denken, Fühlen und Wollen sind dabei jene Kräfte, durch die das Ich im Innern der Seele wirkt. Demgegenüber lassen sich der physische, ätherische und astralische Leib als äußere „Hüllen“ des Ich beschreiben. Sieht man von dem Ich zunächst ab, so zeigt sich der Mensch – wie Steiner es einmal ausdrückt – als ein Gewebe von physischem, Äther- und Astralleib, in das wie in einer äußeren Hülle die inneren Kräfte des Wollens, Fühlens und Denkens hineinverwoben sind. Diese dreifache äußerliche und innerliche Gestalt ist nach Steiner ein Ergebnis der Vergangenheit der Erdenentwicklung. Sie weist auf die früheren Verkörperungen der Erde zurück: Der physische Leib und der Wille sind auf die Saturnentwicklung der Erde zurückzuführen. Die inneren Kräfte des Fühlens zeigen sich als Nachwirkungen der Sonnenentwicklung, durch die dem Menschen der ätherische Leib eingegliedert wurde. Und das Denken wiederum ist an den Astralleib gebunden, der dem Menschen während des Mondenzustandes eingegliedert wurde. (vgl. GA 121/Tb. 1983/11.06.1910/S.96 ff.)

Die Mission der Erde besteht nun darin, ein vollständiges Gleichgewicht der drei Elemente von Denken, Fühlen und Wollen zu bewirken. Davon sind wir heute noch weit entfernt. Die zukünftige Entwicklung des Menschen besteht aber gerade darin, dieses Gleichgewicht aus der bewußten Kraft des Ich im Inneren aufzubauen. In dem Maße, wie dies gelingt, entsteht etwas produktiv Neues in der Welt: die Liebe. Mit der

Liebe entsteht ein viertes Element, das es in der vergangenen Entwicklung durch Saturn, Sonne und Mond nicht gegeben hat. Die Entwicklung der Liebe stellt damit die eigentliche Mission der Erdenentwicklung dar. Sinn und Ziel der Erde sind darin begründet:

„Die Taten des Ich in dem Menschen bedeuten nichts anderes als das Schaffen eines tätigen, eines aktiven Mittelpunktes in der Menschennatur, wodurch dieser Gleichgewichtszustand [von Denken, Fühlen und Wollen; F.L.] von innen heraus vorbereitet werden kann. So ist in der Tat der Mensch zu Großem berufen auf unserer Erde, nämlich dazu, von innen heraus durch seine ganze Wesenheit zunächst das Gleichgewicht dessen zu bewirken, was früher in der verschiedensten Weise und zu verschiedenen Zeiten jeweilig vorherrschend war.

Das ist zunächst eine recht abstrakte Definition unserer Erdenmission, aber diese besteht einmal in dem Gesagten. Das Geheimnis dieser Mission spricht sich dadurch aus, daß durch dieses Zusammenwirken, durch dieses Gleichgewicht der drei Kräfte das Innere tatsächlich produktiv Neues wirkt. Es wird dadurch wahrhaft ein viertes Element erzeugt zu den drei vorhergehenden, und dieses vierte Element ist *das Element der Liebe.* Die Liebe kann im Weltgetriebe sich nur entwickeln, wenn ein absolutes Gleichgewicht der drei in früheren Zeiten abwechselnd die Hegemonie führenden Kräfte eintritt. [...]

So ist unser Planet der Planet der Liebe, und deshalb ist sozusagen dieses Gleichgewicht, das sich herausstellt in dem Zusammenwirken dieser drei Kräfte, in seinem Ergebnis Liebeswirken, und Liebeswirken soll durch alle folgenden Verkörperungen der Erde, gerade durch die Mission des Erdenwirkens hineinverwoben werden in die gesamte Evolution." (GA 121/Tb. 1983/11.06.1910/S.100 f.)

Mit diesen Worten ist die schönste Aufgabe des Menschen bezeichnet: Wir sind zur Liebe berufen! Damit kehren wir auf einer höheren Stufe zu unserem Ausgangspunkt zurück. In den schöpferischen Kräften des Ätherleibes ist uns die Substanz der Liebe ursprünglich als eine Gabe der Gottheit gegeben. Dort wirkt sie als jene unbewußte Lebenskraft, durch die wir ätherisch das andere Wesen erfühlen und Sympathie zu ihm gewinnen. Sie geht in unsere Triebe ein, wirkt schöpferisch, indem neues Leben durch die geschlechtliche Liebe entsteht, bleibt aber einem dumpfen Fühlen verhaftet. Indem sie sich verinnerlicht, vertieft sie sich zum innigen Gefühl, das sich am anderen Wesen entzündet. Bis hierhin ist sie ein geschenktes Gut.

Was folgt, kann nur das freie Ich allein vollbringen, das sich in der Bewußtseinsseele hell und wach erlebt. Hier aber will es sich selbst und wirkt im permanenten Drang zur Selbstbestätigung antisozial – im Denken, Fühlen und Wollen. So ist es aber nicht zur Liebe fähig. Und sogleich öffnet sich ein Kampffeld auf dem Schauplatz der eigenen Seele. Denn erst die bewußte, willenshafte Auseinandersetzung mit den Trieben des Egoismus, die Anerziehung des selbstlosen Interesses am Menschen und an der Welt öffnet den Weg zum wahren Wesen, das aller äußeren Erscheinung zugrunde liegt. Hier wird uns nichts geschenkt, alles muß errungen werden, aus ichhafter, innerer Aktivität. Das ist kein einmaliges Geschehen. Was man einmal liebt, liebt man deshalb nicht schon für immer. Liebe ist eben eine Lebenskraft, die immer wieder neu entzündet werden muß. So aber entsteht mit der Zeit – wie bei jedem übenden Tun – eine neue Fähigkeit: Es steigert sich die Liebe zur selbstlosen Fähigkeit. Dann werden wir nicht mehr von unbewußten Sympathien geleitet, sondern ergreifen, was als Grundkraft im Ätherleib wirkt, im ichhaft gewollten Interesse.

Was im Ätherleib als dumpfer Trieb gegeben ist, wird vom Ich ergriffen und zu einem höheren Dasein erhoben. Es befreit die Liebe aus ihrer Bindung an das eigene Selbst und allem egoistischen Wollen. Dadurch arbeitet der Mensch an seinem eigenen Charakter. Denn wollen wir die vergeistigte Liebe entwickeln, können wir nicht beim alten stehenbleiben. Alle Kräfte aber, welche eine Änderung des Charakters, des Temperaments, der Lebensgewohnheiten bewirken, gehören „dem verborgenen Gebiet des Ätherleibes an. Sie sind gleicher Art mit den Kräften, welche im Reiche des Lebens herrschen, also mit den Wachstums-, Ernährungskräften und denjenigen, welche der Fortpflanzung dienen." (GA 13/Tb. 1972/S.56)

Auf diese Weise bauen wir an unserem höheren Menschen, den jeder in den Tiefen seines Wesens in sich trägt. Wir bilden – so ergibt es sich mir – an dem „Lebensgeist", der sich in der Zukunft als das zweite Wesensglied des Geistes des Menschen immer weiter ausbilden wird. Der Ausdruck „Lebensgeist" deutet darauf hin, daß in ihm „dieselben Kräfte wirksam sind wie in dem ‚Lebensleib'; nur ist in diesen Kräften, wenn sie als Lebensleib sich offenbaren, das menschliche Ich nicht tätig. Äußern sie sich aber als Lebensgeist, so sind sie von der Tätigkeit des Ich durchsetzt." (ebd./S.57 f.)

Der Weg zur vergeistigten Liebe ist ein Weg zum Geistigen des Lebensgeistes und ein Weg zu Christus: „Wir formen den Ätherleib dem Christus durch die Handlungen der Liebe [...]." (GA 155/1982/ 30.05.1912/S.133)

Alles, was der Mensch im Inneren entwickelt, hat nicht nur eine Bedeutung für das seelische Leben des Menschen, sondern auch für die äußere Welt. Durch das Zusammenwirken von Denken, Fühlen und Wollen wird das Innere des Menschen zur „Substanz der Liebe". Darin bestehe das „eigentlich Produktive, das innerlich Produktive" des Erdendaseins. (GA 121/Tb. 1983/11.06.1910/S.101) Was aber der Mensch in seinem Innern als Liebe entwickelt, wird – so Steiner – in der Zukunft von ihm ausstrahlen und sich auf die Erde übertragen können. Durch alle folgenden Verkörperungen der Erde soll sich Liebeswirken in die gesamte Evolution hineinverweben. Diese folgenden Verkörperungen der Erde nennt die Anthroposophie Jupiter, Venus und Vulkan. In dieser noch fernen Zukunft wird der Mensch in einem vergeistigten Zustand leben und seine geistigen Wesensglieder, die heute erst in der Anlage vorhanden sind, ausbilden können: auf dem Jupiter das Geistselbst, auf der Venus den Lebensgeist, auf dem Vulkan den Geistesmenschen. Ich möchte zum Abschluß noch das Bild der Menschheitszukunft vorstellen, wie Rudolf Steiner es am Schluß seiner grundlegenden Schrift über die kosmische Evolution des Menschen, „Die Geheimwissenschaft im Umriß", entwirft:

„Durch die ‚Geister der Form' erhält der Mensch sein selbständiges ‚Ich'. Dieses wird nun in der Zukunft zusammenstimmen mit den Wesen der Erde, des Jupiter, der Venus, des Vulkan durch die Kraft, welche sich durch den Erdenzustand der Weisheit einfügt. Es ist dies die Kraft der *Liebe*. Im Menschen der Erde muß diese Kraft der Liebe ihren Anfang nehmen. Und der ‚Kosmos der Weisheit' entwickelt sich in einen *‚Kosmos der Liebe'* hinein. Aus alledem, was das ‚Ich' in sich entfalten kann, soll *Liebe* werden. Als das umfassende ‚Vorbild der Liebe' stellt sich bei seiner Offenbarung das hohe Sonnenwesen dar, welches bei Schilderung der Christus-Entwickelung gekennzeichnet werden konnte. In das

Innerste des menschlichen Wesenskernes ist damit der Keim der Liebe gesenkt. Und von da aus soll er in die ganze Entwickelung einströmen. Wie sich die vorher gebildete Weisheit in den Kräften der sinnlichen Außenwelt der Erde, in den gegenwärtigen ‚Naturkräften' offenbart, so wird sich in Zukunft die Liebe selbst in allen Erscheinungen als neue Naturkraft offenbaren. Das ist das Geheimnis aller Entwickelung in die Zukunft hinein: daß die Erkenntnis, daß auch alles, was der Mensch vollbringt aus dem wahren Verständnis der Entwickelung heraus, eine *Aussaat* ist, die als *Liebe* reifen muß. Und so viel als Kraft der Liebe entsteht, so viel Schöpferisches wird für die Zukunft geleistet. In dem, was aus der Liebe geworden sein wird, werden die starken Kräfte liegen, welche zu dem oben geschilderten Endergebnis der Vergeistigung führen. Und so viel geistige Erkenntnis in die Menschheits- und Erdenentwickelung einfließt, so viele lebensfähige Keime für die Zukunft werden vorhanden sein. Geistige Erkenntnis wandelt sich durch das, *was sie ist*, in Liebe um. [...] Was sich durch Saturn, Sonne und Mond als Weisheit vorbereitet hat, wirkt im physischen, ätherischen, astralischen Leib des Menschen; und es stellt sich dar als ‚Weisheit der Welt'; im ‚Ich' aber verinnerlicht es sich. Die ‚Weisheit der Außenwelt' wird, von dem Erdenzustande an, innere Weisheit im Menschen. Und wenn sie da verinnerlicht ist, wird sie Keim der *Liebe.* Weisheit ist die Vorbedingung der Liebe; Liebe ist das Ergebnis der im ‚Ich' wiedergeborenen Weisheit." (GA 13/Tb. 1972/S.307 f.)

Mit diesem Bild über das Zukunftsziel unserer eigenen Entwicklung sind wir an das Ende dieser Betrachtungen angelangt. Wer die dargestellten Gedanken aufnimmt und innerlich immer neu bewegt, kann sicher sein, damit auch in der Fähigkeit zur Liebe weiterzukommen. Dabei sollte selbstverständlich nicht außer acht gelassen werden, daß wir im alltäglichen Leben mit unserem eigenen Vermögen und Unvermögen zurechtkommen müssen, im Bewußtsein, daß das Wissen um ein Ideal und die Einsicht in das, was notwendig ist, noch lange nicht ihre Verwirklichung im Leben garantieren. Es ist ein langer und manchmal mühsamer Weg, um die Ideale im Leben umzusetzen. In diesem Sinne verwirklicht sich auch die Liebefähigkeit letztlich nur im Leben. Dem stehen Widerstände entgegen. Das Leben wirft uns die Brocken hin, an denen wir uns reiben, immer ganz konkret, und Fehler machen wir oft genug. Doch nur das Leben selbst verhilft der Liebe zum Dasein. Es bietet uns das Feld, um die Liebefähigkeit zu erlernen. Jeder ringt damit auf seine Weise. Aber der Mensch ist auch dazu veranlagt zu verstehen, was er erlebt, und wenn uns im kleinen Detail des Lebens das Verständnis für die großen Perspektiven fehlt, wird der Entwicklungsweg zufällig und ziellos. Denn: „Wer vom Ziel nichts weiß, kann den Weg nicht haben." (Christian Morgenstern) Dieses Wort kann kaum wahrer sein als dort, wo es um das Ideal der Liebe geht. Denn in der Liebe verwirklicht sich erst das wahre Menschsein.

Christus und die Liebe

Frank Linde

„Ein neues Gebot gebe ich euch: Liebt einander! Wie ich euch geliebt habe, so sollt auch ihr einander lieben. Daran werden alle erkennen, daß ihr meine Jünger seid: wenn ihr einander liebt." (Joh. 13, 34–35)[1]

In einem der Vorträge über „Das Johannes-Evangelium" (GA 103) entwirft Rudolf Steiner ein grandioses Bild über den kosmischen Ursprung der Liebe und ihre Verbindung zu Christus, das ich dem Leser hier in seinen Hauptzügen nahebringen möchte. Ich werde dazu den Vortragstext, soweit für das Verständnis nötig, referieren und die wichtigsten Aussagen im Wortlaut Steiners zitieren. Nehmen wir zu alledem noch hinzu, daß Christus nach Steiner das höchstentwickelte Geistwesen der alten Sonne war (vgl. GA 99/1979/02.06.1907/S.101) und daß dem Menschen auf der alten Sonne der Ätherleib gegeben wurde, schließt sich manches zusammen, was über den Ätherleib als Liebeleib in meinem voranstehenden Beitrag ausgeführt wurde.

Im Sonnenlicht strömt Liebe

Wenn wir von der Liebe so sprechen, daß wir sie nicht bloß als ein Gefühl verstehen, sondern als eine innere Kraft, die aus dem Herzen des Menschen strömt, können wir die Liebe als eine Substanz auffassen, die als etwas Reales in der Welt existiert: Liebessubstanz als eine geistige Wirklichkeit. Woraus ist diese Substanz gebildet? Diese Frage erfährt in dem Vortrag vom 20.05.1908 eine überraschende Antwort: Liebe ist Licht. Im Mittelpunkt des Vortrags steht die Bedeutung des Christus-Impulses für die Entwicklung des Selbstbewußtseins, die Entwicklung des „Ich-bin". Die Entwicklung des Ich als die eigentliche Aufgabe des

1. Alle von mir verwendeten Bibelzitate aus: Neue Jerusalemer Bibel. Einheitsübersetzung. Mit dem Kommentar der Jerusalemer Bibel. Hg. v. Alfons Deissler und Anton Vögtle in Verbindung mit Johannes M. Nützel. Freiburg/Basel/Wien [8]1996.

Menschen auf der Erde ist die Voraussetzung für die Ausbildung der Liebe:

„Was aber der Mensch wirklich der Erde geben wird, das ist die Liebe, die sich von der sinnlichsten zur vergeistigtsten Art entfalten wird. Das ist die Aufgabe der Erdenentwickelung. Die Erde ist der Kosmos der Liebe.

Was ist denn aber, so fragen wir, notwendig zur Liebe? Was gehört denn dazu, daß ein Wesen ein anderes lieben kann? Dazu ist nötig, daß dieses Wesen sein volles Selbstbewußtsein habe, ganz selbständig sei. Kein Wesen kann ein anderes im vollen Sinne lieben, wenn diese Liebe nicht die freie Gabe ist gegenüber dem anderen Wesen. Meine Hand liebt nicht meinen Organismus. Nur ein Wesen, das selbständig ist, das losgeschnürt ist von dem anderen Wesen, kann dieses lieben. Dazu mußte der Mensch zu einem Ich-Wesen werden." (GA 103/1975/ 20.05.1908/S.49)

Das selbständige Ich des Menschen wird damit zum Träger der Liebe. Das Ich wiederum kommt nur dadurch zur Entwicklung, daß es sich im tagwachen Bewußtsein in der Sinneswelt erlebt. Insofern ist das Geheimnis des Ich an das Geheimnis der Sonne gebunden. Das Licht der Sonne macht alles in der Welt sichtbar, so daß der Mensch es wahrnehmen und sein Ich-Bewußtsein daran entzünden kann. Jeden Morgen aufs neue erwachen wir am Licht der Welt. Dieses Licht strömt uns äußerlich gesehen von der Sonne zu. Die innere Seite des Lichts aber ist die Liebe:

„Das Sonnenlicht ist nicht bloß materielles Licht. Für die geistige Anschauung ist es ebenso das Kleid des Logos, wie Ihr äußerer physischer Leib das Kleid für Ihre Seele ist. Wenn Sie ebenso zu einem Menschen stehen, wie heute die Mehrzahl der Menschen zur Sonne steht, so können Sie nicht den anderen Menschen kennenlernen; da würden Sie sich zu jedem Menschen, der eine fühlende, denkende, wollende Seele hat, so stellen, daß Sie nicht ein Seelisch-Geistiges bei ihm voraussetzen, sondern bloß einen physischen Leib abtasten und glauben, daß der dann auch aus Papiermaché sein könnte. Wenn Sie aber durchdringen wollen zu dem Geistigen im Sonnenlicht, dann müssen Sie es so betrachten, wie wenn Sie von der leiblichen Seite eines Menschen aus das Innere kennenlernen. Wie Ihr Leib sich zu Ihrer

Seele verhält, so verhält sich das Sonnenlicht zu dem Logos. In dem Sonnenlichte strömt ein Geistiges der Erde zu. Dieses Geistige ist, wenn wir nicht nur den Sonnenleib, sondern auch den Sonnengeist zu fassen vermögen, dieser Geist ist die Liebe, die herunterströmt auf die Erde. Nicht allein weckt das physische Sonnenlicht die Pflanzen, so daß diese verkümmern müßten, wenn das physische Sonnenlicht nicht auf sie wirkte, sondern mit dem physischen Sonnenlichte strömt die warme Liebe der Gottheit auf die Erde; und die Menschen sind dazu da, die warme Liebe der Gottheit in sich aufzunehmen, zu entwickeln und zu erwidern." (ebd./S.51 f.)

Das Sonnenlicht ist das „Kleid des Logos", und der Logos ist der Geist der Liebe.[2] Halten wir zunächst fest, daß die Substanz der Liebe ihren kosmischen Ursprung im Geist der Sonne hat: Licht ist Liebe. Steiner fährt fort, indem er auf diesen Geist differenzierter eingeht:

„Die Erde wird beschienen von der heutigen Sonne. Wie der Mensch die Erde bewohnt und die Liebe nach und nach sich aneignet, so bewohnen die Sonne andere, höhere Wesen, weil die Sonne auf einer höheren Stufe des Daseins angekommen ist. Der Mensch ist Erdenbewohner, und Erdenbewohner sein, bedeutet ein Wesen sein, das sich die Liebe aneignet während der Erdenzeit. Ein Sonnenbewohner in unserer Zeit bedeutet ein Wesen, welches die Liebe entzünden kann, welches die Liebe einströmen lassen kann. Nicht würden die Erdenbewohner die Liebe entwickeln, sie nicht aufnehmen können, wenn nicht die Sonnenbewohner ihnen die reife Weisheit schicken würden mit den Lichtstrahlen. Indem das Licht der Sonne auf die Erde herunterströmt, entwickelt sich auf der Erde die Liebe. Das ist eine ganz reale Wahrheit.

---

2. *Logos* kommt aus dem Griechischen und bedeutet *Wort*, *Vernunft*. Es ist eines der Grundworte der griechischen Philosophie. Im Neuen Testament, besonders im Johannesevangelium, wird das Wort Logos auch zur Bezeichnung Jesu Christi als Sohn Gottes verwendet. Nach dem Johannesevangelium existiert der Logos schon vor der Erschaffung der Welt bei Gott. Er hat die Welt erschaffen und ist in Jesus von Nazareth Mensch geworden:

„Im Anfang war das Wort, / und das Wort war bei Gott, / und das Wort war Gott.
Im Anfang war es bei Gott.
Alles ist durch das Wort geworden, / und ohne das Wort wurde nichts, was geworden ist.
In ihm war das Leben, / und das Leben war das Licht der Menschen.
Und das Licht leuchtet in der Finsternis, / und die Finsternis hat es nicht erfaßt." (Joh. 1, 1–5)

Die Wesenheiten, die so hoch stehen, daß sie die Liebe ausströmen können, haben die Sonne zu ihrem Schauplatze gemacht.“ (ebd./S.53)

Die hier angesprochenen geistigen Wesen des Lichts nennt Steiner im Sinne der christlichen Esoterik *Elohim.*[3] Sie gehören der Hierarchie der Exusiai, der Geister der Form, an, die vier Stufen über dem Menschen stehen. Insgesamt gibt es – so Steiner – „sieben Hauptlichtgeister“, die als die „gebenden Geister der Liebe“ vom Beginn der Erschaffung der Welt an mit der Erdenentwicklung verbunden sind. Von diesen Elohim ist am Anfang der Bibel in der Genesis die Rede, wenn von der Schöpfung der Welt gesprochen wird.[4]

Nur am Rande sei erwähnt, daß zu Beginn der Erdenentwicklung Sonne, Mond und Erde noch ein gemeinsamer Weltenkörper waren und sich erst im Laufe der kosmischen Evolution zunächst die Sonne, später der Mond von der Erde trennten. Aus Gründen, die in der „Geheimwissenschaft im Umriß“ (GA 13) genauer dargestellt sind, verbanden sich sechs der Elohim mit der Sonne und der siebte mit dem Mond:

„Nur sechs von ihnen nahmen auf der Sonne Wohnung; und das, was uns im Lichte der Sonne physisch zuströmt, enthält in sich die geistigen Liebeskräfte dieser sechs Lichtgeister oder der sechs Elohim, wie wir sie in der Bibel finden. Einer spaltete sich ab und ging einen anderen Weg zum Heile des Menschen, er wählte sich nicht die Sonne, sondern den Mond zu seinem Aufenthalte. Und dieser eine der Lichtgeister, der freiwillig auf das Sonnendasein verzichtete und sich den Mond wählte, ist kein anderer als derjenige, den das Alte Testament ‚Jahve‘ oder ‚Jehova‘ nennt.“ (ebd.)

---

3. *Elohim* ist eine geläufige Bezeichnung für Gott im Alten Testament. Im Hebräischen ist das Wort *elohim* (manchmal auch *älohim* transkribiert) eine Pluralform, die weitaus häufiger vorkommt als die Einzahlform *el* für Gott. Nach dem „Lexikon zur Bibel“ kann die Mehrzahlform *elohim* sowohl Einzahl- als auch Mehrzahlbedeutung haben: Gott, ein Gott, der Gott, Götter, die Götter. Im Hinblick auf den Gott Israels wird mit *elohim* der Schöpfer bezeichnet, dessen Wirken verborgen ist. Im Unterschied dazu bezeichnet *Jahwe* den Eigennamen Gottes. (Lexikon zur Bibel. Hg. v. Fritz Rienecker. Wuppertal 1992, S.966 f.)

4. „B'reschit bara *elohim* et haschamajim w'et ha'arez“ usw.: „Im Anfang schuf Gott Himmel und Erde; die Erde aber war wüst und wirr, Finsternis lag über der Urflut, und Gottes Geist schwebte über dem Wasser. Und Gott sprach: Es werde Licht. Und es wurde Licht.“ (1. Mose 1, 1–3)

Am Ende der Erdenzeit wird das ganze Dasein von Liebe durchzogen sein

Durch den Austritt der Sonne und des Mondes aus der Erde – die Mondentrennung ereignete sich in der sogenannten lemurischen Zeit – wurden die Voraussetzungen für die erste Inkarnation des Menschen auf der Erde geschaffen. Mit dem Beginn der Erdeninkarnationen beginnt sich zugleich die Liebe durch den Menschen zu entwickeln.

Zuerst trat die Liebe in sinnlicher Gestalt auf und war von der lemurischen Zeit an durch lange Zeiten an die Fortpflanzung gebunden. Erst seit dem Erscheinen des Christus auf der Erde trat sie im Seelischen des Menschen auf. Die weitere Entwicklung des Menschen auf der Erde besteht darin, das Element der Liebe bis zur höchsten Entfaltung auszubilden. Darin liegt der Sinn der Erde. Die Liebe wird sich „immer mehr und mehr vergeistigen, bis zuletzt, wenn die Erde am Ende ihrer Entwickelung angelangt sein wird, das ganze Dasein von Liebe durchzogen sein wird [...]“. (ebd./S.48)

Um die tiefgreifende Veränderung zu erklären, die durch das Christus-Ereignis in diesem Zusammenhang eingetreten ist, weist Rudolf Steiner auf den grundlegenden Unterschied zwischen dem Bewußtsein des lemurischen Menschen der Vorzeit und dem Bewußtsein des heutigen Menschen hin. Heute haben wir ein waches Tagesbewußtsein, durch das wir die Gegenstände der Welt wahrnehmen und erkennen. Während des Schlafes tritt weitgehende Bewußtlosigkeit bzw. allenfalls das Traumbewußtsein ein. In der lemurischen Zeit dagegen zeigte sich der Wechsel von Wach- und Schlafbewußtsein völlig anders. Das Nachtbewußtsein dauerte erheblich länger als heute, das Tagesbewußtsein dagegen viel kürzer.

Während des kurzen Tagesbewußtseins aber nahmen die Menschen die äußere Welt noch nicht so klar wahr, wie es heute der Fall ist. So wie das Licht einer Laterne im Nebel diffus und herabgedämpft erscheint, so nahm der lemurische Mensch die gesamte Außenwelt wie in einen Nebel gehüllt wahr. In dieser Zeit konnten die Menschen „nichts vernehmen von dem Lichte, das zugleich die Liebe entzündete“. (ebd./S.52)

Im Schlafzustand verfügten die Menschen dagegen noch über ein dumpfes Hellsehen, durch das sie in Bildern die geistige Welt wahrnahmen. Die heutigen Traumbilder seien letzte, verkümmerte Reste des damaligen Hellsehens. In diesem dämmerhaften Bewußtsein des Schlafes, in dem die lebendigen Traumbilder der geistigen Welt auftauchten, wurden den Menschen „die ersten Keime alles Liebeswirkens" (ebd./S.50) eingeträufelt. So wurde die Möglichkeit, die Liebe im vollen hellen Tagesbewußtsein aufzunehmen, zunächst dadurch vorbereitet, daß dem Menschen die Substanz der Liebe auf unbewußte Art einströmte. Der Mensch sah noch nicht die Sonne bei Tag, wie wir es heute tun, und konnte auch die Liebe noch nicht am Tag empfangen. Dafür aber wirkte auf ihn das reflektierte Sonnenlicht des Mondes, und in dem Mondlicht wirkte Jahwe:

„Dieser eine, der sich den Mond zum Aufenthalt wählte, ist derjenige, der vom Monde aus die reife Weisheit auf die Erde strömte und dadurch die Liebe vorbereitete.

Jetzt schauen Sie einmal auf dieses Mysterium, das hinter den Dingen ist. Die Nacht gehört dem Monde, und sie gehörte in einem viel größeren Maße dem Monde in jener alten Zeit, als der Mensch noch nicht von der Sonne die Kraft der Liebe empfangen konnte, als er noch nicht im direkten Lichte diese Kraft der Liebe empfangen konnte. Da empfing er die reflektierte Kraft der reifen Weisheit vom Mondenlichte. Sie strömte ihm zu von dem Mondenlicht während der Zeit des Nachtbewußtseins. Jahve nennt man daher den Regierer der Nacht, der den Menschen vorbereitete auf die Liebe, die später während des vollen Tagbewußtseins entstehen sollte." (ebd./S.53 f.)

Der Logos wurde Mensch

So wurde dem Menschen im nächtlichen Bewußtsein auf unbewußte Art durch lange Zeit hindurch die Kraft der Liebe durch Jahwe eingepflanzt. Dann aber – so fährt Steiner fort – mußte ein Ereignis eintreten, daß es dem Menschen ermöglichte, außen, d.h. physisch, das „Wesen der göttlichen Liebe selber" zu sehen:

„Wodurch konnte das eintreten? Das konnte nur dadurch eintreten, daß das Wesen der göttlichen Liebe, des Logos, ein Wesen auf der Erde wurde – ein fleischliches Wesen auf der Erde, wie es der Mensch auf der Erde durch seine Sinne wahrnehmen konnte. Weil der Mensch zur

Und in der Sonnenscheibe leuchtet das Antlitz Jesu Christi
Nr. 10 aus „Die Versuchung des heiligen Antonius“ (1889–1895)
Odilon Redon

Wahrnehmung durch seine äußeren Sinne sich entwickelte, mußte der Gott, der Logos, selbst ein Sinneswesen werden. Er mußte in einem fleischlichen Leibe auftreten. Das geschah durch den Christus Jesus, und die historische Erscheinung des Christus Jesus bedeutet nichts anderes, als daß die Kräfte der sechs Elohim oder des Logos sich verkörpert haben in dem Jesus von Nazareth im Anfange unserer Zeitrechnung, – in ihm real da waren in der Welt der Sichtbarkeit. Darauf kommt es an. Das, was in der Sonne an innerer Kraft liegt, die Kraft der Logosliebe, nahm physische Menschengestalt an in dem Leibe des Jesus von Nazareth." (ebd./S.56)

Darin liegt die Bedeutung der Christus-Erscheinung auf Erden. In Jesus von Nazareth verkörperte sich der Christus als Inkarnation der Kraft der Logosliebe, der sechs Elohim:

„Was ist daher diese Wesenheit, die uns im Beginne unserer Zeitrechnung als der Christus Jesus entgegentrat? Sie ist nichts anderes als die Verkörperung des Logos, der sechs anderen Elohim, denen vorbereitend der eine, der Jahve-Gott vorangegangen ist. Und diese eine Gestalt des Jesus von Nazareth, in welcher der Christus oder der Logos inkarniert war, bringt daher das, was früher immer nur von der Sonne auf die Erde herniederströmte, was nur im Sonnenlichte enthalten ist, sie bringt es in das Menschenleben, in die Menschheitsgeschichte selbst hinein: ‚Der Logos ward Fleisch'." (ebd.)

Am Schluß des Vortrags schildert Steiner anhand einiger zentraler Verse aus dem Johannesevangelium, daß von der Erscheinung des Christus auf der Erde der Impuls ausging, daß alle Menschen, jeder als einzelner, das „Ich-bin" in sich empfinden kann. Christus sei die Kraft, die dem Menschen das freie „‚Ich-bin'-Bewußtsein" gebracht habe. Der Bekenner des Alten Testaments sah – so Steiner – bis zum Vater Abraham hinauf, indem er sagte: Ich und der Vater Abraham sind eins. Christus aber führt das Ich bis zum geistigen Vatergrund zurück, bis zu dem göttlichen Weltengrund, mit dem das Ur-Ich des Christus vom Urbeginn an verbunden ist:

„Da kam der Christus Jesus und sagte zu seinen nächsten intimsten Eingeweihten: Bisher haben die Menschen bloß geurteilt nach dem Fleisch, nach der Blutsverwandtschaft; die war für sie das Bewußtsein, daß sie in einem höheren, unsichtbaren Zusammenhange ruhten. Ihr aber sollt an einen viel geistigeren Zusammenhang glauben, an den, der weiter geht als die Blutsverwandtschaft. Ihr sollt an einen geistigen Vatergrund glauben, in dem das Ich wurzelt, der geistiger ist als jener Grund, der das jüdische Volk als Gruppenseele verbindet. Ihr sollt glauben an dasjenige, was in mir und in jedem Menschen ruht, und das ist nicht nur eins mit Abraham, das ist eins mit dem göttlichen Weltengrunde! Daher betonte der Christus Jesus im Sinne des Johannes-Evangeliums:

‚Bevor der Vater Abraham war, war das ‚Ich-bin'!' [Joh. 8, 58]

Nicht nur bis zu dem Vater-Prinzip, das bis zu Abraham reicht, geht mein Ur-Ich hinauf, sondern mit dem, was den ganzen Kosmos durchpulst, ist das Ich eins; bis zu dem geht meine Geistigkeit hinauf." (ebd./ S.59)

Das Johannesevangelium enthält an vielen Stellen den Hinweis auf den gemeinsamen Vater, mit dem der Christus in Liebe verbunden ist. Mit diesen Gedanken endet der Vortrag Rudolf Steiners.

Christus lebt im Ich des Menschen

Damit erhöht sich das Bild der Liebe in kosmische Dimensionen. Christus ist der Bringer des Ich, denn: „Das, was als Ich im Menschen lebt, das ist das Christus-Wesen." (GA 109/1979/31.05.1909/S.152) Zugleich ist er der Bringer der Liebe. Die Liebe ist die Substanz der Christus-Sonne, eins vom Urbeginn an mit dem Vatergrund der Welt. In eindrucksvoller Weise kommt dieser tiefste Zusammenhang des Ich und der Liebe mit dem göttlichen Weltengrund in dem „Hohepriesterlichen Gebet" zum Ausdruck, das Christus vor seiner Gefangennahme an den Vatergott richtet. Die Worte des Christus mögen diese Betrachtung abschließen:

Jesus erhob seine Augen zum Himmel und sprach zum Vater:

„[...] Aber ich bitte nicht nur für diese hier, sondern auch für alle, die durch ihr Wort an mich glauben. Alle sollen eins sein: Wie du, Vater, in mir bist und ich in dir bin, sollen auch sie in uns sein, damit die Welt glaubt, daß du mich gesandt hast. Und ich habe ihnen die Herrlichkeit gegeben, die du mir gegeben hast; denn sie sollen eins sein, wie wir eins sind, ich in ihnen und du in mir. So sollen sie vollendet sein in der Einheit, damit die Welt erkennt, daß du mich gesandt hast und die Meinen ebenso geliebt hast wie mich. Vater, ich will, daß alle, die du mir gegeben hast, dort bei mir sind, wo ich bin. Sie sollen meine Herrlichkeit sehen, die du mir gegeben hast, weil du mich schon geliebt hast vor der Erschaffung der Welt. Gerechter Vater, die Welt hat dich nicht erkannt, ich aber habe dich erkannt, und sie haben erkannt, daß du mich gesandt hast. Ich habe ihnen deinen Namen bekannt gemacht und werde ihn bekannt machen, damit die Liebe, mit der du mich geliebt hast, in ihnen ist und damit ich in ihnen bin." (Joh. 17, 20–26)

Ergänzender Hinweis zu FLENSBURGER HEFTE 63

Im FLENSBURGER HEFT Nr. 63, IV/1998, S.44 unten/S.45 erster Absatz, wird über einen Film „ERLÖSER"/Erstfassung von 1996 berichtet. Auf S.45 oben hieß es u.a., der Film des Regisseurs van der Let sei von den Fernsehanstalten ORF und ZDF nicht mehr akzeptiert worden. Hierbei wurde versehentlich nicht erwähnt, daß dieser Film einmal, und zwar vom ORF 2 in der Reihe „Kreuz und Quer" am 13.11.1996, ausgestrahlt worden ist (mit anschließender Studiodiskussion).

Die Redaktion

In diesem Zusammenhang verweist die Redaktion auch noch auf folgendes:

Eine Beschwerde der österreichischen Anthroposophischen Gesellschaft und der österreichischen Waldorfschulen gegen den Film wurde von der österreichischen Rundfunkkommission zurückgewiesen. Diese Zurückweisung begründete die Kommission damit, daß eine zum Teil unsachliche Dokumentation mit einer anschließenden Live-Diskussion eine Einheit bilde und die Diskussion geeignet sei, Verzeichnungen zu berichtigen und die tatsächliche Sachlage unmißverständlich wiederzugeben. Diese Möglichkeit habe der an der Diskussion teilnehmende Vertreter der Waldorfschulen eindrucksvoll genutzt.

Die Kommission hielt in ihrem Bescheid vom 10.02.1997 folgendes fest: „Die Möglichkeit unmittelbarer Schädigung durch einseitige und abträgliche Berichterstattung [gemeint ist der Film ‚ERLÖSER'; d.U.] über Waldorfpädagogik und anthroposophische Lehre bei den Zweit- und Drittbeschwerdeführern [gemeint sind die o.g. Beschwerdeführer; d.U.] ist gegeben."

Flensburg, im März 1999
Die Redaktion

Johannes Rogalla von Bieberstein
Die These von der Verschwörung 1776–1945
Philosophen, Freimaurer, Juden, Liberale und Sozialisten als Verschwörer gegen die Sozialordnung
216 S., kt. DM 33,– / ISBN 3-926841-36-2

Jimmy Carter
Frieden schaffen im Gespräch
Ein Impuls für die nächste Generation
206 S., kt. DM 32,– / ISBN 3-926841-71-0

Carola Cutomo
Medialität, Besessenheit, Wahnsinn
188 S., kt. DM 19,80 / ISBN 3-926841-19-2

Klaus Engels
Destruktive Kulte im Spannungsfeld von Kirche und Gesellschaft
212 S., kt. DM 28,– / ISBN 3-926841-46-X

Hans-Diedrich Fuhlendorf
Rückkehr zum Paradies oder Erbauen des Neuen Jerusalem?
Geschichtsbetrachtungen in apokalyptischer Zeit
352 S., kt. DM 39,– / ISBN 3-926841-37-0

Wolfgang Gädeke
Anthroposophie und die Fortbildung der Religion
448 S., Ln. DM 48,– / ISBN 3-926841-23-0
kt. DM 36,– / ISBN 3-926841-24-9

Dieter Hornemann
Geheimnisvolles Afrika
Anthroposophische Arbeit im Urwald
102 S., 32 farb. Abb., kt. DM 26,–
ISBN 3-926841-60-5

Johannes Kiersch
Fragen an die Waldorfschule
148 S., kt. DM 19,80 / ISBN 3-926841-33-8

Peter Krause
Das Judasproblem
Von den spirituellen Hintergründen der Gewalt
128 S., kt. DM 19,80 / ISBN 3-926841-38-9

Peter Krause
Feuer in Tschernobyl
Die Ukraine nach dem SuperGAU
168 S., 37 farb. Abb., kt. DM 28,–
ISBN 3-926841-58-3

Peter Krause, Faustus Falkenhahn (Hg.)
Einsam – gemeinsam
Jugend im Gespräch
192 S., kt. DM 22,80 / ISBN 3-926841-43-5

Ernst-Martin Krauss
Holzwege, Steinwege ...
Erlebnisse mit Elementarwesen
92 S., Großformat, 13 farb. Abb., geb.
DM 56,– / ISBN 3-926841-35-4

Andreas Meyer (Hg.)
Seele und Geist
Ansätze zu einer spirituellen Seelentherapie
160 S., kt. DM 26,– / ISBN 3-926841-47-8

Hans Philippsen
Götter, Hexen und Naturgeister
Sagen und Sagenhaftes der Insel Föhr
144 S., 16 farb. Abb., kt. DM 24,80
ISBN 3-926841-84-2

Sidney Saylor Farr
Tom Sawyers Nah-Todeserfahrung und die Wandlung seines Lebens
204 S., kt. DM 32,– / ISBN 3-926841-82-6

Heinz Schimmel (Hg.)
Tanz der Seelen
Der Tod als Verwandler der Seele. Die Totentanzdichtung von Joachim Fernau und ihre eurythmische Darstellung
108 S., 14 farb. Abb., kt. DM 25,–
ISBN 3-926841-53-2

Wolfgang Weirauch
Im Spiegel der Finsternis
Roman (ab 13 Jahren)
252 S., geb. DM 33,– / ISBN 3-926841-86-9

FH 11
Über Tod und Sterben
4. Aufl., 232 S., kt. DM 28,–
ISBN 3-926841-11-7

FH 13
Hexen, New Age, Okkultismus
3. Aufl., 196 S., kt. DM 19,80
ISBN 3-926841-08-7

FH 14
Erneuerung der Religion
Die Christengemeinschaft, Sakramente, Kirche und Kultus
4. Aufl., 184 S., kt. DM 16,80
ISBN 3-926841-07-9

FH 15
Waldorfschule und Anthroposophie
3. Aufl., 132 S., kt. DM 9,80
ISBN 3-926841-00-1

FH 16
Kulturvergiftung: Rauschgift, Sucht und Therapie
2. Aufl., 228 S., kt. DM 16,80
ISBN 3-926841-21-4

FH 17
Kulturvergiftung: Alkohol
2. Aufl., 160 S., kt. DM 16,80
ISBN 3-926841-34-6

FH 18
Biologisch-dynamische Landwirtschaft, Ökologie, Ernährung
2. Aufl., 184 S., kt. DM 19,80
ISBN 3-926841-03-6

FH 19
Musik
2. Aufl., 184 S., kt. DM 16,80
ISBN 3-926841-06-0

FH 20
Sexualität, Aids, Prostitution
2. Aufl., 170 S., kt. DM 14,80
ISBN 3-926841-09-5

FH 21
Aids
164 S., kt. DM 14,80 / ISBN 3-926841-10-9

FH 22
Erkenntnis und Religion
Zum Verhältnis von Anthroposophischer Gesellschaft und Christengemeinschaft
132 S., kt. DM 14,80 / ISBN 3-926841-13-3

FH 23
Engel
3. Aufl., 196 S., 9 farb. Abb., kt. DM 28,–
ISBN 3-926841-15-X

FH 24
Direkte Demokratie / 1789–1989
240 S., kt. DM 14,80 / ISBN 3-926841-16-8

FH 25
Rechtsleben und soziale Zukunftsimpulse
Von der Dreigliederungsidee Rudolf Steiners zur Volksgesetzgebung
244 S., kt. DM 16,80 / ISBN 3-926841-17-6

FH 26
Michael
Januskopf Bundesrepublik
184 S., 8 farb. Abb., kt. DM 16,80
ISBN 3-926841-22-2

FH 27
Strafprozeß, Strafvollzug, Resozialisierung
224 S., kt. DM 16,80 / ISBN 3-926841-20-6

FH 28
Naturwissenschaft und Ethik
204 S., kt. DM 16,80 / ISBN 3-926841-25-7

FH 29
Freie Schule
248 S., kt. DM 19,80 / ISBN 3-926841-28-1

FH 30
Märchen
224 S., kt. DM 16,80 / ISBN 3-926841-29-X

FH 31
Biographiearbeit
4. Aufl., 192 S., 7 farb. Abb., kt. DM 24,80
ISBN 3-926841-31-1

FH 32
Anthroposophen und Nationalsozialismus
168 S., kt. DM 16,80 / ISBN 3-926841-32-X

FH 33
Destruktive Kulte, schwarze Magie, Sexualmagie
232 S., kt. DM 22,80 / ISBN 3-926841-40-0

FH 34
Alte und neue Seelenfähigkeiten
192 S., kt. DM 19,80 / ISBN 3-926841-41-9

FH 35
Die Christengemeinschaft heute
Anspruch und Wirklichkeit
212 S., kt. DM 19,80 / ISBN 3-926841-42-7